Karl-Heinz Hansen
»Es ist nicht alles schlecht, was scheitert«
*Ein politischer Lebenslauf*

Karl-Heinz Hansen

# »Es ist nicht alles schlecht, was scheitert«

Ein politischer Lebenslauf

**konkret**
Texte 62
KVV konkret, Hamburg 2014
Lektorat: Werner Heine, Wolfgang Schneider
Gestaltung & Satz: Niki Bong
Fotos: dpa, privat
Titelfoto: Karl-Heinz Hansen in Nicaragua
Druck: CPI books GmbH, Leck
ISBN 978-3-930786-70-1

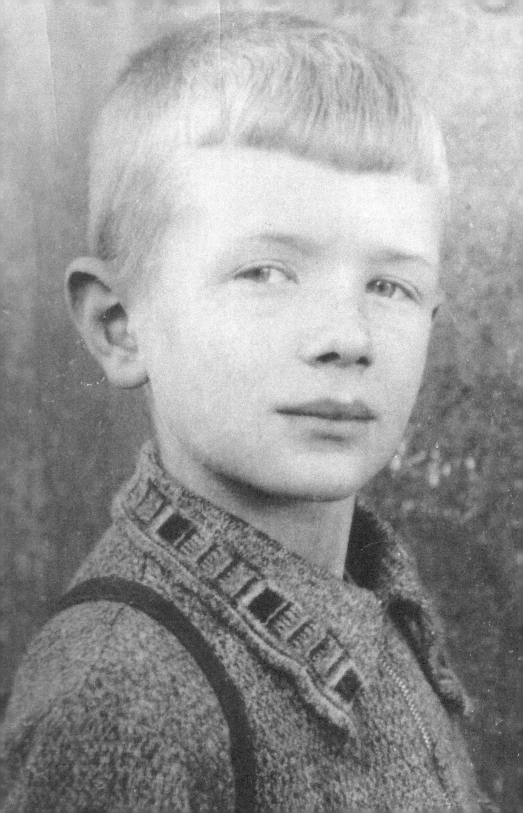

**A**m 17. Mai 1927, um zwei Uhr dreißig, war der Knabe da, auf Karl-Heinz getauft und einzigartig, wie alle Babys dieser Welt. Fotos gibt's keine, nur variantenreiche Erzählungen von Oma, Mutter, Tanten und Kusinchen. Mutter (25) und Vater (27) hatten gerade noch rechtzeitig geheiratet (24. März 1927), um den Pfarrer zu besänftigen und nicht ins Gerede der Leute über die Schande eines unehelichen Bankerts zu kommen, was besonders zu befürchten war von den Nachbarn, die in dem Dutzend Bauernkaten hausten, dem »Flecken« namens Teufelskämpen.

Zumindest eine der von Verwandten überlieferten Erzählungen übers Wachsen und Werden des kleinen Karl-Heinz ist für die Nachwelt durch eine lebenslange Narbe auf der Oberlippe des Delinquenten gut dokumentiert. Und das kam angeblich so: Oma saß auf ihrem Schemel, eine Schüssel auf dem Schoß, und schälte Kartoffeln. Da stürmte der gerade erst »läufig« gewordene Enkel auf sie los und landete mit dem Mund in ihrem gezückten Messer. Da gab's wohl viel Blut und viel Geschrei.

Mit knapp sechs Jahren kam ich auf die Volksschule in Vreden, einem Städtchen am Fluß Berkel mit rund 2.000 Einwohnern, vier Kilometer von der holländischen Grenze entfernt. Mein Vater hatte den Dienst im »Hunderttausend-Mann-Heer« der Weimarer Republik quittiert und war Zollbeamter geworden. Vreden war seine erste Dienststelle. Hitler war eben die Macht übergeben worden, als es meinem Vater einfiel, mich in die kackbraune Imitation einer SA-Uniform zu stecken. Er war zeitlebens ein wankelmütiger Mitläufer, aber nie in der Partei des Führers, und beharrte darauf, selbst zu bestimmen, was anständig war und »was sich nicht gehört«. Die Premiere als Darsteller eines echten »deutschen Jungen«, gewissermaßen als Pimpf der ersten Stunde, wurde natürlich fotografisch festgehalten. Ob ich stolz war oder mich lieber verkrochen hätte, ist im Foto nicht auszumachen.

Zusammen mit meiner im Vordergrund sitzenden ersten Freundin lernte ich immerhin, daß Kinder und Erwachsene nicht zusammenpassen. Wir gingen in die gleiche Klasse. Nachmittags spielten wir oft im großen Garten ihrer Eltern, manchmal auch in einer kuscheligen Laubhütte. Eines Tages kam die Mutter des Mädchens angehetzt, riß ihr Kind an sich und beschimpfte mich: Ich solle mich nie mehr blicken lassen. Von da an trafen wir uns nur noch heimlich.

Ich machte noch eine andere prägende Erfahrung in Vreden. Die Berkel wurde das Jahr über durch ein Wehr gestaut. Im Winter gefror das Wasser ober- und unterhalb davon zu dickem Eis. Wenn das Wehr im Frühling geöffnet wurde, zerbarst das Eis in viele einzelne Schollen. Es war ein großer Spaß für uns Jungen, von Scholle zu Scholle springend ans andere Ufer zu gelangen. In der Mitte des Flusses fehlte mir plötzlich eine Nachbarscholle für den nächsten Sprung. So trieb ich langsam flußabwärts, am Ufer begleitet von einem schreienden, gestikulierenden Vater. Er kam mir vor wie eine Henne, die Eier ausgebrütet hat und nun mit ansehen muß, wie ihr die Küken wegschwimmen.

Letztlich doch eingefangen, wurde ich vom zorngeladenen, aber wortlosen Vater nach Hause geschleift. Kaum im Wohnzimmer, fiel er über mich her und versohlte mich nach Strich und Faden. Ich war starr vor Schreck, blieb aber stumm und tränenlos. Das war die erste von vielen Prügeln, mit denen Streiche aller Art regelmäßig geahndet wurden, manchmal auch mittels Schlagwerkzeugen wie dem erprobten Teppichklopfer. Und sie hatten sogar Erfolg, diese Züchtigungen, wenn auch nicht den vom Erziehungsberechtigten erwünschten. Kein Streich blieb deshalb ungetan, aber viele blieben ungesühnt. Mein Vergnügen wuchs umgekehrt proportional zu der dank Lug und Trug sinkenden Entdeckungsquote. Aber etwas hatte sich in mir verändert: die Art, wie ich die Welt erlebte. Ich war zunehmend ungerührt von allem, was um mich herum geschah. Ich sah alles wie durch eine Glastrennwand. Es betraf mich nicht, es berührte mich noch weniger. Es geschah eben, mußte wohl so sein. Und ich richtete mich ein.

Der nächste, durch Erinnerungsblitze erleuchtete Lebensabschnitt begann 1935 mit dem Umzug in ein Viertel im Nordosten der Stadt Münster, dicht am Dortmund-Ems-Kanal. Das »Flüsseviertel« – weil alle Straßen Flußnamen tragen – ist den Münsteranern bis heute eher als »Blitzdorf« bekannt. Dieser Name erinnert daran, daß die Stadt vor dem Ersten Weltkrieg eine Siedlung für Straßenbahner gebaut hatte, die am Revers ihrer Dienstkleidung als Abzeichen einen Blitz trugen. 1915 wurden viele Häuser beschädigt, als auf der anderen Seite des Kanals ein Munitionsdepot in die Luft flog. Mit diesem »Blitz« war auch das geplante Straßenbahndepot erledigt. Erhalten blieb eine Endhaltestelle, nicht weit von unserer Wohnung in der Elbestraße.

Die Volksschule lag eine halbe Stunde Fußweg stadteinwärts. Von dem, was außer Lesen und Schreiben dort geboten wurde, erinnere ich so gut wie nichts. Bis auf das Urerlebnis Gesang: Im Schlecht-Singen war ich der Beste, sehr zur Schadenfreude meiner Klassenkameraden, die mich mit Spott und Häme überhäuften. Keiner zeigte auch nur die kleinste Spur von Mitleid, wenn ich dran war, für die Zeugnisnote vorzusingen. Außer Carlos Glenk, dessen spanische Eltern gegenüber der Lambertikirche ein Geschäft für Bürobedarf betrieben. Dieser Lebensabschnittsfreund hat mir wohl über manchen Ärger oder Kummer hinweggeholfen. Manchmal auch durch Fallschirmsprungübungen mit Regenschirm vom niedrigen Balkon seines Elternhauses. Gelegentlich lud Carlos mich und meine Schwester zu einem »Abendtheater« im Keller ein, wobei seine Mutter mit Grandezza uns Kinder mit Kakao und Kuchen verwöhnte. Der gepflegte großbürgerliche Stil hat unsere kleinbürgerlichen Gemüter sehr beindruckt.

Das wirkliche Leben begann für mich ohnehin erst nach der Schule. Die Ufer des Kanals, die Ruine einer ehemaligen Radrennbahn und die nachts abgestellten Straßenbahnwagen waren Orte ungestörter Abenteuer – vom erfolglosen Versuch, mit selbstgebauter Angel Jungfische aus dem Schilf des Kanals zu ziehen, bis zur abendlichen Beschäftigung mit den Gaslaternen in der Straße. Damals wurde jede einzelne Laterne noch mit einer eigens dafür gefertigten Stange von einem städtischen Bediensteten angezündet. Ich gehörte zu einer Rotte von Jungen, die öfter dem Laternenanzünder in sicherem Abstand folgte, den Laternenmast erklomm und das Gas von Hand wieder abstellte, so daß die Straßen wieder ins Dunkel versanken.

Manchmal wurde das auch ohne uns besorgt: vom Reichsluftschutzbund, der immer wieder Verdunkelungsübungen veranstaltete, damit uns im »Ernstfall« feindliche Bomber nicht finden konnten. Außerhalb der Schule hat mir das Leben voller Spaß und Streiche in Blitzdorf gut gefallen. Jedenfalls war ich traurig, als wir schon wieder umziehen mußten.

*Mutter und Vater, 1927*

*Mit Freundin, 1933*

*Mit Geschwistern, 1938*

Anfang 1937 wurde mein Vater zum Zahlmeister im Offiziersrang in der neuen deutschen Wehrmacht befördert und nach Detmold an der Werre versetzt, eine Kleinstadt mit 17.300 Einwohnern. Und wir folgten ihm. Unsere Mutter hatte inzwischen ihr fünftes Kind geboren. Für diese arische Gebärfreudigkeit war ihr das Mutterkreuz in Bronze verliehen worden. Schließlich war das fünfte Kind wieder ein Junge und damit ein potentieller Kämpfer für »Führer, Volk und Reich«. Die Familie zog in eine kleine Siedlung am Stadtrand, umgeben von Feldern und Wiesen. Von unserem Hügel aus konnten wir jenseits der Stadt das Hermannsdenkmal im Teutoburger Wald erkennen, Symbol für das »germanische Kernland« Lippe.

Das für den Alltag Nötigste gab es im kleinen Kolonialwarenladen am Ende der Straße, nur nichts aus den Kolonien, die es ja auch nicht mehr gab. Unser Zuhause war ein bescheidenes Einfamilienhaus, mit Mini-Schweinestall und der winzigen Herberge für ein Huhn. Den bäuerlich geprägten Eltern gefiel diese kleinbürgerliche Idylle. Und uns Kindern auch. Vor allem unserem jüngsten Bruder mit dem damals sehr beliebten Namen Adolf. Der hatte Schwein und Huhn zu seinen Spielgefährten gekürt, aber Carlos, das Huhn, war ihm das liebste. Als das Schwein geschlachtet werden sollte, haben wir unsere Eltern gehaßt, haben geheult und um sein Leben gebettelt, bis sie sich erweichen ließen und den zur bösen Tat angereisten Vetter nach Bösingfeld zurückschickten.

Wirklich großer Kummer überkam uns, als der von uns allen sehr geliebte Adolf mit drei Jahren an einer Hüftgelenksentzündung starb. Das Penicillin war noch nicht erfunden. Er wurde auf dem Detmolder Friedhof beigesetzt. Und es dauerte Wochen, bis wir seinen Namen wieder ohne Tränen aussprechen konnten.

In Detmold wartete Neuland auf den Volksschüler: Ich war zehn und kam aufs Gymnasium. Meine Eltern wollten, daß ihre Kinder »es mal besser haben«. Also mußten sie auf eine Höhere Schule. Das bedeutete Schulgeld, Geld für Bücher und ordentliche Kleidung. Dafür legten sie sich klaglos krumm. Die Schule hieß »Leopoldinum, Oberschule mit Gymnasium und Oberrealschule, Deutsche Mittelschule i. U.« und lag an der Hornschen Straße, welche zu den Externsteinen führt. Mein Klassenlehrer, Herr Schlepper, für uns »Schlappi«, ein noch jugendbewegter Knickerbockerträger, verehrte den Detmolder Dichter Christian Dietrich Grabbe. Er war stolz, dabeigewesen zu sein, als Grabbes Drama *Herrmannsschlacht* 1936, 100 Jahre nach seiner Entstehung, in Detmold zur Bühnen-Uraufführung kam (nach der Freilicht-Uraufführung 1934 in Nettelstedt). »Schlappi« hätte gern sein Raunen über Odin und die Germanen, sein Schwärmen von den Externsteinen, an uns Schüler weitergegeben. Vergeblich. Daran änderte auch ein Tagesausflug mit Herumkraxeln in den Gesteinsüberresten nichts. Von mir kriegte er jedenfalls kein Gefühlsecho. Im Gegenteil: Die zerklüfteten Felszacken kamen mir vor wie von Riesen ausgespuckte, verfaulte Zähne. Herrn Schleppers Menschenbild, auf das hin er uns unbedingt erziehen wollte, war wohl eher vom »Frisch, fromm, fröhlich, frei« der Wandervögel geprägt als vom »Flink wie Windhunde, zäh wie Leder, hart wie Kruppstahl«, wie es Hitler vom echten deutschen Jungen verlangte.

Natürlich liegt über solchen, dem unbedarften Kind unterstellten Wertungen stets das Raster meines von Erfahrungen und erarbeitetem Geschichtswissen geprägten heutigen Bewußtseins. Gedächtnis ist geronnenes Leben. Sich erinnernd beharrlich richtig zu fragen, führt nicht immer zu richtigen Antworten, aber zur Annäherung an die Wirklichkeit. Darum geht es bei diesem Versuch der Selbstbeschreibung. Eine Wunschbiografie soll daraus nicht werden.

Der Unterricht ließ wenig Wissensdurst in mir keimen. Wirklich wichtig im täglichen Einerlei blieb das Leben nach der Schule. In der »freien Zeit« entwickelten sich eigene Wünsche, Vorlieben und Begeisterungen; sie gewannen mehr und mehr Raum in meinen kindlichen Träumen. Nach Schulschluß führte mich ein kleiner Schlenker auf dem Heimweg immer öfter zum Flughafen, der seit einigen Wochen für die Ausbildung des Pilotennachwuchses der Luftwaffe genutzt wurde. Da lag ich dann im Gras am Rande des Flugfelds und sah den Starts und Landungen der kleinen Schulflugzeuge zu, phantasierte mich mit ihnen in den Himmel und vergaß die Zeit. Wiedermal kam ich dann fast zwei Stunden zu spät nach Hause, wo mich die üblichen, manchmal handfesten Verwarnungen für Unpünktlichkeit erwarteten. Das war der Anfang einer lebenslangen Passion für das Fliegen. Ich wollte Ikarus werden, aber ohne seine wachsweichen Flügel. Vielleicht war ich auch während des Unterrichts in Gedanken ab und zu beim Fliegen, wie das »aber« in der Kopfnote im ersten Zeugnis des Sextaners Hansen vom Juli 1937 vermuten läßt: »Körperlich gesund; er muß jedoch mehr Selbstzucht üben; freundliches, offenes, noch sehr kindliches Gemüt; sein häuslicher Fleiß u. seine Aufmerksamkeit im Unterricht werden anerkannt, müssen aber gleichmäßiger werden.« Ähnlich sahen das auch spätere Lehrer: »Er muß reger sein, er ist zu spielerisch« (1938). »Er ist noch zu verspielt« (1939). »Sein geistiges Streben muß noch gleichmäßiger werden« (1940). Das heißt: Mit 13 war ich noch ein glückliches Kind. Das sollte sich durch Fremdeinwirkung bald ändern.

Haben die Alarmzeichen der drastischen politisch-gesellschaftlichen Umbrüche mich als Kind überhaupt erreicht? Dafür finden sich keine Spuren. Die »Gesellschaft« war für mich und meine Geschwister die Familie mit ihren eigenen Vorstellungen von Recht und Sitte. Sie wurde ja von dem uniformierten Pöbel da draußen auch nicht besonders bedrängt. Wir hatten uns eingerichtet. Ja, ich sah den Prinz zu Schaumburg-Lippe in SA-Uniform im Café Braun sitzen, wenn ich den Sohn von Herrn Braun, meinen Klassenkameraden, besuchte. Es wurde kein Wort darüber verloren. Der Oberbürgermeister von Detmold war ebenfalls allerorten in Uniform zu sehen. Dessen Sohn, ein Freund von mir, hielt das nicht für wichtig genug, um darüber zu reden. Und selbstverständlich wurde das Standard-Hitler-Bild in jeder neuen Wohnung wieder an die Wand gehängt. Man gewöhnte sich dran wie an einen Fleck, den man nicht mehr wahrnahm.

Aber dann kam der Morgen des 10. November 1938. Mein Schulweg führte mich zwischen dem Landestheater und der Synagoge in Richtung Stadtmitte. Schon von weitem sah ich eine dichte Rauchwolke aufsteigen. Und dann die Synagoge, eingehüllt in Rauch und Flammen. Ein Feuerwehrwagen stand davor. Die Feuerwehrmänner beobachteten den Brand oder hielten mit ein paar Polizisten die Neugierigen zurück. Aber kein einziger löschte. Ich war völlig verwirrt, ja verstört. Dieses Bild hat sich klar und deutlich in mein Gedächtnis eingeschrieben. Auch mein Vater hat mir mit seinen verschwurbelten »Erklärungen« den Schrecken nicht nehmen können. Ich ging weiter. In der Bruchstraße waren die Schaufensterscheiben eines Porzellanladens eingeschlagen, Bürgersteig und Straße mit Scherben und Splittern übersät. Ein Mann heulte und schrie, SA-Leute brüllten zurück und führten ihn ab. Das gleiche sah ich noch zweimal auf dem weiteren Weg zur Schule. In der Klasse war die Aufregung groß; fast alle hatten an diesem Morgen das gleiche mit Unverständnis erlebt. Wir warteten gespannt auf Herrn Schlepper, der uns sicher alles erklären würde. Ich weiß nicht mehr, wie beredt er nichts gesagt hat. Wahrscheinlich habe ich es nicht verstanden und deshalb vergessen. Am nächsten Morgen standen nur noch die Grundmauern der Synagoge, die Straßen waren aufgeräumt, und wir fielen zurück in unsere »Normalität«.

Heute weiß ich natürlich ziemlich genau, daß die Verhältnisse in Wirklichkeit so normal nicht waren. Die Lipper hatten einen bedeutenden Beitrag zu Hitlers Machtübernahme geleistet. Zu der wichtigen Wahl am 15. Januar 1933 fielen die NS-Größen – Göring, Goebbels und Prinz August zum Beispiel – in das Ländchen ein. Hitler allein hielt 17 Reden in elf Tagen. Die NSDAP wurde mit 39,5 Prozent die stärkste Partei in Lippe. Einige NS-Verbrecher stammten aus Lippe-Detmold. Zum Beispiel der massenmörderische SS-Gruppenführer Jürgen Stroop, der 1943 den Aufstand der Juden im Ghetto von Warschau niederwalzte. 10.000 Aufständische ließ er auf der Stelle ermorden, die etwa 50.000 Überlebenden in die Vernichtungslager »deportieren«. Seinen Bericht an den Chef der SS, Himmler, überschrieb er triumphierend »Es gibt keinen jüdischen Wohnbezirk in Warschau mehr!«

Anfang 1939 war die Familie wieder in Münster. Mein Vater war hierher zum Wehrkreiskommando VI versetzt worden. Jetzt wohnte die Familie in einer schönen großen Mietwohnung mit fünf Zimmern in einem dreigeschossigen Neubau an der Grevener Straße. Leider gab es kein Badezimmer, dafür aber eine mit einer Tischplatte getarnte Badewanne in der Küche. Jeden Freitag wurde die Platte abgenommen, die Wanne mit auf dem Herd im Einmachkessel erhitzten Wasser gefüllt, und dann standen die Kinder Schlange für den Wochenschrubb. Im großen Wohnzimmer stand ein gekachelter Ofen, der kuschelige Wärme verbreitete und mit Briketts beheizt wurde, für deren Nachschub natürlich ich als Ältester zu sorgen hatte. Jedenfalls hatten wir zum ersten Mal das Gefühl, in einer Wohnung heimisch zu sein. Hier erlebten wir Krieg und Ende des Tausendjährigen Reiches, den Wiederaufbau der Stadt und den Anfang des zweiten deutschen Versuchs mit einer Republik. Erst im April 1951 bezogen meine Eltern ein neues Quartier in Düsseldorf.

Ich ging jetzt in die Klasse 3 der Johann-Konrad-Schlaun-Schule/Städtische Oberschule, nur ein paar hundert Schritte von der Lambertikirche entfernt. Schon in den ersten Tagen war mir klar, daß hier ein anderer Wind wehte. An dieser Schule herrschten Disziplin, Zucht und Ordnung. Dafür sorgte der strenge Herr Direktor Dr. Eggers.

Der war offenbar ein »Märzgefallener«, wie man die Opportunisten verspottete, die gleich nach der Machtübergabe massenweise in die NSDAP eingetreten waren, darunter besonders viele Beamte und Lehrer. Um von denen nicht überschwemmt zu werden, beschloß die Partei einen Aufnahmestopp ab 1. Mai 1933. Was ziemlich überflüssig war, da bekanntermaßen Opportunisten wie Konvertiten ihren neuen Glauben besonders fanatisch verteidigen. An nationalen Feiertagen und wenn unsere tapfer kämpfenden Soldaten einen neuen Sieg errungen hatten, ließ Dr. Eggers Lehrer und Schüler zur Flaggenparade auf dem Schulhof antreten und hielt markige Reden, die in Mahnungen zum treuen Dienst für Führer, Volk und Vaterland gipfelten.

Obwohl kein »Märzgefallener«, war ein Lehrer noch »fanatischer«[1] im Glauben an die Großartigkeit seiner Partei, überzeugt von der Notwendigkeit »revolutionärer« Erneuerungen von Staat und Gesellschaft: Herr Dr. Engelbert Pülke. Er trug stolz den runden »Bonbon«, das Parteiabzeichen, am Revers, mit Hakenkreuz und goldenem Rand für alte Kämpfer der ersten Stunde. Hauptziel seines Unterrichts in Deutsch und Geschichte war, uns zu »echten deutschen Jungen« abzurichten, die jederzeit bereit waren, für den geliebten Führer ihr Leben einzusetzen. Er hatte damit sogar Erfolg. Seine Erzählungen von deutschen Helden waren rührender Kitsch, hinterließen aber bei den meisten ein gewisses Maß an Einsicht in die Notwendigkeit, das von Feinden umzingelte Deutschland mit allen Mitteln zu verteidigen. Dazu gehörte eben auch die Einübung von Sekundärtugenden wie Mut, Pflichtgefühl, Beharrlichkeit und Gehorsam. War doch klar. Dennoch verfielen nur wenige mit Haut und Haar seinem Fanatismus. Und wenn er Ohrfeigen austeilte, haßten ihn alle.

Doch wir waren mutig genug, über ihn zu lachen. Zum Beispiel, als die Klasse das Gedicht des Reichsjugendführers Baldur von Schirach mit dem Titel »Tag des Führers« zum Vortrag bei irgendeiner Feier zu Hitlers Geburtstag auswendig lernen sollte. Der Text geht so:

*Ihr seid viel tausend hinter mir,*
*und ihr seid ich, und ich bin ihr.*
*Ich habe keinen Gedanken gelebt,*
*der nicht in euren Herzen gebebt.*
*Und forme ich Worte, so weiß ich keins,*
*das nicht mit eurem Wollen eins.*
*Denn ich bin ihr, und ihr seid ich,*
*und wir alle glauben, Deutschland, an dich!*

Wahrscheinlich hat auch der Dümmste noch ein Gespür für blödsinnigen Kitsch, wenn er ihm so geballt begegnet. Jedenfalls verballhornten wir den Text mit immer

---

1 »Fanatisch« war ein Standardwort im Nazi-Agitprop: »Ursprünglich ... ist ein Fanatiker ein in religiöser Verzükkung, in ekstatischen Krampfzuständen befindlicher Mensch ... Je dunkler die Lage sich gestaltete, um so häufiger wurde der ›fanatische Glaube an den Endsieg‹, an den Führer, an das Volk oder an den Fanatismus des Volkes als eine deutsche Grundtugend ausgesagt.« (Viktor Klemperer: *LTI*, Leipzig 1975, S. 52 und 65).

neuen Blödeleien: »Wer bist du? Bist du mich oder ich dir? Ach nein, ihr seid ja wir!«
So hatte Herr Dr. Pülke noch nie gebrüllt.

N ur einer aus der schweigenden Mehrheit des Lehrkörpers konzentrierte sich
ganz und gar auf seinen Unterricht in Chemie und Physik: Herr Dr. Oebike. Um
nicht von der Partei oder dem NS-Lehrerbund vereinnahmt zu werden, war er rechtzeitig freiwilliges Mitglied im Reichsluftschutzbund geworden. Seine verschlüssel-
ten kritischen Anmerkungen zum Zeitgeist verstand nur, wer im Geist selbst schon
abtrünnig war. Also ich nicht. Aber eine Aussage im vorletzten Kriegsjahr habe ich
verstanden. Beim Hantieren mit der Influenzmaschine im Physiksaal hatte er gemur-
melt: »Und so rollen wir weiter und weiter vorwärts und sind bald in Berlin.« Obwohl
die Alliierten schon Teile des Reichs besetzt hatten, waren solche Bemerkungen nicht
ungefährlich. Zum Gehilfen bei Vorbereitung wie Vorführung seiner Experimente in
Physik und Chemie hatte er unseren Mitschüler Wolfgang B. ausgewählt, weil der uns
anderen in der Klasse in diesen beiden Fächern weit voraus war. Aber es war zudem
ein getarnter Akt der Fürsorge, wie Herr Oebike mir nach Kriegsende bestätigte, als
ich noch einmal an die Schlaun-Schule zurückkehrte, um das Abitur nachzuholen.
Wolfgang war im Jargon der Nazis »Halbjude«. Er durfte nicht HJ-Mitglied werden,
was er bestimmt nicht bedauerte, was ihn aber als einzige Ausnahme unter lauter
Hitlerjungen hätte isolieren können. Es geschah nicht, weil es uns anderen schlichtweg egal war. Seine Mutter war Jüdin. Deswegen war sein Vater als Berufsschullehrer
aus dem Schuldienst entlassen worden, auf Grund eines Gesetzes mit dem so zyni-
schen wie makabren Titel »Gesetz zur Wiederherstellung des Berufsbeamtentums«.
Meine Freunde, Verwandten und Bekannten und ich selber verstanden überhaupt
nicht, daß Juden irgendwie anders sein sollten als Christen. Am Konfirmationsun-
terricht beim Wehrmachtspfarrer im Offizierskasino am Hindenburgplatz habe ich
zwar gelegentlich teilgenommen, aber nur meinen Eltern zu Gefallen. Einmal haben
ein anderer Unmotivierter und ich Frösche im nahen Schloßpark gesammelt und
während des Gebets für unseren Führer auf dem Tisch ausgeschüttet. Unter den krei-
schenden Mädchen war auch eine Tochter des Gauleiters von Westfalen, Dr. Alfred
Meyer, der im Barockschloß wie ein Großfürst residierte. Sie wußte bestimmt nicht,
daß ihr Vater fast zur gleichen Zeit (20. Januar 1942) in einer »arisierten« Villa am
Wannsee mit SS-Führern beriet, wie man den vor Monaten im Osten begonnenen
Massenmord an jüdischen Männern, Frauen und Kindern noch besser und effektiver
erledigen könne.
Die Hetze gegen Juden und »Nichtarier« hat mich damals nicht erreicht. Ich habe
nie einen Menschen mit dem »Judenstern« auf der Brust gesehen. Und ich hatte kein
Interesse an den in einigen Straßen und Plätzen aufgehängten Schaukästen des »Stür-
mer« mit Julius Streichers Hetztiraden und den stereotyp fratzenhaften Karikatu-
ren des Zeichners Wolfgang Hicks, der nach dem Krieg mit dem gleichen Strich in
Springers »Welt« als Hauskarikaturist weitermachen durfte. Ebensowenig ahnte ich,
daß diese Zeichnungen und Texte Teil des Programms waren, eine möglichst breite

Zustimmung zum historisch singulären Massenmord an den Juden zu organisieren, der nicht »im deutschen Namen«, wie bis heute einige Zeitgenossen verniedlichend sagen und schreiben, sondern *von den* Deutschen begangen worden ist.

Wolfgang B. wohnte nur etwa 100 Meter von uns entfernt, in der Melcherstraße. Sein Zuhause hatte alle Merkmale klassischen Bildungsbürgertums, an den Wänden jede Menge Bücher und Gemälde und dazu ein Klavier, das seine Mutter meisterhaft spielte. Das hat mir, als Kind aufstrebender Kleinbürger, natürlich sehr imponiert, obwohl auch wir mit einem Klavier im Wohnzimmer protzen konnten. Wolfgang war ein Freund, von dem ich mehr gelernt habe als er von mir. Ihm war die Naturwissenschaft so wichtig wie mir das Fliegen. Da meine Zensuren in Physik und Chemie zwischen mangelhaft und ausreichend oszillierten, war ich für jede nachhelfende Anregung, ob theoretisch oder praktisch, dankbar.

Auch die Geschenkwünsche für Geburtstage oder Weihnachten waren von da an vorgeprägt. Bald war ich stolzer Besitzer einer Märklin-Eisenbahn und von Elektro- und Chemiebaukästen, mit denen wir viel Spaß hatten. Wir ließen Züge entgleisen, bauten ein Miniradio mit nur einer Gleichrichter-Röhre und brannten selbsterzeugtes Schießpulver ab. Seine Buchvorschläge haben meinen Lektürekanon, auf dem bis dato Karl Mays Abenteuer und die Groschenhefte mit Rolf Torring ganz oben rangierten, wesentlich veredelt. Sie haben mich *Ölkrieg* (1939), das im »Dritten Reich« und in der Bundesrepublik gleichermaßen erfolgreiche Sachbuch von Anton Zischka, fast zu Ende lesen lassen.

Zu seinen Favoriten gehörte außerdem Karl Aloys Schenzinger, der über Tüftler und ihre industriell verwertbaren Erfindungen anschaulich und spannend zu schreiben verstand. Seine Bücher *Anilin* und *Metall* wurden zu internationalen Bestsellern. Diese Wertschätzung ließ sich Wolfgang auch nicht trüben, als Schenzinger, auf Baldur von Schirachs Anregung, das Nazi-Stück *Der Hitlerjunge Quex* verfaßte. Durch den späteren Film, mit Heinrich George als Vater, wurde Schirachs Liedtext »Vorwärts! Vorwärts! Schmettern die hellen Fanfaren. Vorwärts! Vorwärts! Jugend kennt keine Gefahren ...« im ganzen Reich bekannt und sehr bald zum »Fahnenlied der Hitler-Jugend«. (Die noch aktive Zusammenarbeit des Herrn Zischka mit den Nazis war uns noch unbekannt.)

Aus Trotz hatte ich mich schon vorher geweigert, die im Deutschunterricht des unbeliebten Herrn Studienrat Pülke vorherrschende völkische Prosa und Lyrik, zum Beispiel von Heinrich Lersch und Edwin Erich Dwinger, auch noch außerhalb der Schule zu lesen. Lieber habe ich mich an die Tipps einer freundlichen Dame der Stadtbibliothek – ohne Bonbon an der Bluse – gehalten und bin zum Fan von Erich Kästner (*Emil und die Detektive*) und Heinrich Spoerl (*Feuerzangenbowle*) geworden.

Wie eng Schule und Hitler-Jugend miteinander verfilzt waren, hat mir ein Vorfall anschaulich vor Augen geführt. Am 10. April 1943 schickte Direktor Dr. Eggers meinen Eltern einen »Blauen Brief«. Im »Zeugnis« für den 16jährigen Karl-Heinz Hansen gab es folgende »Beurteilung des charakterlichen Strebens«: »Sein Verhalten innerhalb wie außerhalb der Schule bedarf stärkerer Zucht. Durch einen Fall von Zuchtlosigkeit außerhalb der Schule zog er sich die Androhung der Verweisung zu.«

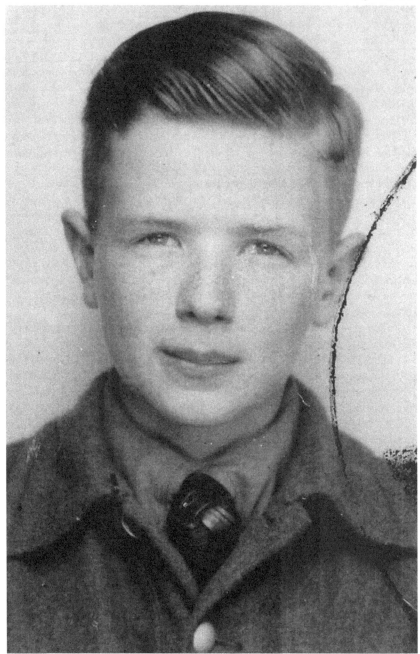

Wie kam es zu dem »Fall von Zuchtlosigkeit«, und wer hat ihn wozu benutzen wollen? Ab und an zog ich mit ein paar Jungen durch die Altstadt. Einer davon hieß Klaus Alander. Sein Vater hatte einen Sackhandel und war damit reich geworden, weil es dafür damals einen riesigen Bedarf gab, zum Beispiel für den Transport von Eierkohlen und Briketts, auf die fast alle Haushalte angewiesen waren, mangels Gas- oder Ölheizung. Die Alanders besaßen ein sehr komfortables Bootshaus an der Werse. Dorthin hatte uns Klaus an einem Wochenende im März zu seinem Geburtstag eingeladen. Weil die Gesellschaft von fünf Jungen zum Mittagessen bereits einen Kasten Bier geleert hatte, waren wir schon am Nachmittag in ausgelassener Stimmung. Kurzum, der Abend endete in einem fürchterlichen Besäufnis und für mich in einem Totalausfall aller Sinne. Am nächsten Morgen wußte ich nicht mehr, wann und wie ich nach Hause gekommen war. Mein Fahrrad war lädiert, und ich hatte blaue Flecke an fast allen Körperteilen. Ich mußte wohl auf dem acht Kilometer langen Weg bis zur Grevener Straße einige Stürze überstanden haben. Mit noch nicht 16 Jahren war dies das erste besinnungslose Besäufnis – und das letzte.

Wer uns beim Jungbann der HJ anschließend denunziert hat, ist nie herausgekommen. Fest steht: Jungbannführer Ferdi Naber hatte vom Schuldirektor meinen Rausschmiß verlangt, wegen »im Rausch begangener homosexueller Handlungen«. Die Chancen für einen Erfolg standen nicht schlecht. Der Reichsminister für Wissenschaft, Erziehung und Volksbildung, Bernard Rust – selbst Parteigenossen übersetzten den Namen mit »Reichsunterrichtsstörminister« –, hatte wiederholt eine enge Zusammenarbeit mit der HJ gefordert und dem NS-Lehrerbund »die Umprägung des deutschen Lehrers zum Typ des nationalsozialistischen Volkserziehers« zur Pflicht gemacht. Bannführer Nabers Verleumdungen hatten also Gewicht. Mein Vater hat den Schulabgang gerade noch verhindern können: Mit der Wehrmacht wollten die HJ und somit Herr Dr. Eggers keinen Krach. Nach dem Krieg, von mir beim zufälligen Treffen auf der Straße zur Rede gestellt, hat Naber alles geleugnet, er habe von dem »Vorfall« überhaupt nichts gewußt. Beinahe hätte ich ihm eine geknallt.

Meine großen Schulferien habe ich vom zehnten bis zum 14. Lebensjahr regelmäßig bei Tante Auguste, der ältesten Schwester meiner Mutter, und Onkel August verbracht. Die beiden hatten eine Tochter und zwei Söhne namens Erika, August und Frido, sämtlich schon erwachsen. Die Familie Knaup wohnte in einem der größten Häuser von Bösingfeld, einem Städtchen zwischen Hügeln, Wiesen und Feldern im Extertal, nur wenige Kilometer östlich meines Geburtsorts Linderhofe. Wohlhabend waren die Knaups mit Viehhandel und etwas Landwirtschaft geworden; sie hatten ein Auto und Telefon. Ihr Viehhandel hatte sich seit Mitte der dreißiger Jahre sprunghaft ausgeweitet. Vetter August, der beinahe unser Lieblingsschweinchen in Detmold geschlachtet hätte, erzählte öfter, sich lachend auf die Schenkel schlagend, wie er, sein Bruder Frido und einige SA-Freunde den »Viehjuden« am anderen Ende des Ortes aus dem Haus geprügelt und verjagt hatten. Danach gab es keine Konkurrenz mehr im ganzen Extertal. Vor dem Ortseingang stand seither ein großes Schild: DIESER ORT IST JUDENFREI.

Die Ferienwochen bei meiner bäuerlichen Sippschaft waren wie ein zweites Leben. Alles war neu und anders. Hier wurde ich als Erwachsener behandelt. Ich durfte Kühe melken, Schweine füttern, mit der Zentrifuge Milch zu Butter schleudern, Garben auf dem Feld binden, Unkraut jäten, beim Korndreschen helfen, auf einem Zugpferd reiten und Ställe ausmisten. Die Nachbarn nannten mich »Schweinemeister«, zum Spaß. Später habe ich mich gefragt, ob mein Enthusiasmus nicht ein wenig ausgebeutet wurde.

Am 1. September 1939 war schlagartig Schluß mit der Gemütlichkeit. Um 10 Uhr hatte sich die ganze Familie Knaup ahnungsvoll vor dem Volksempfänger versammelt; es war eine Rede des Führers angekündigt. Und dann kam es: »Polen hat heute Nacht zum ersten Mal auf unserem eigenen Territorium auch mit bereits regulären Soldaten geschossen. Seit 5 Uhr 45 wird jetzt zurückgeschossen! Und von jetzt ab wird Bombe mit Bombe vergolten!« Der Überfall auf Polen hatte begonnen. Es war Krieg.[2] Alle waren erstarrt. Es herrschte vollkommene Stille. Mutter und Tochter begannen zu weinen. Die Männer waren bleich und still. Sogar ich hatte verstanden: Vetter August, der in Neu-Ruppin als Panzerschütze Wehrdienst abgeleistet hatte, würde in den nächsten Tagen einrücken müssen. Bei Vetter Frido war ungewiß, ob ihn seine Anstellung bei der mächtigen Deutschen Arbeitsfront (DAF) davor bewahren würde. Derart niedergedrückt soll damals die Mehrheit des deutschen Volkes Hitlers Kriegsgeschrei aufgenommen haben.

In den kleinen Ferien, manchmal auch zwischendurch, wurde die deutsche Jugend ab 14 Jahren dienstverpflichtet. Das hieß: beim Bauern Kartoffeln klauben, in der Natur Heilkräuter, zum Beispiel Huflattich, sammeln oder, wie in meinem Fall, zur Wehrmacht einberufene Schaffner der Straßenbahn ersetzen. Das war beinahe eine Vollbeschäftigung: im Depot Mütze und Schaffnertasche abholen, Wechselgeld in die Röhren für Mark, Groschen und Pfennige des aufgesteppten Geldwechslers füllen, sich beim Fahrer melden. Und dann ging es los: »Noch jemand ohne Fahrschein?« – »Grevener Straße, Endstation, bitte alle aussteigen!« Nach Dienstschluß im Depot das eingenommene Geld abrechnen, Ausrüstung abgeben, und Feierabend. So pendelte ich in oft überfüllten Straßenbahnwagen zwischen Münster-Hafen und Grevener Straße hin und her, bis eines Tages meine linke Hand bei einer Notbremsung von der zuknallenden Schiebetür lädiert wurde. Meine Karriere als Schaffner war damit beendet. Immerhin hatte ich den freundlichen Umgang mit vielen fremden Menschen gelernt.

Meine Zukunft sah ich nicht erst jetzt ganz woanders. Mit soviel Einsatz an Kraft und Zeit wie möglich wollte ich meinen Traum vom Fliegen verwirklichen. Leider begann das mit einem Verrat an meinen Eltern. Die hatten mich bei der Städtischen Musikschule angemeldet, damit ich das bei uns im Kaminzimmer wartende Klavier zu bespielen lernte. Das war ihnen einen weiteren Verzicht auf Befriedigung eigener

---

2 Das Wort »Krieg« statt »Septemberfeldzug« war anfangs verboten.

Bedürfnisse wert. Der einzige Luxus, den sie sich dann noch leisteten, war ein gelegentliches Rommé-Spiel mit dem Ehepaar Hermann im Stockwerk unter uns. Mein Vater mochte Herrn Hermann, weil der als ehemaliger Zahlmeister auf dem Kreuzer »Emden« ihm auch beruflich nahe war.

Anfangs gefielen mir die Klavierstunden ganz gut. Aber dann geriet ich an die strenge Frau Schnabel, die mich wieder und wieder die richtige Haltung der Hand auf den Tasten üben ließ und mir dabei öfter auf die Finger schlug. Erbost habe ich mich abgemeldet. Meine Eltern haben weiterbezahlt, während ich begann, Flugmodelle zu basteln, manchmal bis spät abends. Erst ein halbes Jahr danach sind sie mir auf die Schliche gekommen. Das war nur möglich, weil wir kein Telefon hatten und ich selbst als Botschafter zwischen den Parteien fungierte. Für diesen unbekümmerten Egoismus schäme ich mich bis heute.

Das Zusammenbasteln von Flugmodellen war die erste Stufe der Wehrertüchtigung von Flugbegeisterten, die seit 1937 vom Nationalsozialistischen Fliegerkorps (NSFK) veranstaltet wurde. Das NSFK war Nachfolger des Deutschen Luftsportverbandes und keine Gliederung der NSDAP. Vielleicht erklärt das, warum ich in den Jahren der Ausbildung zum Segelflieger nur einmal die Flieger-HJ-Uniform getragen habe, nämlich für das Paßfoto im Flugbuch. Wir fühlten uns als etwas Besseres, weil uns das stumpfe Exerzieren der »Marschier-HJ« erspart blieb. Schnieke Anzüge, sogar mit Weste, waren mir lieber.

Die zweite Stufe spielte sich in der riesigen Werkstatt der Reichspost ab, welche vollständig mit allen Maschinen und Werkzeugen zur Bearbeitung von Holz und Metall ausgestattet war. In wechselnden Arbeitsgruppen bauten wir ein Jahr lang nach den Anweisungen des Werkstattleiters einen Schulgleiter SG 38. Dabei lernte ich das Sägen, Feilen und Schmirgeln von Holz für die Spanten, die Herstellung von Eisenscharnieren mit Fräsen und Schweißgerät sowie das Bespannen der Tragflächen mit Leinen und den anschließenden Spannlack-Anstrich. Zu Weihnachten beglückten wir das Winterhilfswerk mit einem hölzernen Wackeldackel: drei ausgesägte Teile, mit zwei Scharnieren verbunden, mit Rollen an den Pfoten und am Bindfaden gezogen. Den beschenkten Kindern gefiel das Holztier so gut, daß wir im nächsten Jahr wieder in die Serienproduktion gehen konnten.

Die abgeleisteten Werkstunden sowie eine ärztliche Bescheinigung der »Segelflugtauglichkeit« waren Voraussetzung für die dann endlich beginnende Flugausbildung. Mein erster Flug – vom Hang, mit »Gummistart« – dauerte zwölf Sekunden. Das war am 21. Juni 1942, ich war gerade 15 geworden. Von da an fuhr ich mit einem anderen Besessenen jedes Wochenende und jeden Feiertag mit dem Fahrrad 45 Kilometer in die Borkenberge bei Dülmen. Manchmal vergeblich, weil der Wind zu stark war oder andere vor uns zum Sekundensprung dran waren. Die meiste Zeit arbeiteten wir als »Gummihunde«, die den Schulgleiter mit einem Gummiseil zwei, drei Meter in die Luft katapultierten. Geschlafen wurde auf Strohsäcken in der Flugzeughalle, gegessen meistens Kartoffelsalat aus dem Kochgeschirr. Zu trinken gab es in der »Pappschachtel«, einer kleinen Bude am Rande des Flugfelds. Am 6. September

1943, nach mehr als einem Jahr und 40 »Flügen«, hatte ich »die fliegerischen Bedingungen der Segelflieger-Prüfung A erfüllt«. So ging es weiter, auch auf anderen Flugplätzen und mit »richtigen« Segelflugzeugen, bis mit dem 99ten Start im Februar 1944 die C-Prüfung bestanden war.

*C-Prüfung im Segelflug, 1944*

Zum vollausgebildeten Piloten, der als hochdekorierter Jagdflieger die feindlichen »Terror-Bomber« des »perfiden Albion« für den Führer vom Himmel holen würde, hat die Zeit nicht mehr gereicht. Statt dessen durfte ich am gründlich gescheiterten Versuch teilnehmen, vom Boden aus die britischen und amerikanischen Boeing B-17 Flying-Fortress-Geschwader daran zu hindern, deutsche Städte zu zerstören. Wie es das Großdeutsche Reich mit seinen Luftangriffen auf das ungeschützte Coventry, auf Birmingham und London vorgemacht hatte.

Im Juli 1943 wurde meine Klasse geschlossen zur Flakdivision der Luftwaffe einberufen, um »wohnungsnah« in einer Flakbatterie Mannschaften zu ersetzen, die an der Ostfront dringend gebraucht wurden. Wir waren jetzt »Flak-Soldaten«, und nicht »Flak-Helfer«, eine Bezeichnung, die Goebbels angeraten hatte, damit die Feindpropaganda nicht behaupten könne, Deutschlands Ende stehe kurz bevor, weil jetzt schon Kinder in den Krieg geschickt würden. Schutzobjekte der Batterie waren neben der Stadt Münster ein großes Verpflegungsdepot der Wehrmacht bei

Coerde, einen Kilometer von der Stellung entfernt, und der Flughafen Handorf, der dem Nachteinsatz von Jagdfliegern diente. Die Batterie hatte sich mit Unterkünften, Kanonen und Zielgerät auf offenem Feld nördlich von Kinderhaus, zwischen der Sprakeler Straße und der Eisenbahnstrecke nach Rheine, etwa vier Kilometer vom Haus der Familie Hansen entfernt, eingerichtet. Jetzt war die Batterie mein Wohnort – Feldpostnummer 10027 des Luftgaupostamts Münster. Mutter und Geschwister traf ich aber noch gelegentlich, und sei es im Luftschutzbunker. Jedenfalls blieben bis nach meiner Rückkehr aus der Gefangenschaft die Ausgehuniform in blauem Zwirn mit Luftwaffenadler auf der rechten Brustseite und der Leinendrillich für die alltägliche Arbeit meine einzige Oberbekleidung.

Neben der Verwaltungsbaracke mit angebauter Gemeinschaftsküche, der Wachbaracke und dem Quartier des Batteriechefs lagen die Unterkünfte für ungefähr 95 Unteroffiziere und Soldaten. Und eine Russenbaracke gab es auch. Dort war ein Trupp russischer Kriegsgefangener eingepfercht. Sie waren gezwungen, die schweren Granaten aus dem zentralen Munitionsbunker auf die sechs Feuerstellungen zu verteilen. Das war meine erste und einzige Begegnung mit »bolschewistischen Untermenschen«. Alle sahen uns erstaunlich ähnlich, und ein paar sprachen sogar ziemlich gut Deutsch. Vom Stabsfeldwebel Schnier, einem ehemaligen Metzger, wurden sie saumäßig schlecht behandelt. Einige Klassenkameraden ließen sich aber nicht davon abhalten, den unterernährten Gefangenen, so oft es ging, heimlich Brot oder Zigaretten in die Taschen zu schieben.

Meiner Klasse wurden vier Holzbaracken für je sechs Insassen zugeteilt. Jede Baracke hatte einen Aufenthaltsraum mit Kanonenofen, Tisch und Stühlen sowie einen Schlafraum mit Stockbetten. Dazwischen war ein schmaler Schlauch, in dem ein Brett mit sechs ausgefrästen Löchern für sechs Waschschüsseln an die Wand gedübelt war. Unser Lebensraum für fast ein Jahr. Gleich neben unserer Baracke stand das Kommandogerät 40, etwas erhöht und von einem eineinhalb Meter hohen Schutzwall aus Sand und Erde umgeben. Von hier wurden die errechneten Zielwerte an die sechs Flakgeschütze übertragen, die in einem größeren Kreis aufgestellt waren. Die einzelnen Geschützstellungen waren durch einen zwei Meter hohen Wall geschützt und hatten alle einen kleinen Bunker für die fast einen Meter langen und zehn Kilo schweren 8,8-cm-Geschosse. Mitten in der Anlage ragte ein etwa drei Meter hoher Holzturm in die Höhe. Oben drauf ein leichtes 2-cm-Vierlings-Flakgeschütz, das zur Tieffliegerabwehr gedacht war, aber während meiner Dienstzeit in der Batterie nicht ein einziges Mal zum Einsatz kam.

Am ersten Tag nach unserem Einzug teilten die Unteroffiziere uns in Dienstgruppen auf. Die einen kamen an die Geschütze, die anderen wurden für das Kommandogerät ausgewählt, besser: erwählt, denn die dort Eingesetzten verstanden sich als »Hirn der Batterie«. Ich gehörte zu den Erwählten. Es folgte eine Woche Einweisung in die theoretischen Grundlagen der Flugabwehr, vollgepackt mit Lernstoff der Flakschießlehre: von Zielerfassung, Vorhaltewinkel, Geschoßdrall bis zum Einfluß des Wetters auf die Flugbahn. Die zweite Woche verging mit praktischen Übungen am

Kommandogerät 40, das fortlaufend Flugrichtung, Fluggeschwindigkeit und Flughöhe errechnete und auswertete. Zwei Richtschützen verfolgten laufend optisch Seite und Höhe des Ziels. Alle Werte wurden direkt an die Geschütze übermittelt, die dann dortige Richtkanoniere entsprechend aufs Flugziel ausrichteten. Die Feuergeschwindigkeit der Batterie hing davon ab, wie schnell der Ladekanonier die zehn Kilo schwere Granate aus der Zünderstellmaschine nehmen, in den Ladeverschluß der Kanone hieven und abziehen konnte. Bestenfalls brauchte er drei Sekunden. Es mußten möglichst viele Geschosse als Salve in den Himmel geschickt werden, um überhaupt Treffer unter den angreifenden Boeing B-17 zu erzielen.

Schon bald wurde alles zur täglichen Routine: Waschwasser aus der Pumpe zapfen, Kaffeeholer raustreten. Alarm. Mittagessen im Gemeinschaftsraum, »fünf Mann zum Geschirrabwasch«. Und wieder Alarm. Münster lag mitten in der Haupteinflugschneise von Großbritannien ins Reich. Deshalb war Tag und Nacht mit Einflügen zu rechnen. Bomber nachts, Aufklärer am Tag, und bald beide zu jeder Zeit.

Laut Einsatzbefehl sollten wir in den Stellungen weiter Schulunterricht erhalten. Das gelang in Wirklichkeit nur einige Wochen. Mit zunehmenden Einflügen warteten die Lehrer immer öfter vergebens auf uns. Schließlich wurde der begleitende Unterricht ganz eingestellt. Wir Schüler waren nur noch Flaksoldaten. Die zerstörte Schule haben die meisten von uns erst nach der Kapitulation wiedergesehen.

Der erste Tagesangriff am 11. Oktober 1943 war auch einer der schwersten. Von unserer Stellung aus konnten wir die Einschläge der Bomben nicht nur hören, wir sahen die Stadt am Horizont in Rauch und Flammen aufgehen. Manche der von Phosphorbomben angerichteten Brände loderten noch tagelang. Natürlich waren wir aufgeregt. Jeder fragte sich: Waren meine Eltern und Geschwister, meine Freunde rechtzeitig im Luftschutzbunker, sind sie noch einmal davongekommen? Es dauerte lange, ehe alle Gewißheit hatten, denn ein privates Telefon war die große Ausnahme. Wir durften nur in kleinen Gruppen auf Kurzurlaub in die Stadt, weil die Batterie auf alle Fälle »gefechtsbereit« bleiben mußte. Und manches Mal kam jemand völlig fassungslos zurück, alles Trösten half da wenig. Erst recht nicht das verliehene Flakkampfabzeichen, das wir anfangs stolz auf der Brust spazierentrugen.

Seit dem ersten schweren Bombardement nahmen die Luftangriffe auf Münster an Häufigkeit und Heftigkeit stetig zu. Sie endeten erst wenige Tage vor dem Einmarsch der britischen Truppen am 2. April 1945. Da lagen 92 Prozent der Altstadt in Trümmern, und 61 Prozent der übrigen Stadtviertel waren gründlich zerstört. Es gab kaum noch intakte Wohnungen. Münster war nach Köln und Aachen, gemessen an der Einwohnerzahl, die Stadt mit den meisten materiellen und menschlichen Verlusten.

Am 1. August 1944 wurde ich übergangslos zum Reichsarbeitsdienst (RAD) eingezogen. Gleichzeitig mit der Entlassung als Flakhelfer endete auch die Schule. Sie bedachte uns mit einem Reifevermerk, von uns auch Notabitur genannt. Einen mittelgroßen Koffer in der Hand, bestieg ich den Zug nach Rheine. Von da ging es weiter zum Dörfchen Beesten im Emsland. Dort lag die Barackensiedlung der RAD-Abteilung 8/164, rund um einen tennisplatzgroßen Innenhof angelegt und ringsum durch einen Stacheldrahtzaun gesichert. Zusammen mit etwa einem Dutzend anderer zukünftiger Arbeitsmänner wurde ich, nach halbstündigem Warten vor dem Tor, reingelassen. Wir hatten kaum das Gelände betreten, als ein Vormann uns anbrüllte: »Hier drinnen wird nicht gegangen! Laufschritt, marsch, marsch!« Mit Koffern in den Händen drehten wir unsere erste Runde. Es sollten noch viele dazukommen in den nächsten drei Monaten, denn außerhalb der Unterkunft herrschte grundsätzlich Laufzwang. Dann ging es zur Kleiderkammer. Uniform, Drillich, Wolldecke, Zeltplane, Knobelbecher packte uns der Vormann auf die Arme. Der Klamottenberg war mit dem Kinn gerade noch zu halten. Als ich den Packen absetzte und die Uniformjacke entfaltete und fragte: »Die soll mir passen?«, schnauzte der Vormann zurück: »Sie sind bestimmt Schüler, was?« »Nein, Oberschüler.« Da war meine zweite Runde im Laufschritt fällig, diesmal aber mit dem Riesenklumpen an Ausrüstung plus Koffer. Mein Einstand machte mich zum Lieblingsobjekt der Vormänner, die den Truppführern die Schmutzarbeit des alltäglichen Schindens mit Hingabe abnahmen.

Von den zwölf Arbeitsmännern in der uns zugewiesenen Unterkunftsbaracke kannte natürlich keiner den anderen. Es brauchte einige Tage, ehe man ungefähr wußte, was man von wem zu erwarten hatte. Neben drei Oberschülern waren sehr unterschiedliche Berufe vertreten, vom Polsterer bis zum Postfacharbeiter. Alle hatten Barackenerfahrung mit Stockbetten und Kanonenöfen. Und schon nach wenigen Tagen entwickelte unsere Stube eine Art prekäres Zusammengehörigkeitsgefühl. Jedenfalls wurde der Stubenälteste, ein Tischlergeselle, einstimmig gewählt.

Der Dienst begann – im fünften Kriegsjahr! – mit der Ausgabe blankgeputzter Präsentierspaten und anschließendem Griffekloppen. Wieder und wieder, bis am Abend das Schlüsselbein schmerzte, wie unser Vormann es grinsend vorhergesagt hatte. Die Spaten wurden eingesammelt und in der Gerätekammer verstaut. Wir waren jetzt fit genug, um bei Bedarf hohe Gäste mit präsentierten Spaten zu empfangen. 14 Tage lang marschierten alle Trupps dann – ohne Spaten – zum Schießstand, wo wir mit dem uns bisher unbekannten Karabiner 98k vertraut gemacht wurden. Es wurde mit scharfer Munition im Wettbewerb auf Zielscheiben geschossen. Ich war stolz, zum Abschluß der Schießausbildung unter den zehn besten Schützen zu sein.

Dann begann der eigentliche Einsatz. Unsere RAD-Abteilung hatte den Auftrag, die unbefestigte Rollbahn des Flughafens Plantlünne, etwa vier Kilometer westlich unseres Lagers, für eine Gruppe von Jagdflugzeugen des Typs Focke-Wulf Fw 190 betriebsbereit zu halten. Über 100 Hektar Wald waren für den Einsatzhafen gerodet worden. Asphaltstreifen führten zu den im Wald getarnten Abstellplätzen der Flugzeuge, zu einigen Schutzgräben und den fünf Türmen für die 2-cm-Flak zur Abwehr von Tiefangriffen durch Jagdbomber. Auf den äußersten Abstellplätzen sah ich zufällig ein paar Flugzeuge ohne Propeller. Daß die nicht zum Einsatz kamen, wunderte mich nicht. Heute weiß ich, daß es sich um die ersten Düsenjäger Me 262 gehandelt hat. Die waren so stümperhaft zusammengeschustert, daß viele von ihnen den ersten

Start nicht überstanden. Im Wald gab es auch ein Munitionslager, das ich aber nie zu Gesicht bekam.

Alliierte Jagdbomber versuchten immer wieder, die Rollbahn zu treffen, um den Start der deutschen Jäger zu verhindern. Das ist den Thunderbolts auch manchmal gelungen. Für uns hieß das, so schnell wie möglich die Bombentrichter zu füllen. Trecker mit Anhängern schütteten Berge von Sand neben die Einschlaglöcher. Wir schaufelten im Akkord. Es galt, die Füllung mit einer leichten Überhöhung so genau abzuschließen, daß beim Plattwalzen eine perfekte Horizontale entstand. Die wurde dann von uns mit ausgestochenen Grassoden planiert und geglättet. Die Focke-Wulf-Jäger konnten wieder starten und landen, ohne Gefahr für das Fahrwerk. Für diese Arbeit hatten wir abwechselnd Tag und Nacht bereitzustehen. Es kam vor, daß Thunderbolts uns bei der Arbeit überraschten und wir im rasanten Sprint gerade noch rechtzeitig in die Schutzgräben und Einmannlöcher am Rand des Flughafens springen konnten.

Aber es gab auch Vorfälle, die nicht ganz so gefährlich waren. In der Nähe unserer RAD-Abteilung gab es ein Lager des weiblichen Arbeitsdienstes, zu dessen Führung einige unserer Vorgesetzten dem Gerücht nach engere Beziehungen pflegten, der Oberfeldmeister mit der Maidenoberführerin, der Unterfeldmeister mit der Maidenunterführerin und so weiter. Nur der einfache Arbeitsmann hatte noch keine der einfachen Arbeitsmaiden zu Gesicht bekommen. Bis zu dem gemeinsamen Abteilungsfest, das die Führer und Führerinnen anscheinend miteinander abgesprochen hatten.

Für unsere Baracke hatten die Oberschüler und der Stubenälteste sich einen besonderen Festbeitrag ausgedacht. Wir brachten unseren gutgläubigen Postfacharbeiter dazu, mit uns das Gedicht »Die Dankesschuld« von Walter Flex einzuüben, um es am Festabend vorzutragen. Wir konnten ihn davon überzeugen, daß sein Auftritt riesigen Beifall finden würde, wenn er wichtige Aussagen mit großen Gesten und Gebärden verstärkte. Zum Beispiel sollte er beim ersten Satz »Ich trat vor ein Soldatengrab und sprach zur Erde tief hinab« durch den Feldstecher angestrengt und tief gebeugt ins gedachte Loch starren. Oder an der Stelle »Daß ich die Hand noch rühren kann, das dank ich dir, du stiller Mann. Wie rühr ich sie dir recht zum Preis? Gib Antwort, Bruder, daß ich's weiß!« hatte er eine gedachte Kaffeemühle zwischen die Knie zu klemmen und kräftig zu rühren, erst nach rechts dann nach links. So ging es weiter durchs ganze Dickicht des Gedichts. Der Erfolg war durchschlagend. Es gab Murren und Gelächter, besonders unter den Maiden, aber erstarrte Gesichter bei unseren Führern. Unser Postfacharbeiter ließ sich nicht beirren. Er hielt durch bis ans Ende des nationalen Quarks.

Am nächsten Morgen wurden wir vier Kameraden erwartungsgemäß vom Oberfeldmeister zusammengestaucht. Ab sofort verbrachten wir unsere abendliche Freizeit damit, eine zugemoorte, überwucherte Badestelle mit Schaufel und Spaten verwendungsfähig zu machen. Eine eher milde Strafe. Der Versuch, Nazi-Kitsch lächerlich zu machen, war in Ordnung. Aber einen naiven Menschen so zu mißbrauchen war unverzeihlich. Ich schäme mich heute dafür.

**M**eine Arbeitsdienstzeit endete mit einem merkwürdigen Einsatz. Der Abteilungsleiter befahl mich und neun andere Kameraden zu sich ins Büro. Er verkündete uns, daß wir zur Belohnung für unsere Schießleistungen an einem geheimen Sondereinsatz teilnehmen dürften. Geführt von einem Vormann reiste unsere Gruppe mit Tornistern und geschulterten Karabinern am nächsten Morgen nach Enschede in Holland. Auf einem Abstellgleis erwartete uns ein RAD-Truppführer vor einem Güterzug mit Lokomotive und acht angekoppelten Waggons. Er führte uns zu einem Wagen mit geöffneter Schiebetür. Drinnen standen sechs Stockbetten, ein Tisch und Stühle. Jeder belegte ein Bett mit seinem Gepäck.

Dann traten wir draußen an zur Vergatterung: Wir sollten den Zug als Wachmannschaft auf seiner Fahrt ins Reich begleiten, die Haltebahnhöfe würden uns von Mal zu Mal bekanntgegeben. Die Waggons unbedingt geschlossen halten! Der Inhalt sei streng geheim. Wegen des Rückzugs der Wehrmacht aus dem Westen sei das Schienennetz in Teilen verstopft; der Zug würde deshalb wahrscheinlich ziemlich oft mitten auf der Strecke zum Halt gezwungen. In solchen Fällen: sofort Karabiner gegriffen und raus. Jeder postiert sich vor einem Waggon und läßt niemanden in die Nähe, im äußersten Fall Warnschuß in die Luft.

Wir dampften los in Richtung Köln. Auf einem Gelände vor der Stadt wurde der erste Wagen abgekoppelt und gegen Quittung einem Oberfeldmeister anvertraut. So ging es langsam weiter den Rhein entlang nach Süden, ein Waggon nach dem anderen wurde abgekoppelt und übergeben, der letzte in Frankfurt-Höchst. Rausspringen und zu den Waggons rennen war inzwischen zum Reflex geworden. Wir wußten bald, womit die Waggons beladen waren. Ich glaube, es war in Koblenz, als einer der Empfänger sich weigerte, die Quittung zu unterschreiben, ehe er die Ladung gesehen hatte. Bei der Gelegenheit riskierten auch zwei Kameraden einen Blick: Der Waggon war vollgestopft mit Tuchballen, Pelzen, Damenschuhen, Spiegeln, Möbeln und so weiter. Sogar wir kapierten: Ein Netzwerk von höheren Chargen des RAD hatte Holländer, wohl nicht nur in Enschede, ausgeplündert oder ausplündern lassen. Nun war es höchste Zeit, das Raubgut auf die Heimatorte der Mitwisser zu verteilen, denn die Alliierten standen schon vor Aachen. Mit Sicherheit war auch unser Vormann eingeweiht. Und wir hatten ahnungslos dabei geholfen. Unser Instinkt riet uns aber, nicht weiter darüber zu sprechen, nicht mal unter uns. Nach einer Besichtigung der Innenstadt von Frankfurt reisten wir zurück nach Beesten. Drei Tage später, am 12. November 1944, wurde ich nach Hause entlassen.

Die Familie war mittlerweile auf meine Mutter, den jüngeren Bruder und die vierjährige Schwester reduziert. Die beiden anderen Schwestern waren 1941 mit der Kinderlandverschickung in Bayern gelandet, Bruni, die ältere, mit ihrer Klasse vom Freiherr-von-Stein-Gymnasium in Reit im Winkel, Lotte, die jüngere, bei einer Bauernfamilie in Pfaffenhofen. Unser Vater war seit drei Jahren an der Ostfront, irgendwo bei Minsk. Er ist mir sein Leben lang fremd geblieben – wie ihm Liebe und Zärtlichkeit. Daß eine Umarmung sehr tröstlich sein kann, habe ich erst nach und nach von anderen Menschen erfahren.

**M**ein Einberufungsbefehl samt Militärfahrkarte war schon vor mir zu Hause angekommen. Ich hatte mich am 20. November 1944 auf dem Flughafen in Danzig-Langfuhr zu melden. Somit blieben mir noch ein paar Tage, um das Zivilleben zwischen Luftschutzkeller und Wohnung im arg zerstörten Münster zu erleben.

Im Zug hatte man Soldaten mit den an die Front gerufenen Zivilisten zusammengewürfelt. Der erste Stopp war Berlin. Ein paar Helferinnen des Roten Kreuzes brachten uns zur Übernachtung in eines ihrer Heime, wo wir in richtigen Betten übernachteten und ungewohnt gut verpflegt wurden. Am Abend gab es eine Überraschung: Im »Haus Vaterland« erlebten wir einen bunten Abend. Schon länger fabrizierten Goebbels' Schauspielertrupps, von Theo Lingen über Hans Moser bis zu Hans Albers und Heinz Rühmann, nur noch leichte Unterhaltungsfilme für das Volk. Der einzige ernstgemeinte Durchhaltefilm – »Kolberg«, mit Heinrich George und Luftwaffenhelfer-Statisten – kam erst im Januar 1945 zur Uraufführung. Viel zu spät, um die Masse der Deutschen noch propagandistisch zu erreichen. Und jetzt, im »Haus Vaterland«, waren es Varieté-Künstler und Humoristen, die sich mühten, unseren Kampfgeist zu stärken. Ebenso die Sänger und Sängerinnen, mit nationalen und rührseligen Texten, wie »Lili Marleen« und dem berüchtigten »Soldaten am Wolga-Strand«.

So gestärkt ging es am nächsten Morgen weiter in Richtung Danzig. Von da sofort weiter zur Kaserne in Stolpmünde. Laut Eintrag im Wehrpaß war ich seit dem 21. November 1944 Fliegersoldat in der dritten Kompanie des Offiziersausbildungsbataillons 3 der Luftwaffe. Endlich mal wieder in einem festen Gebäude, nur sechs Mann in einer Stube und für jeden ein Schrank für Uniform, Drillich, Tornister, Gasmaske und den Rest der Ausrüstung.

Der für unseren Zug verantwortliche bayrische Unteroffizier entpuppte sich schnell als vollwertig artverwandter Nachfolger unseres berüchtigten RAD-Vormanns. Unser Dienstplan entsprach in Punkt und Komma dem für Friedenszeiten üblichen Programm, angefangen von Stubendurchgang und Spindkontrollen bis zu den üblichen »Kostümbällen«: »Raustreten! Stillgestanden. In fünf Minuten antreten in Uniform. Weggetreten!« Das gleiche mit Drillich, dann mit Marschgepäck. Und so weiter. Tagsüber ließ der Herr Unteroffizier uns marschieren: »Gasmaske auf! Ein Lied! Lauter! Ich hör' nichts! Tiefflieger von links!« Das hieß: in den Graben springen und an den Boden pressen. Oder es ging an den Ostseestrand, um das Hinlegen mit Gewehr zu üben. Der Sandstrand war gefroren. Unser Schleifer verlangte, daß wir nach dem Kommando »Hinlegen« mindestens drei Meter Boden gewannen. Das hatte natürlich viele vergebliche Versuche zur Folge, oft begleitet von Gebrüll: »Ihr wollt Offiziere werden? Vorher bin ich da!« Beim Einrücken schmerzten regelmäßig Ellenbogen und Knie wie Teufel.

Man kann sich denken, daß wir beinahe froh waren, als uns der Bataillonschef abkommandierte zum Bau eines Panzerabwehrgrabens zwischen Stolp und Stolpmünde, an dem bereits Volkssturmleute und Soldaten gruben. Die sowjetischen Armeen hatten Ostpreußen eingekreist, und es war damit zu rechnen, daß sie bald entlang der Ostseeküste weiter vorrücken würden. Der Boden war ziemlich tief gefroren und mußte erst mit der Spitzhacke aufgebrochen werden, ehe man den Spaten benutzen konnte.[3]

Auch wir froren, trotz Mantel und Schal. Etwa 150 Meter neben dem zukünftigen Graben war eine Schweinemastanstalt des »Ernährungshilfswerks« noch in Betrieb. Es verfütterte gesammelte Lebensmittelreste an die Schweine, half also, die Versorgung der Bevölkerung zu sichern; daher der Name. Drinnen war es mollig warm, aber es stank auch schweinemäßig. Trotzdem besuchten ein paar Kameraden und ich ab und zu die Stallungen, um uns dort aufzuwärmen. Bis eines Tages ein Leutnant der Infanterie mit gezogener Pistole hereinstürzte und drohte, uns als Deserteure zu erschießen, falls er uns noch einmal bei den Schweinen erwischte.

Doch daraus wurde nichts. Mitte Februar ließ unser Kommandeur das Bataillon antreten und verkündete: »Morgen verlegen wir die Kompanien unserer Einheit in Richtung Westen. Gewehr und Marschgepäck, kein unnötiger Ballast. Die Kompanieführer handeln selbständig. Sie sind für den geordneten Ablauf verantwortlich. Weggetreten!« Meine, die dritte Kompanie, konfiszierte ein paar Schlitten fürs Gepäck. Dann zogen wir die Küste entlang über Jershöft, Rügenwalde und Kolberg nach Wollin. Unterwegs schliefen wir in Scheunen, Kellern und Gartenlauben. Manchmal

---

3 Unter Soldaten kursierte dieser Witz: Wie lange brauchen Russen im T34, um einen deutschen Panzergraben zu überwinden? Antwort: eine halbe Stunde zum Ablachen und fünf Minuten zum Überwinden. Nicht so toll als Witz, aber bezeichnend für die Landsermentalität.

teilten die Einheimischen ihre kargen Malzeiten mit uns und sorgten für Schutz vor der Kälte. Ich weiß nicht mehr, wie lange wir für die Strecke gebraucht haben. Ich schätze, ungefähr zehn Tage.

In Wollin verfrachtete man uns in ein paar Güterwaggons. Darin rollten wir stokkend, oft auf Nebengleisen abgestellt, durch das Restreich nach Ulm, wo wir irgendwann Anfang März ankamen. Wie knapp wir der Gefangenschaft durch die Sowjetarmee entkommen sind, habe ich erst nach Kriegsende erfahren. Am 9. März 1945 wurde Stolp eingenommen, am 18. März Kolberg. Rückblickend bin ich ziemlich sicher, daß unser Kommandeur genau das im Sinn hatte: Er wollte uns junge Kerls vor der Gefangenschaft bewahren. Er hieß übrigens von Witzleben.

Das Dorf Holzschwang bei Ulm war unser neuer Standort für die nächsten vier Wochen. Hier wurden wir als Kämpfer für den Endsieg zubereitet. Wir übten gruppenweise Sturmangriffe auf einen verschanzten Feind aus großer, mittlerer und geringer Entfernung, mitsamt Einbruch und Nahkampf. Ab und zu mit scharfer Munition und Handgranatenwürfen. Aber an einigen Tagen wurde auch nur rumgegammelt.

Anfang April erschien ein junger General der Luftwaffe, um uns in eine Einheit des Volkssturms zu überführen. Dieser bestand aus Hitlerjungen, freiwilligen Alten, reaktivierten leichtverletzten Soldaten und einem kleinen Kader kampferprobter Unteroffiziere. Die meisten hatten die Funktion ihrer mitgeführten Waffen – Karabiner, Maschinengewehre und Panzerfaust – gerade erst im Schnellkurs gelernt. Aber die Dauerpropaganda über den Erfolg der V1 und V2 sowie über die bevorstehende Kriegswende durch den Einsatz einer geheimen Wunderwaffe beflügelte ihren Kampfeswillen. Aus dem bunten Haufen wurden schließlich Kompanien, die getrennt in die »Alpenfestung« marschierten, von der die Rückeroberung des Deutschen Reichs nach dem Sieg durch die Wunderwaffe ausgehen sollte. Wir Offiziersbewerber waren jetzt Unterführer in den einzelnen Zügen der Kompanie.

Den genauen Verlauf unseres Marsches in Richtung Osten erinnere ich nicht. Mir sind nur die Stationen Landsberg, der Starnberger See, der Chiemsee und Traunstein im Gedächtnis geblieben. Jedenfalls bewegten wir uns auf Landstraßen, manchmal auch quer durch Wiesen und Felder. Unsere Tagesleistung an Kilometern war nicht besonders hoch. Wir hatten ja auch einiges zu schleppen. Das gewichtige Maschinengewehr wurde in unserer Gruppe abwechselnd getragen, desgleichen die Munition. Jeder kam mal dran. Einmal, am späten Nachmittag, hatte jemand ein für die Nachtruhe passendes Einzelgehöft am Hang gegenüber entdeckt. Der Weg dahin führte durch ein grünes Tal. Unten angekommen, stoppte uns ein breiter Bach, dessen Wasser uns wohl bis zur Hüfte reichen würde. Also zogen einige Freiwillige sich bis auf die Unterhose aus. Sie wateten zwischen den Ufern hin und her und trugen die ganze Gruppe Mann für Mann ans andere Ufer. Danach das Marschgepäck und die Waffen. Dann schleppten wir uns den Hügel hinauf, fielen erschöpft um und in tiefen Schlaf. Als wir eine gefühlte Stunde später aufwachten, waren alle bis auf die Haut durchnäßt, auch das Gepäck triefte. Eine Regenfront hatte uns mit vielen Kubikmetern Wasser übergossen. Und wir hatten nichts gemerkt.

Sehr oft zwangen uns feindliche Tiefflieger zum schnellen Sprung in den Straßengraben. Meist flogen sie quer zur Straße an, so daß die Grabenwände uns vor ihren Maschinengewehrsalven etwas schützten. Zum Glück wurde auf der ganzen Strecke nur ein Volkssturmmann am Oberschenkel leicht verletzt. Mit Tieffliegern mußten in diesen Wochen alle rechnen, ob Soldat oder Zivilist. Die Bauern gingen nicht mehr auf ihre Felder.

Wenn wir in Scheunen übernachteten, luden die Bauern gelegentlich die Unterführer zu sich in die Wohnstube zum Abendessen. Das ließen wir uns nicht zweimal sagen. »Wir«, das waren Helmut Tauber und ich. In Stolpmünde waren wir Freunde geworden. Wer nicht ausgebombt war oder nicht durch die Gegend marschierte, saß in diesen Tagen vor dem Volksempfänger und hoffte, zwischen den verblasenen Reden von Kriegswende und Entschlossenheit bis zum Endsieg, einigermaßen plausible Informationen über aktuelle Frontverläufe herauszuhören. Am 13. April 1945, dem Tag nach dem Tod des US-Präsidenten Franklin Roosevelt, jubelte Goebbels, jetzt werde das Bündnis der alliierten Feinde zerfallen, und das Deutsche Reich sei gerettet. Genauso wie der Tod der Zarin Elisabeth 1762 das Bündnis zwischen Rußland und Österreich zerbrechen ließ und Preußens ruhmsüchtigen Friedrich – vor allem aber sein Volk – vor dem Untergang im Siebenjährigen Krieg bewahrte.

Eine Woche später erlebte ich Unglaubliches. Unsere Kompanie führte eine sozusagen ambulante Schreibstube mit sich, samt Stempeln und zugehörigem Kissen. Ein »Schreibstubenhengst« hielt unsere Personalakten und Wehrpässe im Wortsinn auf dem laufenden. In einer Ruhepause am Waldrand rief der Kompaniechef, Hauptmann Reuter, die Offiziersanwärter zu sich: »Stillgestanden. Heute, am 20. April, dem Geburtstag unseres Führers, ernenne ich Sie zu Fahnenjunkern. Denken sie immer an den Eid, den Sie ihm geschworen haben. Wegtreten.« Ich kann das beweisen. Die Ernennung wurde ordnungsgemäß im Wehrpaß dokumentiert. 18 Tage danach gab es das »Dritte Reich« nicht mehr. Es hatte bedingungslos kapituliert. Unser Haufen hatte aber bis dahin noch einiges durchzustehen. Der Marsch ging weiter.

*Ernennung zum Fahnenjunker, 20.4.1945*

| Lfd. Nr. | Art der Änderung | auf Seite | Datum | Truppenteil | Unterschrift | Dienstgrad und Dienststellung |
|---|---|---|---|---|---|---|
| | Ernennung | 1 | 20/4 45 | 3./J.-Ers.-Btl. 3 | Reuter | |
| ) | | | | | | |

Bescheinigungen
über die Richtigkeit der Zusätze und Berichtigungen auf Seiten 1 und 2

32

Am 30. April, nach einem mühseligen, sehr warmen Tag, lag ich schon schlafbereit auf einer Schütte Stroh in einem Schweinestall. Da kam Helmut vom Volksempfängerbesuch zurück, warf sich neben mir aufs Stroh und flüsterte: »Der Führer ist tot.« Wir sahen uns an, unfähig, noch ein Wort zu sagen, lagen Rücken an Rücken und weinten vor uns hin. Wir, seine und seiner Miterzieher Geschöpfe.[4]

Nach einer Nacht in Heustadeln südlich von Traunstein marschierte die Kompanie flußaufwärts die Traun entlang. Wo der Fluß die Autobahn nach Salzburg unterquerte, sollte unser Aufstieg in die »Alpenfeste« beginnen. Kurz davor schlugen plötzlich um uns herum Granaten ein, Maschinengewehre ratterten, unsere Leute spritzten in alle Richtungen auseinander. Es waren amerikanische Panzer, die gerade die Autobahn München/Salzburg besetzten. Irgendwie bin ich auf der Südseite der Autobahn gelandet, bergauf im Gebüsch. Als ich den Kopf hob, sah ich Helmut mit ein paar Hitlerjungen den Hang heraufkraxeln. Wir beschlossen, uns von jetzt an nicht mehr zu trennen. Ein, zwei Stunden später und ein paar hundert Meter höher, stand plötzlich ein Soldat der Waffen-SS vor uns, Maschinenpistole im Anschlag. Er war sichtlich genauso erschrocken wie wir. Aber ebenso stolz, als er die eingefangenen Deserteure seinem Chef präsentierte. Der reagierte überraschend freundlich: »Ihr wollt also bei uns mitmachen. Ist ja prima. Laßt euch erstmal was zu essen geben.« Abends lagen wir dann, dreckig und müde, am Boden einer Blockhütte, zusammen mit einem SS-Soldaten als »Betreuer«.

Anderntags wurde uns beiden ein Stück Graben in der SS-Stellung zur Verteidigung angewiesen. Helmut und ich hatten in der Nacht beschlossen, bei der ersten Gelegenheit zu verduften. Mittags versammelten sich die SS-Leute zur Befehlsausgabe und ließen uns allein zurück. Das war die Gelegenheit. Wir rannten los, bergab, so schnell wir konnten, hörten Pistolenschüsse hinter uns, fielen, außer Atem, in eine Mulde, geschützt durch die Fichten ringsum. Als wir uns erholt hatten und vorsichtig an den Rand robbten, konnten wir etwa 200 Meter unter uns Kolonnen von Wehrmachtslastwagen erkennen, die im Tal nach Norden fuhren. Alle mit weißen Fahnen! An der Straße stand ein einzelnes Gehöft. Da wollten wir hin. In der Dämmerung schlichen wir den Berg hinab.

**D**er Motorenlärm auf der Alpenstraße war schon zu hören, als wir plötzlich im Lichtkegel einer Taschenlampe standen. Jemand brüllte etwas auf englisch. Reflexhaft rissen wir die Arme hoch. Im Nu waren wir von US-Soldaten umringt. Sie zerrten uns in die Bauernstube, tasteten uns ab, und dann fragte einer in bedrohlichem Ton: »Ist Hitler gut?« Helmut: »Ja, sicher!« Und schon wollte der Fragesteller ihm eine langen, wurde aber von einem, der wohl das Sagen hatte, zurückgehalten. Die Situation entspannte sich allmählich. Kein Wunder, waren die Boys doch nicht

---

4 Die Meldung lautete: »Aus dem Führerhauptquartier wird gemeldet, daß unser Führer Adolf Hitler heute nachmittag in seinem Befehlsstand in der Reichskanzlei, bis zum letzten Atemzuge gegen den Bolschewismus kämpfend, für Deutschland gefallen ist.«

viel älter als wir. Wir müssen ihnen wohl ziemlich ausgezehrt vorgekommen sein, denn schließlich fütterten sie uns sogar mit Sandwiches.

Anschließend bestiegen wir einen fahrbaren Untersatz, wie ich noch keinen gesehen hatte: kein Verdeck, nach allen Seiten offen. Meine erste Begegnung mit einem Jeep. Der brachte uns ein paar Kilometer südwärts nach Inzell. Dort übergab der Corporal seine beiden Gefangenen ganz formal dem Chef einer marokkanischen Einheit der Forces Françaises Libres. Wir wurden in den Saal eines Gasthauses geschubst und von einer Handvoll Insassen freundlich begrüßt. Beide durften wir uns eine der Matratzen aussuchen, die zwischen den Beinen umgestülpter Tische lagen. Das erste Mal seit Tagen konnten wir Gesicht und Hände waschen. Noch besser: Ein Koch bereitete aus den Vorräten des Hauses täglich ein warmes Essen. Der Gasthof hatte vorher wohl Volksschüler der Kinderlandverschickung beherbergt. Die herumliegenden Schulhefte ließen darauf schließen. Es war eine unterhaltsame Abwechslung, darin zu blättern. Jeden Tag kamen neue Gefangene, alte und junge, Gebirgsjäger, Infanteristen und Volkssturmleute. Marokkanische Soldaten hatten sie aus den umliegenden Bergen geholt. Es gab viel zu erzählen.

Die Marokkaner waren nicht zimperlich im Umgang mit den Deutschen. Sie gingen in die Häuser und nahmen sich, was ihnen gerade gefiel. Wir Gefangenen wurden dann geholt, um die Beute auf Lastwagen zu verladen. Darunter war viel Alkohol, vom Wein bis zum Cognac, dem sie selbst sehr zugetan waren. Blau wie Haubitzen pöbelten sie jeden an, ballerten mit Pistolen in die Luft. Die Einwohner trauten sich kaum noch auf die Straße.

Nach ich weiß nicht wie vielen Tagen hieß es: Antreten vor den Garagen. Inzwischen war unser Haufen auf zirka 60 Leute angewachsen. Jeder kriegte einen Kanten Brot, ein Stück Wurst und Wasser. Umgeben von marokkanischen Soldaten mit Helm und Gewehr, angeführt von einem französischen Offizier und zwei Sergeanten, marschierten wir wieder einmal los. Niemand sagte uns, wohin. Aber es gab Gerüchte: Unser Ziel sei ein Feldflughafen in der Umgebung von Traunstein. Von dort würden alle von der US-Armee den Franzosen übergebenen deutschen Kriegsgefangenen in den Norden Frankreichs transportiert, um in den Kohlebergwerken zu malochen. Das wollte keiner von uns.

Nach etwa zehn Kilometern – wir hatten die Autobahn nach Salzburg überquert und näherten uns Traunstein – überholte uns ein Jeep. Am Steuer saß ein Sergeant, neben ihm ein Offizier. Der stieg aus und tuschelte mit unserem Begleitoffizier. Beide Offiziere führten uns weg von der Straße. Wir mußten uns in zwei Reihen aufstellen. Der angereiste Offizier befahl auf deutsch, alle Taschen zu leeren und den Inhalt vor uns auf den Boden zu legen, Uhren und Schmuck gesondert. Dann kam der Sergeant aus dem Jeep, um alles Brauchbare in einer Zeltplane einzusammeln. Der Besuch fuhr mit grimmigen Gesichtern davon. Die Beute war wohl sehr mager gewesen.

Helmut und ich hatten ein paar Leuten geflüstert, daß wir bei nächster Gelegenheit abhauen wollten, also wußten es bald alle. Der eine oder andere steckte uns einen Zettel zu mit der Anschrift von Angehörigen oder Freunden, die wir über die vermutliche Endstation der »Reise« unterrichten sollten. Dann war die Gelegenheit da. Längs der rechten Straßenseite zeigte sich eine Reihe von Bombentrichtern, wahrscheinlich die Folgen des Notabwurfs eines von der Flak getroffenen feindlichen Bombers. Unsere Bewacher marschierten gerade an der Spitze des Zugs. Wir sprangen. Und landeten in einer Wasserlache am Boden des Trichters. Bis zum Bauch im Wasser hockten wir da, starr und mucksmäuschenstill. Wir lauschten. Nein, kein Gebrüll. Unsere Flucht war unbemerkt geblieben. Vorsichtig krochen wir nach oben und schielten über den Trichterrand. Niemand zu sehen. Also nichts wie raus, über die Wiese in ein buschiges Stück Wald. Geschafft. Kaum zu Atem gekommen, zockelten wir weiter, über Inn und Isar nach Norden. Unser Ziel war Pfaffenhofen, ein Dorf südlich von Ingolstadt. Seit der Kinderlandverschickung lebte meine mittlerweile neunjährige Schwester Lieselotte dort, im Haus der kinderlosen Eheleute Hofmann.

Nach ungefähr einer Woche über Landstraßen und Nebenwege im Ort angekommen, fragten wir uns durch zu ihrem Hof. Am Tor sprang ein Hund mit Gebell auf uns zu. Die Haustür öffnete sich: Im Rahmen standen Bauer und Bäuerin, Lieselotte und die zweite, elfjährige Schwester Brunhilde. Als die Front näherrückte, hatte Peter Hofmann sie noch rechtzeitig aus Reit im Winkel zu sich geholt. Die Schwestern sollten das Ende des Großdeutschen Reiches wenigstens gemeinsam und zusammen mit seiner Familie erleben. Große Überraschung. Ich hatte beide Schwestern seit 1942 nicht mehr gesehen.

Noch nie davor und selten danach bin ich so warm und herzlich von Fremden empfangen und bewirtet worden wie von den Hofmanns. Hier waren Menschen, die nicht nur laut Taufschein katholisch waren, sondern die ihren Glauben jeden Tag lebten und die deshalb auch keine Nazis waren. Meine Schwester Lilo fühlte sich geliebt wie eine Tochter. Sie sprach inzwischen nur noch bayrisch; ich mußte mir oft übersetzen lassen. Als unser Vater, im Oktober 1945 aus französischer Gefangenschaft entlassen, anreiste, um seine Kinder abzuholen, war der Abschied allseits schmerzlich und tränenreich. Noch lange gingen Briefe hin und her; später wurde auch telefoniert.

Die nächsten Tage wurden Helmut und ich auf nie gekannte Weise verwöhnt. Deftige Mahlzeiten, lange Gespräche und schließlich die Aufforderung, doch noch zu bleiben, um uns richtig zu erholen. Aber wir wollten weiter. Mit Brot, Butter und Speck üppig versorgt, gingen wir am fünften Tag wieder auf Wanderschaft. Bei Neuburg überquerten wir die Donau. Unsere grobe Richtung war jetzt Würzburg. Unterwegs hatten uns immer wieder Leute gewarnt: Wir sollten unsere Uniformen gegen zivile Klamotten tauschen, die Amis machten Jagd auf streunende Soldaten. Aber woher nehmen, ohne zu stehlen? Also besorgten wir uns Kartons, packten unsere Uniformen rein und zogen, nur in Turnhosen, weiter. Es war ein selten schöner Sommer, blauer Himmel, kaum Regen und – für uns wichtig – sehr laue Nächte. Wie in den Ferien, so frei, so leicht und fröhlich. Wir nahmen uns Zeit.

Nach sechs Tagen gemütlicher Wanderung durch bayrische Dialektzonen standen wir vor den Mauern der Stadt Ochsenfurt. Vor dem Stadttor ging ein amerikanischer Wachposten mit Gewehr gelangweilt hin und her. Wir grüßten freundlich. Er aber, auf unsere Kartons zeigend, mürrisch: »Open that!« Als er die Uniformen sah, winkte er, ihm zu folgen. Eine Schar von Leuten amüsierte sich über den Ami, der mit zwei halbnackten Jungen die Rathaustreppe raufstakste. Es gab auch Pfiffe. Im Rathaussaal durften wir uns anziehen. Bald holte uns ein Jeep ab, und wir wurden auf die weitläufigen Wiesen am Main-Ufer verfrachtet, wo schon schätzungsweise über 1.000 deutsche Kriegsgefangene lagerten. Es gab keine Unterkünfte, aber das warme Sommerwetter machte das Leben im Freien erträglich.

Die Organisation des Lagerlebens war noch im Aufbau, aber die Lautsprecheranlage funktionierte schon. Eine Durchsage elektrisierte Helmut und mich: Für den Betrieb einer Verpflegungsstelle mit Küche wurden Fachleute gesucht, Bäcker, Metzger und so weiter. Wir rannten los zum Treffpunkt in der Halle des einzigen Großgebäudes am Platz. Ein Ami-Feldwebel ließ uns antreten. Er versuchte, uns nach unseren Fähigkeiten zu sortieren. Helmut ging als Schlachter durch, ich als Bäcker. Gott sei Dank wurden auch wirkliche Handwerker ausgewählt, die bald merkten, wie es um unsere Fachkenntnisse stand. Aber sie hielten dicht. Wir organisierten uns dann so, daß jeder von Nutzen war. Ich mit meinen paar Vokabeln Englisch wurde »Dolmetscher« zwischen dem Küchenpersonal und den Bewachern. Die Rohstoffe für das Essen wurden täglich von den Amis in der großen Halle des noch gut gefüllten Verpflegungsdepots der ehemaligen Deutschen Wehrmacht ausgegeben. Wir wunderten uns über eine Halde von braunem Fett in einer Ecke des Depots. Der gelernte Konditor unserer Mannschaft klärte uns auf: Es war Kakaobutter. Daraus bastelte er in den folgenden Wochen noch manche Torte für uns und die Amis.

Eines Morgens, nach dem obligatorischen »Interview« durch einen Leutnant, der vor der braunen Pest in die USA geflohen war, fand ich mich mit zwei anderen Gefangenen und einem Bewacher auf der Bank eines Armee-Transporters wieder, der zügig losfuhr. Keine Ahnung wohin. Unterwegs sammelten wir an zwei US-Standorten weitere Fahrgäste ein. Gegen Abend wurden wir im Hof eines Schlößchens abgesetzt. Es begrüßte uns ein Oberst der deutschen Luftwaffe. Weit und breit war kein Ami zu sehen. Bald saßen wir bei einem fürstlichen Mahl in einem Barocksaal. Dann ging es in die Schlafräume, je einer für zwei Mann. Mein Mitschläfer war ein etwa 30jähriger wortkarger Zivilist. Ich legte mich ins breite Bett unterm Fenster und schlief sofort ein.

Am folgenden Tag traf man sich im Hof oder ging im Park spazieren. Wir konnten tun und lassen, was wir wollten. Merkwürdig fand ich, daß jeder in dieser zusammengewürfelten Gesellschaft sich hütete, etwas Persönliches preiszugeben. Die amerikanischen Soldaten hatten offensichtlich nur die Aufgabe, den Park zu bewachen und niemanden heraus- oder hineinzulassen. Nachmittags besuchte uns eine Gruppe Amis: Wer wolle, dürfe in ihrer Begleitung einen Ausflug ins nahegelegene Dorf machen. Ich ging mit. Die Soldaten führten uns schnurstracks in den bestuhlten Saal eines Wirtshauses. Es war dunkel, dann ein Flackern. Auf der weißen Wand vor uns lief ein Film an: »Der weiße Traum«. Eine Mischung aus Eisrevue und Musikfilm aus Goebbels' Propagandaabteilung für leichte Unterhaltung, ganz nach seiner Devise: »Auch die Unterhaltung ist heute staatspolitisch wichtig« (1942). Statt zu oft an Stalingrad zu denken, sollten die Menschen lieber nachträllern, was die Spaßcharge Wolf Albach-Retty ihnen im Film vorschnulzte: »Kauf dir einen bunten Luftballon, nimm ihn fest in deine Hand, stell dir vor, er fliegt mit dir davon, in ein fernes Märchenland ...«[5] Wie die Amis es jetzt versuchten. Sie waren vor Freude über den Film ganz aus dem Häuschen. Und die beiden nächsten Nachmittage luden sie wieder zum Kinobesuch. Ich weiß bis heute nicht, wo ich damals war. Noch weniger, warum. Es wird wohl eine große Dämlichkeit des Intelligence Service gewesen sein.

Mein Kurzurlaub war leider schnell zu Ende. Den gleichen Weg ging's zurück ins Ochsenfurter Lager, und am nächsten Morgen stand ich mit zig anderen Gefangenen dichtgedrängt auf einem Lkw. Mitten in den Trümmern von Kassel hieß es: »Aussteigen!« Unsere amerikanischen Freunde riefen mit höhnischem Grinsen »Bye-Bye«. Denn sie und wir wußten: Die Ausgangssperre für Deutsche hatte längst begonnen. Jeden Augenblick konnte uns eine Militärstreife entdecken und wieder einsperren. Also auf dem schnellsten Weg raus aus der Stadt.

Die Nacht verbrachten wir neben den Gleisen eines Güterbahnhofs in merkwürdiger Gesellschaft: alte und junge Soldaten, Flüchtlinge, Blitzmädel, Krankenschwestern, Hitlerjungen. Sie alle warteten schon seit Tagen darauf, daß irgendein Zug, egal ob Salonwagen, Holzklasse oder Güterwagen, hier Station machen würde. Als endlich ein kurzer Zug mit wenigen Güterwagen ankam, um Wasser aufzunehmen, stürmten wir die Waggons. Zum Glück war für alle Platz. Die intakten Gleise endeten schon in Altenbeken. Im Wechsel von warten, ein Stück fahren und wieder warten endeten wir schließlich in der Nähe von Münster am Handorfer Flughafen, der von den Briten besetzt war. Hier sagten Helmut und ich uns auf Wiedersehen. Er wollte auf direktem Weg nach Herne, zu seiner Familie. Ich machte mich zu Fuß auf den Weg nach Münster. Und stand bald vor dem Haus Nr. 54 in der Grevener Straße. Helmut habe ich nie wieder gesehen.

**B**is heute wird darüber gestritten, ob das Jahr 1945 eine »Stunde Null« gewesen ist, ein scharfer Schnitt zwischen der unheilvollen Vergangenheit und einem radikalen Neuanfang. Meine Antwort: Es war ein von den Siegermächten angestoßener, holpriger zweiter Versuch der Deutschen mit einer demokratischen Republik. Sogar die Christdemokraten waren, wenn auch nur für kurze Zeit, davon überzeugt, daß der Kapitalismus versagt hatte und mit ihm kein neuer Staat zu machen war. Nach Abbruch der unbeholfenen Versuche einer »Entnazifizierung« begannen die alten NS-Eliten sich in allen öffentlichen Ämtern, erst versteckt, dann immer offener, wieder einzurichten. Die Folgen dieser personellen wie institutionellen Kontinuitäten sind bis heute spürbar. Sofort nach der bedingungslosen Kapitulation begann der »Kalte Krieg«. Und damit eine Verfassungswirklichkeit, welche die hohen Ansprüche des Grundgesetzes vielfältig und nachhaltig beschädigte.

---

5 Die Szenen mit dem Schauspieler Theodor Danegger wurden vor der Uraufführung aus dem Film entfernt. Er war gegen Ende der Dreharbeiten verhaftet worden, »wegen Verstoßes gegen § 175 StGB«.

Für den Hitlerjungen und Soldaten Hansen bedeutete das Jahr 1945 einen Absturz ins Bodenlose. Einen Absturz jedoch, der sich als Wende erwies, als Bedingung der Möglichkeit neuen seelischen und geistigen Lebens. Mit jeder weiteren »Enthüllung«[6] über das mörderische Nazi-System – in dem ich funktioniert hatte, naiv und zufrieden mit den »ewigen« Werten, die man uns unaufhörlich einbleute – wuchs die schreckliche Gewißheit, daß einzig mein Alter mich davor bewahrt hatte, selbst ein blindwütiger, gehorsamer Täter zu werden: »Deutschland muß leben, und wenn wir sterben müssen.« So zu lesen unter einem Relief mit marschierenden Soldaten auf dem schändlichen »Kriegsklotz« am Bahnhof Hamburg-Dammtor, einem Klotz, der noch immer nicht gesprengt ist.

*Innenstadt Münster, 1945*

6 In den westlichen Besatzungszonen wurde nur zögerlich und bruchstückhaft »enthüllt«. Im Gegensatz zum Osten: Die erste beispielhafte Abrechnung mit dem Faschismus in Wolfgang Staudtes Film »Die Mörder sind unter uns« hätte ich gerne sofort nach seiner Uraufführung in der Sowjetischen Besatzungszone am 15. Oktober 1946 kennengelernt. Aber der war erst am 18. Dezember 1971 (!) in der Bundesrepublik zu sehen. Bis dahin war seine »Einfuhr« verboten. Das vom Bundesverfassungsgericht verfügte »Verbringungsverbot« von Filmen gehörte zu den Winkelzügen Kalter Krieger, Grundrechte außer Kraft zu setzen.

Münster war bis zuletzt bombardiert worden. Jetzt, im August 1945, war die Innenstadt ein einziges Trümmerfeld. Von den Bögen der Patrizierhäuser am Prinzipalmarkt waren nur Säulenstümpfe übriggeblieben, alle Straßen der Innenstadt unter Schutt begraben. Aber die »Enttrümmerung« war bei meiner Rückkehr schon angelaufen. Es führten Gleise zu einem großen Feld außerhalb der Stadt, wo die von kleinen Loks gezogenen Loren den Schutt abkippten, der allmählich zu einem Berg wuchs. Für Heimkehrer, die sich beim Arbeitsamt meldeten, um an Bezugsscheine für Lebensmittel und Kleidung zu kommen, gab es hauptsächlich Arbeit als Enttrümmerer. »Belastete« Volksgenossen wurden dazu dienstverpflichtet.

In meiner entmilitarisierten Uniform und den dazugehörenden Schnürschuhen schaufelte ich in den nächsten Wochen tagsüber rund um die Lambertikirche und am Kiepenkerl den Schutt von der Straße in die Loren. Abends arbeiteten mein Bruder und ich in der Wohnung Grevener Straße 54. Denn in den letzten Kriegstagen hatte eine Luftmine die Kasernen auf der anderen Straßenseite weggeblasen und dabei auf unserer Seite leere Fensterhöhlen und Einschlagslöcher in den Wänden hinterlassen. Zement, Gips und was wir sonst noch brauchten, um die Zimmer notdürftig bewohnbar zu machen, kauften wir in kleinen Portionen auf dem Schwarzmarkt, oder wir tauschten diese Materialien gegen gleichwertige Sachen ein, von der Kamera bis zum Schrubber. Allseits akzeptiert war die Zigarettenwährung zum Kurs von zehn Reichsmark pro Zigarette. Davon hatte mein Bruder noch einige übrig, aus der Plünderung des Wehrmachtsdepots Coerde, gleich nach dem Einmarsch der britischen Truppen.

Schwierig war es, Holz und Kohlen für unseren Küchenherd und den Kachelofen im Wohnzimmer zu »organisieren«. Holz wühlten wir aus den Trümmern der Hausruinen gegenüber. Kohlen zu beschaffen war weitaus umständlicher: Mit einer Karre aus unserem Kleingarten wanderten wir sieben Kilometer ans andere Ende der Stadt, nach Loddenheide. An den Gleisen, die aus dem Ruhrgebiet in den Kanalhafen Münster führten, lagen in einer Art Graben die Vorrichtungen zur Wasserversorgung für Dampfloks. Zu beiden Seiten dieser Haltestelle kauerten regelmäßig Menschen, ausgerüstet mit Eimern, Körben oder Säcken. Sobald ein Kohlenzug anhielt, stürzten alle den Hang hinab. Die einen kletterten auf die offenen Waggons und warfen blitzschnell Briketts oder Steinkohlen über Bord, unten füllten andere ebenso schnell ihre Behältnisse und hauten ab. Denn ebenso regelmäßig versuchten deutsche Hilfspolizisten der Militärregierung den Kohlenklau zu verhindern. Immer erfolglos, denn sie durften keine Gewalt anwenden. Angesichts des bevorstehenden Winters nahmen die Zahl der Kohlenbeschaffer und ihr Ertrag sprunghaft zu.

In den folgenden Wochen ereignete sich auch Erfreuliches. Eine Bekannte meiner Mutter hatte mir aus einer gefärbten Militärwolldecke einen Mantel geschneidert, so gut, daß ihm seine Herkunft nicht anzusehen war. Es fehlte aber noch Ersatz für meine inzwischen ziemlich schäbige Uniform. Ein Friseur, der nebenbei eine Zigarettenbörse betrieb, gab mir die Adresse eines Schneiders, der auf dem Schwarzen Markt einen Zivilanzug anbot. Ich packte meine angesammelten Zigaretten in eine Tüte und besuchte den Mann. Der Anzug gefiel mir. Ich bezahlte und ging. Nun brauchte ich noch ein Paar Schuhe. Damit beschenkte mich kurz darauf, überraschend und zu meiner großen Freude, ein Kollege der Enttrümmerungsbranche.

Das Anzug-Geschäft hatte ein zeitgemäßes Nachspiel. Da stand plötzlich ein Mann in unserer Wohnungstür. Er war laut und sehr erregt: Ich solle auf der Stelle den Anzug herausrücken, der gehöre ihm, nur zur Änderung habe er das gute Stück dem Schneider anvertraut. Ich beharrte: Der Mantel sei von mir ordentlich gekauft worden, also sei *ich* der Eigentümer und würde ihn nicht hergeben. Er, wütend: »Dann sehen wir uns vor Gericht wieder!« Und verschwand. Zwei, drei Wochen danach flatterte tatsächlich eine Vorladung des Amtsgerichts ins Haus. Der Richter entschied: »Der Beklagte hat den strittigen Gegenstand mit dem zur Zeit vorherrschenden Zahlungsmittel ordnungsgemäß bezahlt. Er ist der rechtmäßige Besitzer und Eigentümer.« So oder ähnlich wurden damals Streitigkeiten über illegale Schwarzmarktgeschäfte beigelegt, gewissermaßen nach einem ungeschriebenen Notstandsrecht.

Im Winter begannen in Nürnberg die Prozesse gegen 24 deutsche Hauptkriegsverbrecher (20. November 1945 bis 1. Oktober 1946). Wie die am 1. August 1945 neu gestartete »Frankfurter Rundschau«[7] berichteten alle in den Besatzungszonen lizenzierten Zeitungen über den »größten Strafprozeß der Geschichte«. Ausführlichere Aufklärung lieferten jedoch die ebenfalls neu gegründeten Rundfunksender, allen voran der von Hugh Carlton Greene ins Leben gerufene Nordwestdeutsche Rundfunk (NWDR). Peter von Zahn, Leiter der Abteilung Wort, riet seinen Berichterstattern, »nicht so sehr die bereits überzeugten Gegner des Nationalsozialismus in ihrer Auffassung zu bestärken, als vielmehr diejenigen von der Rechtlichkeit und Sauberkeit des Verfahrens zu überzeugen, die im Nürnberger Prozeß immer noch einen Schauprozeß und eine Justizkomödie sehen wollen«.

Die Rundfunkberichterstattung wurde zu einer einzigartigen Quelle für die ersten zaghaften Versuche einer Auseinandersetzung mit den Verbrechen des Nationalsozialismus. Auch für mich, den Nichtswisser, der seit der Urerfahrung des »Zusammenbruchs« nach immer mehr Wissen gierte. Ich habe das ganze Jahr keine einzige Sendung ausgelassen. Bis heute habe ich jedes Mal, wenn von »Vergangenheitsbewältigung« die Rede ist, das Bild des kleinen Jungen im Warschauer Ghetto vor Augen, der mit erhobenen Händen neben seiner Mutter steht, während dahinter ein SS-Mann sein Gewehr auf die beiden richtet.

Im Februar 1946 dann eine Überraschung. Bei meinem ersten Auftritt im Arbeitsamt hatte ich die Frage des Meldebogens nach dem Beruf mit »Dolmetscher« beantwortet. Aus Jux: Ich hatte ja in Ochsenfurt die englischen Vokabeln für Erbsen, Bohnen und anderes Gemüse dazugelernt. Jetzt wurde ich per Postkarte aufgefordert, mich in der Warendorfer Straße Nummer soundso vorzustellen. Ich zögerte keinen Augenblick. Und staunte nicht schlecht über das, was ich dort vorfand.

---

7 In der ersten Ausgabe gab der Chefredakteur seinen Mitarbeitern zu bedenken: »Nicht nur der Schutt der zerstörten Städte, sondern auch der reaktionäre Schutt aus der Vergangenheit muß gründlich weggeräumt werden.«

Ein umzäuntes bewaldetes Gelände, im Zentrum zweistöckige Ziegelgebäude. Hier hatte im Krieg eine geheime »Feste Funk- und Horchstelle« der Wehrmacht gehaust, die den feindlichen Funkverkehr abhörte, um die Ergebnisse an einzelne Truppenteile weiterzuleiten. Im Mai 1945 hatte die »Independent Squadron der Royal Signals«, eine Nachrichteneinheit der Britischen Rheinarmee, die unversehrte Anlage übernommen. Ihre Hauptaufgabe war jetzt, das Telefonnetz in und um Münster in Kooperation mit dem Telegrafenbauamt der deutschen Reichspost wieder voll nutzbar zu machen.

Ein Corporal führte mich zu meinem zukünftigen Chef, Captain Stock. Kurz und trocken erklärte er mir – auf englisch! –, was ich künftig als sein ständiger Begleiter zu tun hätte, nämlich seine Anweisungen den jeweiligen Telegrafenbauarbeitern vor Ort zu vermitteln. Und ich verstand ihn sogar. Ob ich mir das zutraute? Meine schnelle, übermütige Antwort: »Yes, Sir.« Ohne weitere Fragen hat er mich auf Probe eingestellt. Später hat er mir verraten, warum er ohne Zögern so entschied: wegen meiner offenkundigen Frechheit, weil ich zu jung war, um Nazi gewesen zu sein, und weil er in mir »a clever bastard« zu erkennen glaubte.

So begann ein Jahr, vollgepackt mit neuen Erfahrungen und Erkenntnissen. Ich habe fast jede freie Stunde genutzt, um meine spärlichen Englisch-Kenntnisse aufzumöbeln und mir den Fachjargon der Nachrichtentechnik anzueignen,[8] habe deutschenglische Konversationszirkel besucht und bei der Handelskammer eine Prüfung als »Sprachkundiger« abgelegt. Ich wollte Captain Stock nicht enttäuschen. Nicht nur, weil er mir nach und nach außerordentliche Privilegien zugeschanzt hatte: Ich bezog ein eigenes Zimmer in der Anlage, durfte in der Unteroffiziersmesse essen und bekam die gleiche Zigarettenration wie die Sergeants. Als Nichtraucher konnte ich jetzt meinen Aktionsradius auf dem Schwarzen Markt beträchtlich erweitern.

Ebenso verdanke ich Captain Stock die Bekanntschaft mit dem typisch englischen Sinn für Humor. Field-Marshal Montgomery hatte noch im März 1945 jeden Kontakt mit dem Feind streng verboten, egal ob Mann, Frau oder Kind. Nach und nach lockerte er sein »Non-Fraternisation«-Verdikt, zunächst für Kinder, dann für alle dienstlichen Kontakte. Aber ganz annulliert hat er seinen Befehl nicht. Was Captain Stock sichtlich belustigte. Sein Fahrer und ich mußten ihn so manchen Morgen aus der Wohnung eines deutschen »Frolleins« abholen, wobei die Adressen häufig wechselten. Sein Kommentar: Montgomery hat völlig recht, Verbrüderung ist strikt abzulehnen. Man müsse sich deren Schwestern zuwenden. Vorbildlich für alle Dienstgrade kümmere er sich deshalb um die »Matronisation«.

Meine noch spärlichen Kenntnisse über Ursprünge, Entwicklungen und Wirkungen des Nazismus erweiterten die Royal Signals auf makabre Weise. Ein junger Sergeant, der sehr gut Deutsch sprach und deshalb für den Kontakt zu höheren Stellen der Zivilverwaltung zuständig war, hatte mir erzählt, wie er als kleiner Junge den Nazis entkommen war. Seine jüdischen Eltern hatten ihn mit einem der letzten Kinder-

---

8 Eine lustige Vokabel ist mir noch in Erinnerung: »Hunting Selector« für »Springwähler« in automatischen Telefonvermittlungen.

transporte nach England geschickt. Wenige Tage später wurden seine Eltern verhaftet, nach Auschwitz deportiert und vergast. Eines Abends kam er außer Atem in mein Zimmer gestürzt, verfolgt von einer lauten Horde besoffener »Kameraden«, die vor meiner schnell verschlossenen Tür weiter übelste Beleidigungen ausstießen, »jewish bastard« war noch die mildeste. Und dieser Angriff war nicht der erste. Ich war tief erschrocken, aber auch wütend wie nie. Das sollten die gleichen Soldaten sein, die gerade den schlimmsten Verbrecherstaat zu Fall gebracht hatten?

Am nächsten Morgen habe ich als Whistleblower Captain Stock in allen Einzelheiten über den »Vorfall« berichtet. Der hat die Übeltäter sofort zum Rapport bestellt, ihnen die Zigarettenrationen eines Monats gestrichen und für den Wiederholungsfall härteste Strafen angedroht. Heute weiß ich natürlich, daß dieser zum Himmel stinkende Antisemitismus und Rassismus in allen Gesellschaften unter dem hauchdünnen kulturellen Firnis schlummert und jederzeit überall virulent werden kann. Nicht nur im »lunatic fringe«, dem verrückten Randstreifen, der in jedem Volk existiert.

Das Jahr bei den Royal Signals erwies sich als sprichwörtliche Vollbeschäftigung. Es hat meinen bis dahin kleinbürgerlichen Horizont wesentlich erweitert und mein Bedürfnis verstärkt, mehr wissen zu wollen über die jüngste Vergangenheit der Deutschen im besonderen und von Geschichte im allgemeinen.

*Zivilist, 1946*

Von November 1946 bis Februar 1947, in den letzten Monaten meiner »Dienstzeit«, wurde Europa von einem hartnäckigen sibirischen Kälteeinbruch heimgesucht. Es war der kälteste Winter des Jahrhunderts, mit Temperaturen von mehr als 20 Grad minus. Viele Flüsse und alle Kanäle blieben wochenlang zugefroren. Transportkähne mit überlebensnotwendigen Kohleladungen steckten im Eis fest. Besonders hart traf es die Menschen in den zerbombten Städten Westdeutschlands, vor allem die Älteren, Kranken und Armen, die ihr Los nicht durch Schwarzmarktgeschäfte lindern konnten. Durch den Mangel an Nahrungsmitteln und Heizmaterial waren sie doppelt gefährdet. Tausende Menschen starben an Unterernährung und Kälte in diesem »Hungerwinter«.[9] Tausende Wohnungen waren noch zerbombt, hatten weder Strom- noch Gasanschluß. An den überfüllten Hamsterzügen aufs Land hingen jetzt Menschen zu beiden Seiten, an die Handgriffe neben den Türen geklammert, oder sie lagen flach auf den Dächern der Waggons, immer in Gefahr, von einer kreuzenden Stromleitung hinuntergefegt zu werden. Zum Heizen wurde alles irgendwie Brennbare eingesammelt: Gestrüpp und einzelne Zweige, Überreste von Balken und Latten in den Trümmern. Bäume jeder Art wurden gefällt. Nicht alle konnten, wie mein Bruder und ich, mit einem Schlitten durch die ganze Stadt bis an die Schleusen des Dortmund-Ems-Kanals ziehen, wo die meisten Kohlenschiffe festlagen, dann die Schiffer mit Senior-Service- oder Woodbine-Zigaretten zum Wegschauen bewegen, den mitgebrachten Sack mit Eierkohlen vollschaufeln, auf den Schlitten packen und zurück nach Hause verduften. Einmal versuchten deutsche Hilfspolizisten, unsere Ladung zu konfiszieren. Aber auch ihr Pflichtgefühl verflüchtigte sich angesichts der präsentierten Zigarettenwährung.

In diesem Winter wurde alles geklaut, was im wahrsten Sinne des Wortes nicht niet- und nagelfest war. Gewissensbisse hatte kaum jemand – auch ohne die Vergebung im Namen des Herrn durch den Kölner Kardinal Frings. Der hatte zu Silvester 1946 gepredigt: »Wir leben in Zeiten, da in der Not auch der einzelne das wird nehmen dürfen, was er zur Erhaltung seiner Gesundheit notwendig hat, wenn er es auf andere Weise, durch seine Arbeit oder Bitten, nicht erlangen kann.« Danach sprach man nicht mehr von »klauen«, sondern von »fringsen«.

Ende Februar 1947 hatte ich ausgedolmetscht und stand mal wieder vor einem »Neuanfang«. Als Ignorant den Wissenden spielen, ist auf Dauer ganz schön anstrengend. Ich beschloß, an die Schule zurückzukehren und all das nachzuholen, was ich wegen des Einsatzes für Führer, Volk und Vaterland versäumt hatte. Ich wollte um jeden Preis wissen, warum sich meine Generation derart hatte verblöden lassen, daß sie bereit war, den Heldentod als das Höchste im Leben anzunehmen.

Die Schlaun-Oberschule war im März 1945 durch Bombentreffer endgültig zerstört worden; sieben Schüler fanden dabei den Tod. Unterrichtet wurde jetzt in einem provisorischen Ausweichquartier, der Uppenbergschule. Wohl oder übel mußte ich

---

9 Die offizielle Tagesration eines Normalverbrauchers 1946 in Gramm: Brot 180 – Kartoffeln 266 – Grieß 35 – Fleisch 16 – Fisch 21,5 – Fett 14 – Zucker 13 – Marmelade 16 – Käse 2,2 – Magermilch 0,07 Liter. Das ist weit unter den ca. 1.000 Kalorien, die ein Mensch mindestens zum Überleben braucht.

dort wieder anfangen, wo ich als Luftwaffenhelfer hatte abbrechen müssen: in der Obersekunda. Am 17. Mai 1945 war ich 20, vier Jahre älter als der Klassendurchschnitt. Das bedeutete, ich würde frühestens mit 23 das Reifezeugnis ergattern können. Egal, ich war mit Eifer und Freude dabei, besonders in Deutsch und Geschichte. Im Englischen profitierte ich natürlich von meiner Praxis. Mir schien, es wären Jahrzehnte vergangen, als ich am 1. Mai pünktlich um acht Uhr wieder eine Schule betrat und mich im Raum der OIIa in eine Bank quetschte.

Ich hatte das große Glück, zur rechten Zeit an die richtige Lehrerin zu geraten: Frau Dr. Gericke, 1915 in Berlin geboren, war mit ihren kommunistischen Eltern vor der braunen Pest nach Moskau emigriert und von der Lomonossow-Universität in Germanistik promoviert worden. Nach dem Sieg über die Faschisten im Großen Vaterländischen Krieg war sie nach Berlin (Ost) zurückgekehrt und von der Britischen Besatzungsarmee (West) für russisch-englische Übersetzungen beschäftigt worden. Nun war sie meine Lehrerin. Ich habe immer gern und viel gelesen. Mit 14 durfte ich den Monolog des Faust aus dem ersten Teil des Goethe-Stücks auswendig vortragen, wenn Gäste zu Besuch waren. Aber seit meiner Ent-Täuschung in der versäumten »Stunde Null« glaubte ich nicht mehr daran, daß Sprache sich nicht vergewaltigen läßt und jeden, der sie zur Lüge mißbrauchen will, von Natur aus verrät. Frau Gericke hat mir diesen Glauben wiedergegeben und meine Liebe zur Literatur wieder entfacht, ganz besonders die zur russischen.[10]

Nach zehn Wochen Unterricht schrieb ich meine erste Buchbesprechung über Maxim Gorkis *Unter fremden Menschen.* Darin heißt es: «Immer wieder habe ich in den letzten Jahren beobachtet, wie Menschen aus dem Westen Deutschlands naserümpfend und mit spöttisch-mitleidigen Blicken auf alles Östliche herabsahen. Der Osten aber begann für sie schon auf dem rechten Ufer der Oder. Was eigentlich gibt uns das Recht zu dieser Überheblichkeit? Nichts und niemand! Lernt erst die Menschen kennen und dann erst urteilt.« Frau Gerickes Urteil über die sieben Seiten: »Die Form, in der Sie das Stück Gorkis würdigen, scheint mir alle Notwendigkeiten und Anforderungen, die man an eine Buchbesprechung stellen kann, voll zu erfüllen. Auch der Sprachstil ist angemessen. Sehr gut. Dr. Gericke.« Von da an sind meine Ansprüche an mich selbst stetig gewachsen.

Dann kam die bisher beste Nachricht: Ich würde die Schule nicht erst in drei Jahren, sondern schon in neun Monaten beenden können. Denn die Stadt hatte einen »Sonderlehrgang zur Vorbereitung auf die Reifeprüfung« für Kriegsteilnehmer eingerichtet. Wie der Blitz ins Direktorzimmer. Stante pede war ich aufgenommen.

In dem Lehrgang, der im Oktober 1947 begann, trafen sich lauter Bildungsgeschädigte von 17 bis 21 Jahren, alle wild darauf, ihre kriegsbedingten Defizite schnell

---

10 J.G. Droysen hat schon 1868 in seltener Vollkommenheit mein Credo in Worte gefaßt: »Die Sprache ist nicht das Denken, sondern der sinnliche Ausdruck des Gedankens, aber dem Denken so notwendig wie der Körper dem Geist. Denn der endliche Geist ist nur in seinem Organ, hat sich als Ich nur, indem er sich in und mit diesem Organ äußert. So ist die Sprache dem Gedanken wesentlich und notwendig. *Sie ist der feine selbstgeschaffene Leib des denkenden Ich.*« (*Grundriß der Historik,* S. 221).

und gründlich zu tilgen, um besser gerüstet zu sein für den Start in eine unsichere Zukunft. Da wir ähnliches erfahren und überlebt hatten, wenn auch in unterschiedlichen Gegenden, wurden wir 18 »Teilnehmer« sehr schnell zu einer solidarischen Lerngemeinschaft. Was im Unterricht begonnen hatte, setzten wir nach der Schule fort: Vokabeltraining für das kleine Latinum, Dichtung und Interpretationen, vor allem aber kontroverse Diskussionen be*geist*erten uns. Dazu paßte mein Enthusiasmus für Friedrich Hölderlin nur bedingt, aber um so mehr zu meiner ersten Liebe. Denn in Hölderlin fand ich einen seelenverwandten Schwärmer, der meinen überquellenden Gefühlen genau die richtigen Worte geben konnte. Hölderlins Briefe an »Diotima«, wie er Susette, die zwei Jahre ältere Frau des Kaufmanns Gontard zu Frankfurt, anhimmelnd nannte, waren Grundlage für seine dichterische Vollendung. Und für mich der Anreiz, seinen überhöhenden Stil in den täglichen Briefen an meine »Diotima« so vollkommen wie möglich nachzuahmen. Hölderlin hat mir, der ich mich selber im Zustand des temporären Irreseins eines verliebten Spätpubertierenden befand, jedenfalls gute Dienste erwiesen.

20 Tage vor der Prüfung meines Reifezustands (7. Juli 1948) erlebten die Westdeutschen den Beginn des »Wirtschaftswunders«, das keines war, sondern schlicht und einfach nur die Summe aus natürlichem Aufbaueifer der Entrümmerergeneration plus Marshallplan, was den späteren bundesdeutschen Wirtschaftsminister Ludwig Erhard nicht daran hinderte, es als seine Erfindung zu reklamieren. In Wahrheit war selbst die Währungsreform, die Einführung der D-Mark, ein Plan der Westalliierten gewesen, der auch von ihnen durchgeführt wurde. Den Besatzungsmächten gelang es, die Geldtransporte lange geheimzuhalten. Am 18. Juni 1948 wurde die Einführung der Deutschen Mark über alle Rundfunksender bekanntgemacht. Am Montag, dem 21. Juni, erhielt jeder Westdeutsche 20 Deutsche Mark und einen Monat später nochmal ein »Kopfgeld« von 40 Mark in neuen Scheinen. Den Sonntag dazwischen hatten alle Geschäftsleute genutzt, ihre bisher tristen Schaufenster mit vorher nie gesehenen Waren zu dekorieren. »Plötzlich gab es alles! Ein Wunder!« erinnern sich noch heute die Dabeigewesenen, leicht übertreibend. Richtig ist, daß die Angebote an Lebensmitteln und Dienstleistungen immer üppiger wurden – und teurer. Zur Feier des Tages fuhr ich allein nach Detmold, setzte mich in das bekannte Café Braun, bestellte ein Ragout Fin und fühlte mich sauwohl in der hellen neuen Warenwelt.

Nicht ganz so wohl war mir angesichts der Note »Französisch mangelhaft« in meinem Reifezeugnis. Aber sie war gerecht, weil Französisch zu meiner Zeit im Schlaun-Gymnasium nicht gelehrt wurde, jetzt aber zum Curriculum gehörte. Das »Sehr gut« in Englisch war kein Trost, sondern wegen meiner praktischen Übungen bei den Royal Signals wohl selbstverständlich.

Mit der praktischen Ausführung meines im Zeugnis dokumentierten Willens, Philologe zu werden, hätte ich am liebsten sofort begonnen. Aber das ließen die Verhältnisse nicht zu: Nur wenige Gebäude der Münsteraner Universität waren unversehrt geblieben, die Bibliotheken erst sehr eingeschränkt nutzbar und noch lange nicht alle Fakultäten in Betrieb. Die Militärregierung hatte einen strikten Numerus

Clausus verfügt, ohne Bonus für »Kriegsteilnehmer«. Immerhin hatte ich eine Vorbedingung sine qua non für den Eintrag in die Warteliste der Studienbewerber bereits erfüllt: einen mehrwöchigen Einsatz als Entrümmerer. Eine andere aber ganz und gar nicht: die Zeugnis-Gesamtnote von mindestens »gut«. Summa summarum: Studienbeginn frühestens in einem Jahr.

**W**ie, so fragte ich mich, ließen sich die Einstiegschancen verbessern? Reichte die Zeit, um einigermaßen Französisch sprechen zu lernen? Crash-Kurse gab es noch nicht. Was tun? Vielleicht könnte ein Aufenthalt in Frankreich von Nutzen sein? Das hieße, zunächst die bestehenden Hindernisse zu überwinden oder zu umgehen. Denn frei bewegen konnten sich Deutsche zu der Zeit nur innerhalb der Besatzungszonen.[11] Genau zu dieser Zeit, irgendwann im Dezember 1948, hörte ich, daß die Franzosen in ihrer Zone ein Büro zur Anwerbung deutscher Arbeitskräfte eröffnet hätten. Bald erfuhr ich genaueres. Es gab diese Einrichtung in Germersheim am Rhein zwischen Mannheim und Karlsruhe. Ich überlegte zwei, drei Tage und Nächte lang und kam zu dem Ergebnis: Es ist einen Versuch wert. Also packte ich meinen »Kulturbeutel«,[12] Reservehemd und Ersatzhose in den Tornister und marschierte los. Wie und auf welchen Wegen ich nach Germersheim gelangte, weiß ich nicht mehr. Aber was ich dort vorfand, war mir hinreichend vertraut: eine Massenunterkunft mit zweistöckigen Betten und den üblichen unzureichenden sanitären Einrichtungen. Und alte und sehr junge Männer, wenig Frauen, die mir erklärten, was ich zu tun hätte, um angenommen zu werden. Sie hatten sich offenbar gründlicher vorbereitet als ich.

Nach Ausfüllung eines Antrags wurde man von einer mehrköpfigen deutschsprachigen Kommission ausführlich befragt – nach Werdegang, beruflicher Ausbildung und den persönlichen Erwartungen an eine Beschäftigung in Frankreich. Ich war inzwischen der Überzeugung, daß ich am besten in der Landwirtschaft zurechtkommen würde. Hatte ich mich doch bei meinem Onkel in Bösingfeld in fast allen bäuerlichen Tätigkeiten versucht, von der Viehhaltung bis zur Feldarbeit. Nur mit der Sense zu mähen hatte ich mich nicht getraut. Ausgerechnet das sollte ich jetzt mit einfachen Gesten demonstrieren, als Wahrheitsbeweis für meine Erzählungen. Die virtuelle Übung ist mir natürlich gründlich mißlungen, zur unverhohlenen Heiterkeit der Befrager.

Wenn ich unbedingt nach Frankreich wollte, hätten sie noch einen anderen Job für mich, im Norden des Pas-de-Calais, als Arbeiter in einer Kohlengrube bei Lens, südlich von Lille. Der Lohn sei zudem höher als in der Landwirtschaft. Das traf mich wie ein Schlag in die Magengrube. Ich bat um Bedenkzeit: Ich wußte nichts über den Pas-de-Calais und erst recht nichts über die Arbeit im Bergbau. Aber war dies nicht eine Chance? Sollte ich die einfach ausschlagen? Schließlich wurde auch im Norden

---

11 In meinem »Personal Ausweis« für die »Britische Zone« lese ich den gelungenen Versuch einer Realsatire: »Wer einen verlorenen Ausweis findet oder einen Ausweis besitzt, der nicht ihm selbst oder einer seiner Obhut unterstehenden Person gehört, hat ihn bei einer Meldebehörde oder einer Polizeibehörde abzuliefern. Jeder Verstoß gegen diese Vorschriften ist strafbar.«
12 Was für ein Land, dessen Kultur in einen Beutel paßt.

Französisch gesprochen. Am nächsten Morgen nahm ich das Angebot an, nicht ganz überzeugt. Ich blieb noch ein paar Tage in Germersheim, bis genügend Leute für den Transport nach Lens beisammen waren, Männer im Alter von 18 bis 35 Jahren. Darunter nicht wenige, die sich ebenfalls nur zögerlich entschieden hatten. Wir würden ja bald sehen, ob es richtig war. Mir kam der Verdacht, daß die Franzosen von Anfang an nichts anderes vorhatten, als billige Hilfsarbeiter für den Bergbau im Norden zu rekrutieren. Der Verdacht ist dann bald zur Gewißheit geworden.

In Lens fanden wir passable Unterkünfte vor. Ein freundlicher Verwalter hieß uns willkommen. Aber schon in den ersten Tagen traf uns die Wirklichkeit mit voller Wucht: Angetrieben von einem polnischen Vorarbeiter, mußten wir mit einem Preßlufthammer vom Steinkohlenflöz kubikmeterweise Kohle herausbrechen und mit verdrehten Schultern auf das Laufband direkt daneben schaufeln; im Sitzen, denn Aufstehen erlaubte der niedrige Streb nicht, sieben Stunden je Schicht, mit einer halben Stunde Pause, um das mitgebrachte Brot runterzuschlingen.[13] Damit nicht genug: Es wurde Flämisch und Polnisch gesprochen, Französisch nur in kurzen Kommandos. Jetzt war ich dort angekommen, wohin marokkanische Soldaten mich 1945 hatten verfrachten wollen. Dem hatte ich mich durch Flucht entzogen. Das war jetzt schier unmöglich. Wer hier abhaute, wurde bald von der Polizei als vertragsbrüchiger *Sans papiers* aufgegriffen, zurückgebracht und phantasievoll bestraft.

Nur ein geistig Verrückter wäre auf die Idee gekommen, sein Französisch unter Tage fördern zu können. Auch einige Freunde, oder genauer: Kumpel, waren enttäuscht, wenn auch aus anderen Gründen, wie etwa »schachtbedingten Unpäßlichkeiten«. Gemeinsam marterten wir unsere Gehirne auf der Suche nach einem gangbaren Weg aus der selbstverschuldeten Misere. Bis einem von uns die »einfachste Lösung« einfiel – wie sich später herausstellte tatsächlich ein Einfall und keine Erleuchtung. Wir, im ganzen drei, würden ins nahe Lille fahren, wo es ein Rekrutierungsbüro der Fremdenlegion gab, uns dort als Freiwillige melden, um dann wegen körperlicher Untauglichkeit abgelehnt und nach Deutschland abgeschoben zu werden. Von der Legion wußte ich damals nur den Namen, sonst nichts. Trotzdem gab es diesmal bei mir kein Zögern oder Bedenken. Mit diesem »Plan« begann die größte und langwierigste Katastrophe meines Lebens.

Nach der Einschreibung reisten wir, von einem Sergeanten »betreut«, nach Marseille, dem Stammsitz der Legion, einer Festung direkt über dem Alten Hafen. Etwas weiter, auf einer Bergspitze, grüßte das Wahrzeichen der Stadt, die Statue der Notre-Dame de La Garde. In der Festung wurden wir in einem wohnlich gestalteten Verließ einem Dutzend anderer Bewerber zugesellt, die schon seit Tagen auf ihre Tauglichkeitsuntersuchung warteten. Das Essen war gut, das Bett bequem. Obwohl erst Mitte Januar, lag schon das Versprechen von Frühling in der Luft. Der Blick aufs Meer, auf die Stadt, einer schöner als der andere.

Einige Tage später der Sturz in den abgrundtiefen Schacht schierer Verzweiflung: »Angenommen!« Meine dilettantischen Versuche, Untauglichkeit zu simulieren,

---

13 Für welchen Lohn, habe ich nicht mehr erfahren.

waren dem Arzt nicht mal einen Kommentar wert. So muß einem auf dem Gang von der Einkleidung als Gefängnisinsasse bis zum Einschluß in die Zelle zumute sein: mit der Aussicht auf fünf unwiederbringlich verlorene Lebensjahre und -chancen. Mir ist später klar geworden, daß dies der Anfang meiner Besessenheit war, keinen Augenblick abzulassen vom Bemühen, die verlorenen Jahre zurückzugewinnen oder zumindest wettzumachen. Aber die Zeit ist kein Freund des Menschen, sie läßt sich nicht raffen. Nun lebte ich zwei kontradiktorische Existenzen: die eine mit striktem mentalen Vorbehalt gegen den fremdbestimmten Zwang; die andere arrangierte sich nolens volens mit der brutalen Wirklichkeit, richtete sich zuweilen sogar bis zur Behaglichkeit darin ein, ja, sorgte für beider Überleben. Noch heute gehorchen die meisten meiner Tage diesem kategorischen Imperativ des *carpe diem*.

G anze sechs Wochen Frankreich ließ ich hinter mir, als wir am 16. Februar 1949 unsere Schiffsreise nach Nordafrika auf einem nicht sehr großen Dampfer antraten. Nach zwei Tagen und einem Sturm nahe der Balearen wurden wir in Mers el Kébir, dem Hafen von Oran, ausgeschifft. Mit der Bahn ging es weiter nach Saida, einer algerischen Stadt mit 100.000 Einwohnern am Rand der Sahara. In diesem militärischen Außenposten der Fremdenlegion befreite man uns von den letzten Überbleibseln zivilen Soseins: Personalpapiere, Kleidung und so weiter. Unsere Individualitäten schrumpften zusammen auf eine fünfstellige Kennzahl, eine »Matricule«, die man bei allen möglichen Anlässen herunterzubeten hatte. Von jetzt an lebte ich genau 1.459 Tage ununterbrochen uniformiert. Die ersten 219 davon kaserniert in Saida. – Das Areal Saida: eine typische Kaserne mit Wohnblocks, Küchengebäude, Werkstätten, Waschräumen, Offiziers- und Unteroffiziersmessen, »Infirmerie« (Sanitätsstation) und einem Knast. Die Wohnräume ordentlich, mit Bett und Spind für jeweils zehn Rekruten und einem Corporal. Belegschaft: insgesamt etwa 250 Mann. Außergewöhnliches Extra: ein weitläufiges Freibad samt Liegen und Duschen.

Die Grundausbildung: alle in Armeen gebräuchlichen, vorwiegend körperlichen Übungen zur Perfektion im Handwerk des Tötens. In kompletter Kampfmontur durch Stacheldrahtbahnen robben, Eskaladierwände überwinden und in Gruben unbekannter Tiefe springen, mit Gewehr und Maschinengewehr auf Pappkameraden schießen und zweimal Manöver in der sandigen Umgebung. Aber auch Küchendienst, Stubendurchgang und Spindkontrollen. Eine exklusive Spezialität: Nahkampftraining in oft schmerzlichen Abarten.

Die »Kameraden«: Die in Saida präsente Spezies Mensch stammte zumeist aus Europa. Wenige Skandinavier, Polen und Holländer, mehr Franzosen, Belgier und Südeuropäer. Das größte Kontingent stellten die Deutschen. Die gesellschaftliche Herkunft, wertfrei betrachtet, reichte vom Bankräuber[14] bis zum Bankdirektor, vom

---

14 Einer trug stolz das Bekenntnis zu seiner »Berufung« für alle sichtbar um den Hals. Dort konnte man unter einer gestrichelten Linie seine Aufforderung an den Henker lesen: A DECOUPER ICI / HIER ABTRENNEN. Damals wurde in Frankreich noch guillotiniert.

Arbeiter bis zum gescheiterten Geschäftsmann, vom Gelegenheitsdieb bis zum Serienbetrüger, vom Analphabeten bis zum Intellektuellen, von aus Liebeskummer Verzweifelten bis zu Blödmännern meiner Art und wenigen politisch Verfolgten, die in der Legion ihr Asyl fanden. Kurz gefaßt und auf den Begriff gebracht, lautet die Summa meiner sozialen Kontakte und Erfahrungen im Reservat Legion: Die Vielfalt der Ausprägungen menschlichen Seins strebt gegen unendlich. Während sieben Monaten strenger Disziplin und erschöpfendem Drill bei Temperaturen um 40 Grad gab es sogar Augenblicke körperlichen und seelischen Wohlbefindens, im Freibad liegend, eingelullt vom gemischten Sprachgesummse ringsum, sich fortträumend in schönere Gefilde. Bis zum Aufschrecken in der brutalen Gegenwart. Ein kantiges Stück davon hat sich unvergeßlich meiner Erinnerung eingeprägt.

Zwei, drei Wochen vor Schluß des Zwischenspiels Saida, als man uns erlaubte, stundenweise die Stadt zu erkunden, hatten Schaulust und Neugier meinen österreichischen Freund Volker H. und mich die Zeit total vergessen lassen. Schon eine Stunde nach Zapfenstreich! Bestimmt suchte eine Streife nach uns. Ein gegenseitiger Blick, sollen wir ...? Einverständliches Kopfschütteln. Die Araber würden uns festhalten und gegen eine Prämie morgen in der Kaserne abliefern. Also schnellstens zurück. Am Tor wartete schon der wachhabende Sergeant. Er ließ uns sofort in den Knast abführen, wo Sergeant-Chef Szabo, ein Ungar, jeden in eine Einzelzelle schubste und die Türen verriegelte. In der Zelle kein Bett, kein Stuhl, kein Tisch, nur ein nackter Betonklotz. Ich lag und saß abwechselnd darauf oder ging die möglichen paar Schritte hin und her ... Hoffentlich bleibt Volker einsilbig, morgen beim Verhör ... Na ja, als ehemaliger Leutnant der Wehrmacht wird er wissen, was zu tun oder zu lassen ist ...

Morgens sieben Uhr raustreten, waschen, kein Frühstück, im Laufschritt ein paar Runden um den Kasernenplatz und dann zum Bataillonskommandeur. Sein Urteil: Verdacht auf versuchte Desertation. Trotzdem als erste und letzte Warnung nur acht Tage Knast mit Einsatz im Steinbruch. Um zwölf Uhr dem angetretenen Bataillon zur Abschreckung vorgeführt. Danach zum Strafeinsatz: mit Spitzhacken Steine aus einer Felswand brechen, mit den Händen in einen alten Karren laden und die Fracht in die Kaserne ziehen und schieben. Als die acht Tage überstanden waren, wog ich sichtbar einige Kilo weniger.

A m Morgen des 27. September 1949 ging es mit dem Zug wieder in den Hafen von Oran, wo wir auf der »Pasteur« zur mehrwöchigen Seereise Richtung »extremer Orient« einschifften, also nach Indochina, in den Krieg. Die »Pasteur« war ein Turbinendampfschiff mit elf Decks und Raum für schätzungsweise 1.000 Soldaten und hatte schon im Zweiten Weltkrieg als Truppentransporter gedient. In den Lagerräumen bekam jeder eine Hängematte zugewiesen. Das Gepäck konnte man in Sammelschränken verstauen.

Zunächst fuhren wir entlang der algerischen Küste durch die Straße von Sizilien, vorbei an Malta, nach Kairo und bei Port Said in den Suezkanal, von da an ständig begleitet von einem Gewimmel kleiner Boote. Im Golf von Suez verabschiedeten sich ein paar Leute mit einem Sprung ins Wasser von der Legion. Das schien unsere Offiziere überhaupt nicht zu interessieren. Sehr bald wurde klar, warum. Die arabischen Schiffer rangelten miteinander um jeden Deserteur. Der Gewinner fuhr an einen Ausstieg unseres Dampfers und übergab gegen ein Handgeld seinen Fang den bereitstehenden Matrosen, die ihren »Gefangenen« gegen eine Prämie beim Offizier seiner Einheit ablieferten. Für den langen Rest der Reise, durch den Indischen Ozean über Singapur nach Saigon, gab es an und über Bord »keine besonderen Vorkommnisse« oder »Rien á signaler« (RAS), das meistgebrauchte Wort beim Militär, besonders, wenn es was zu verschleiern gibt.

Am 14. Oktober 1949 wurden wir in Saigon ausgeschifft und auf verschiedene Militäreinheiten verteilt. Ich wurde dem 3ème Régiment Etranger d'Infanterie zugewiesen, das in Tonkin im Norden von Indochina stationiert war. Mein Haufen schipperte also auf einem kleinen Dampfschiff an der indochinesischen Küste entlang nach Haiphong, dem Überseehafen im Delta des Roten Flusses. Von da ging es auf Lastkraftwagen nach Langson, einer Stadt mit etwa 8.000 Einwohnern, umgeben von Gebirge mit vielen Grotten und nur wenige Kilometer von der Grenze zu China entfernt. Die Garnison Langson war ein weitläufiges, ummauertes Kasernengelände mit allen nötigen militärischen und logistischen Einrichtungen sowie eigenem Hospital. Von diesem Hauptstützpunkt des Regiments aus wurden die kleineren befestigten Posten entlang der »Route Coloniale« mit Nachschub versorgt. Das war nur noch mit militärisch geschützten Konvois möglich, wofür auf einem Feldflughafen auch ein paar ältere Jagdflugzeuge bereitstanden. Die Konvois fuhren nur tagsüber, denn in der Nacht regierten in den Tälern um die einzelnen Posten die Viet Minh.

Ich tat jetzt Dienst in der Nachrichtenkompanie. Sie hatte den Auftrag, die Sprechfunkverbindungen der Außenposten untereinander und mit der Garnison intakt zu halten. Dazu dienten mobil wie stationär verwendbare, tornistergroße Funkgeräte; sie waren ein wichtiger Teil der von den USA gelieferten Rüstungsgüter. Da die Geräte immer wieder wegen des gleichen Fehlers versagten, waren sie relativ leicht zu reparieren: zwei Widerstände und einen Kondensator austauschen und fertig. Dazu mußte man lediglich die Farbcodes der Ersatzteile kennen; und die kannte ich von meinen jugendlichen Radiobasteleien. Mit dieser Kenntnis war ich nun »Radiomechaniker«. Am Tag vor Weihnachten durfte ich 14 Tage lang das Hospital und sein Personal im Selbstversuch gründlich testen. Aus dem Nichts hatten mich gleich zwei beachtenswerte Krankheiten überfallen: Malaria und Amöbenruhr. Wobei letztere mir am heftigsten zugesetzt hat. Mein Testurteil: Personal positiv.

Ein anderes, wirklich besonderes Vorkommnis hat mich sehr viel nachhaltiger getroffen und nachdenklich gestimmt. Die Radiomechaniker mußten gelegentlich den sicheren Hort der Garnison verlassen, um ausgefallene Funkgeräte vor Ort zu reparieren. Das hieß: mit einer mittelschweren Werkzeugtasche den jeweiligen Hügel durch wegloses Gelände erklimmen. Oben mußte dann alles sehr schnell gehen, wenn man den Konvoi auf dem Weg zurück nach Langson noch erreichen wollte.

Als ich eines Tags oben angehechelt kam, stand ich vor einem zerfetzten Leichnam, umgeben von Männern mit Entsetzen und Angst in den Augen. Ein unvergeßlicher Anblick. Leise und stockend erzählte der Sergeant-Chef des Postens, was geschehen war: Ein junger Holländer hatte sich mit einer Handgranate in die Luft gesprengt. Blitzartig wurde mir bewußt, was diese Männer Tag und Nacht durchlebten. Und daß die Landserweisheit über die Legion »Marche ou crève!« (»Marschier oder krepier!«) die harte Wirklichkeit auf den Punkt traf. Und wie verlogen, hohl und protzig dagegen die offizielle Regimentsdevise »Honneur et Fidélité« (»Ehre und Treue«) die Wirklichkeit mit falschem Pathos übertünchte. Dies sollte nicht der einzige Selbstmord aus Verzweiflung bleiben, dem ich begegnete. Ich war versucht, mein Leben im Schutz der Garnisonsmauern von Langson idyllisch zu nennen.

*In Indochina, 1951*

Dafür gab es noch andere Gründe. Zum Beispiel den Drang, die für das Eigentliche verlorene Zeit wettzumachen. In Langson wohnte ich mit einer Gruppe Ungarn zusammen. Sie hatten sich einer wegen Titos jugoslawischem Sonderweg zum Sozialismus drohenden Deportation von der Westgrenze Ungarns ins Innere des Landes durch Flucht entzogen und waren nicht nur ein paar Jahre älter als ich, sondern als Studenten auch gebildeter. Vor allem sprachen sie ausgezeichnet deutsch und noch besser französisch. In jedem Stück Freizeit – die nun mal keine Zeit in Freiheit sein konnte – lernte ich zuhörend von ihnen. Da fielen Namen von Autoren und Werken, die mir fast alle unbekannt waren. Beflissen notierte ich alles. Am Ende meiner Auszeit waren in meinem Notizbuch Lesetipps für ein lebenslanges Lernen versammelt. Daneben nutzte ich fleißig Langenscheidts Französisch-Deutsches Wörterbuch, das einzige mir verbliebene Gepäckstück aus Deutschland. Jedes neue Wort wurde sofort nachgeschlagen und gelernt.

Aber das reichte mir nicht. Seit Saida schrieb ich Briefe an meine Familie und erhielt trotz der Umstände regelmäßig Antwort. Zuletzt hatte ich darum gebeten, den Briefen pulverisiertes Pervitin in unauffälligen kleinen Portionen beizufügen. Und es klappte. Das Pervitin wurde nie entdeckt. Ich brauchte diese Wachhaltedroge, um nachts auf meinem Klappbett unter dem Moskitonetz, beim gedämpften Licht einer Batterieleuchte, möglichst lange lesen zu können. Die ungarischen Freunde duldeten das. Meine Lektüre war zunächst ein damals typisches französisches Taschenbuch, dessen geheftete Seiten der Leser mit einem Messer selbst aufschlitzen mußte. Jemand hatte es im Hospital vergessen, und ich durfte es behalten: Sigmund Freud: *La Psychopathologie de la vie quotidienne* (*Zur Psychopathologie des Alltagslebens*). Das reichte für ein paar Monate. Bis ich im August 1950 nach einem Herzanfall wieder ins Hospital eingeliefert wurde. Dem »Toubib«[15] meines Vertrauens habe ich schließlich mein heimliches Doping gebeichtet. Er war entsetzt und befahl mir, auf der Stelle mit der »Vergiftung« aufzuhören. Glücklicherweise hatte mein Leichtsinn keine ernsthaften Folgen.

Zwei Monate danach gab es in Langson kein Hospital und keine Garnison mehr. Die Viet Minh griffen immer häufiger die Außenposten in den Bergen mit Granatwerfern und Maschinengewehren an, manchmal sogar am Tage. Die Posten mußten aufgegeben werden. Als die Einkesselung Langsons drohte, befahl der Oberst den geordneten Rückzug. Das gesamte bewegliche Arsenal wurde auf Lkws und Maulesel geladen. Dahinter stellten sich die Mannschaften auf, bepackt mit Waffen, Funkgeräten und dem, was von ihrer persönlichen Habe gerade noch tragbar war. Der Troß zog im Schrittempo über die Flußbrücke, die hinter dem letzten Mann gesprengt wurde, und über die staubige Landstraße weiter in Richtung Hanoi. Niemand wußte, wie lange wir für die zirka 150 Kilometer bis dahin brauchen würden. Aber noch am Abend konnten wir die von Hanoi uns entgegengeschickten Lkw besteigen und erreichten zwei Stunden später unseren neuen Standort.

Hanoi, am rechten Ufer des Roten Flusses, ist eine Stadt mit 1.000jähriger Geschichte. Sie ist umgeben von einem der größten und am dichtesten besiedelten

---

15 Ein aus dem Arabischen abgeleitetes Wort des Armee-Argot für »Arzt«.

Reisanbaugebiete Südostasiens. Zur Zeit des Vietnam-Kriegs lebten hier etwa 800.000 Einwohner. In den vielen Kasernen im Zentrum hatten die verschiedensten Truppenteile des Kolonialheeres ihre Quartiere. Ich wurde, zusammen mit den anderen ungelernten Funkmechanikern aus Langson, in die Zentralwerkstatt für Nachrichtentechnik abgeordnet. Hier arbeiteten nicht nur Legionäre, sondern auch viele Franzosen der regulären Armee. Am 1. November 1950 steckte man mich in einen Sonderlehrgang zur Weiterbildung, dem ich Ende Januar 1951 wieder entkommen bin, beschenkt mit zwei bombastischen Urkunden des Oberst Picquenard als »Operateur de Poste radiotélégraphique de Campagne« und »Mécanicien Radio«.

Die nächsten acht Monate vergingen im täglichen Einerlei von reparieren, essen und schlafen in der sicheren Obhut der Kaserne. Draußen in der Region wurden die Kämpfe immer härter und verlustreicher. Die vielen Verwundeten in den Hospitälern der Stadt ließen das Ausmaß zumindest erahnen, denn unsere Vorgesetzten schwiegen lieber. Genaue Informationen gab es erst nach dem Krieg. Mein neuer Chef hieß Pierre. Er war zehn Jahre älter als ich und Feldwebel eines Eliteregiments der regulären Armee. Wir freundeten uns sehr schnell an. Er nahm mich unter seine Fittiche. Vor allem hat er mich gelehrt, wie man durch mäßige Anpassung seine militärische Existenz ziemlich erleichtern kann. Pierre hatte seine eigenen Ratschläge schon in die Praxis umgesetzt: Zusammen mit einer Vietnamesin durfte er zwei Zimmer in der Stadt bewohnen. Pierre hat auch meine »Bibliothek« bereichert, nämlich durch ein Exemplar von Jean-Paul Sartres Theaterstück *Les Mouches* (*Die Fliegen*). Mythologisch verschlüsselt ruft Sartre darin zum Widerstand gegen das Vichy-Regime und die faschistischen Besatzer auf. 1943 wurde das Stück in Paris uraufgeführt. Und die deutsche Zensur hat nichts gemerkt! Schon deswegen hat es mir sehr gefallen. Manchmal brachte Pierre mir morgens auch eine Zeitung oder Zeitschrift mit. Als wir wieder Zivilisten waren, haben wir uns noch eine Zeitlang geschrieben, bis er in Cote d'Ivoire eine Plantage übernahm. Ach ja, am 14. Juli 1951, dem französischen Nationalfeiertag, wurde ich noch mit dem Rang Caporal bedacht. Sonst galt bis zur »Repatriierung« nach Nordafrika: »Riens à signaler«.

Am 3. Oktober 1951 schickte man mich in die Militärbasis Haiphong zurück. Nach Impfungen gegen Typhus und Cholera ging ich an Bord der »Pasteur«. Die stach am folgenden Morgen in See, zurück nach Oran, wo wir nach 18 Tagen ausgeschifft wurden. Verglichen mit dem Schicksal anderer hatte ich Glück im selbstgewählten Unglück, nämlich zwei Jahre Krieg unversehrt überstanden. Im Indochina-Krieg sind insgesamt 10.483 Legionäre gestorben, die Hälfte davon Deutsche.[16]

A m 30. Oktober 1951 gingen wir in Mers el Kébir von Bord der »Pasteur« und fuhren per Eisenbahn weiter nach Sidi bel Abbes. Die Stadt war das Heimatquartier des 1er Régiment Étranger d'Infanterie. Algerien war nämlich keine Kolonie, sondern ein Department des Mutterlands Frankreich. Sidi bel Abbes wurde

---

16 Volker, mein Leidensgenosse in Saida, war einer davon. Er ist als Fallschirmjäger in den Tod gesprungen.

Tatort meiner letzten Etappe im fremden Dasein, und das ganz anders als die beiden ersten.

Natürlich landete ich wieder in einer Werkstatt, betrieben von der Compagnie d'Instruction des Transmission (CIT). Allerdings wurden hier Geräte behandelt, die mit den mir aus dem Orient bekannten so gut wie nichts gemein hatten. Ihre Innereien waren komplizierter, sie wogen schwerer und waren in leichten Radpanzerwagen fest eingebaut. Nach vier Wochen Einweisung hatte ich das Wesentliche des neuen Gerätetypus intus, was mir eine weitere Urkunde, das Certificat Supérieur d'Aptitude Technique, einbrachte.

Chef meiner neuen Arbeitsstätte war Hauptfeldwebel Hans Messer, ein deutscher Ingenieur, der auf den Spuren seiner französischen Geliebten in die Legion geraten war und schon sieben Jahre dem Regiment angehörte, davon drei als französischer Staatsbürger. Er wohnte zusammen mit seiner Frau im europäischen Viertel der Stadt, wie die meisten der Unteroffiziere höheren Ranges. Wieder jemand, der mir wohlwollte. Und zwar sehr intensiv und beharrlich. Messer war beliebt, nicht nur bei seinen Kollegen, sondern auch bei den Vorgesetzten, vom Capitaine bis zum Oberst. Seit er in groben Zügen über meine bisherige Geschichte Bescheid wußte, hörten seine Versuche nicht auf, die Herren Offiziere davon zu überzeugen, daß ich der Richtige sei für eine Karriere in der Legion – und hatte Erfolg damit. Wenn auch nicht bei mir.

Einerseits dachte ich nicht mehr an Desertion. Gelänge sie, stünde ich für immer auf der polizeilichen Fahndungsliste. Ich hätte nie mehr einen Fuß auf französischen Boden setzen können. Zudem wollte ich nie Soldat werden, schon gar nicht lebenslänglich. Ich war ja ein Freiwilliger wider Willen. Andererseits hatte ich nichts gegen ein bequemeres Leben in den noch zu ertragenden zwei Jahren bis zum Ende dieses verfluchten Abenteuers. Deshalb wehrte ich die mir angedienten Privilegien nicht länger ab. Mit innerem Vorbehalt. Es begann mit einem Unteroffizierslehrgang, in dem nur drei Männer keine Franzosen waren. Nach sechs Monaten Drill, einem Manöver im Umland von Algier und einer strengen Prüfung wurde ich am 16. Juni 1952 zum Sergeanten ernannt. Mein Leben machte einen qualitativen Hüpfer.

Ein Sergeant lebte getrennt von den »gemeinen« Soldaten, denen er fast nur als Befehlender begegnete. Die Unteroffiziersmesse war der Mittelpunkt seiner dienstfreien Zeit. Sehr gute Küche. Es gab eine Bibliothek der »zurückgelassenen« Bücher, eine ungeordnete Sammlung von Sachbüchern und Belletristik in mehreren Sprachen. In stillen Räumen konnte man lesen, schreiben und lernen. Hier war ich häufiger Gast während der letzten 16 Monate, da ich die Rolle als Wachhabender am Kasernentor nur noch selten spielen mußte.

Messer gab nicht auf. Er hatte weiter die Offiziersakademie für mich im Hinterkopf. Inzwischen auch für einen zweiten »Anwärter«, einen gleichaltrigen Belgier, der gleich mir zum Sergeanten gefördert und befördert worden war. Dessen Vater, ein bekannter Industrieller, war es trotz guter Beziehungen zu französischen Behörden nicht gelungen, den Vertrag seines Sohnes aufzukündigen. Das war in der Legion schlichtweg ausgeschlossen. Aber Messer und er schafften trotzdem etwas Sensationelles. Sie brachten den kommandierenden General in Oran dazu, eine Ausnahmegenehmigung für den Belgier – der hier namenlos bleiben soll – und mich zu unterzeichnen, die es uns erlaubte, an Wochenenden Motorflugstunden auf dem kleinen Feldflugplatz bei Bel Abbes zu nehmen. Wir waren uns über unsere gemeinsame Leidenschaft fürs Fliegen nähergekommen.

In den nächsten Wochen genossen wir das einmalige Privileg, wann immer es der Dienstplan zuließ. Meistens am Samstag übten wir mit unserem Fluglehrer, Monsieur Olaya, erst mal starten und landen. Unser Schulflugzeug vom Typ Stampe war ein kleiner Doppeldecker, im Rumpf zwei Sitzlöcher hintereinander für Flugschüler und Fluglehrer. Die Tragflächen, als Holzskelett gefertigt, mit Leinenbahnen bespannt und mit Spannlack gefirnißt. Stahldrähte stabilisierten die Flächen miteinander und mit dem Rumpf. In diesem Leichtflugzeug fühlte man die bewegte Luft zugleich in Flächen- und Fingerspitzen. Es war die Urform der Lust in der Luft. Die Stampe war lange Jahre die Standardmaschine von Frankreichs nationaler Kunstflugstaffel.

Im Frühjahr 1953 rückte das Regiment zu einem großen Manöver in den Bergen Marokkos aus. Unsere Kompanie war verantwortlich für den Funkverkehr der Bataillonsstäbe untereinander und mit ihren Kompanien. Dabei war ich nicht von großem Nutzen, weil ein Malaria-Anfall mich regelrecht flachlegte, mit einem dermaßen hohen Fieber, daß mir tagelang zumute war, als hätte ein Magier mich in einen Schwebezustand versetzt. Ich wurde zurück nach Bel Abbes ins Krankenrevier gebracht.

»Nur« noch neun Monate bis zur Entlassung zu überstehen! Offiziell. Doch mein Dauerkampf gegen »verlorene« Zeit ging in die letzte Runde. Bis jetzt hatte ich all die Jahre keinen einzigen Urlaubstag in Anspruch genommen. Also beantragte ich, alle mir bis zum Ende der Dienstzeit zustehenden Urlaubstage kumulieren zu dürfen. Genehmigt! Das bedeutete: Entlassung nicht erst am 18. Januar 1954, sondern schon drei Monate früher. Also »nur« noch ein halbes Jahr bis zur Rückkehr nach Westdeutschland, jetzt Bundesrepublik Deutschland.

Pünktlich am Morgen des 18. Oktober 1953, ausgestattet mit Zivilanzug und Freifahrtschein bis Düsseldorf, ließ ich Sidi bel Abbes, die Fremdenlegion und einen betrübten Monsieur Messer für immer hinter mir.[17] Gerade noch früh genug, um mich am 7. November für das Wintersemester 1953/54 an der Albertus-Magnus-Universität in Köln zum Studium von Englisch und Geschichte einzuschreiben. Endlich war ich Student.

**D**ieser Knick im Lebenslauf erlaubt es, den Fluß der großen Erzählung für einen Augenblick der Besinnung und Wertung anzuhalten. Wer bin ich, hier und jetzt? War da nur Verlust, vor allem an Zeit? Werde ich, der so lange ein Fremdbestimmter war, jetzt frei und selbstbestimmt leben und arbeiten können? Natürlich gibt es keine krämerische Summe aus Soll und Haben, aus Gewinn und Schaden. Mein ursprüng-

---

17 Aus dieser Zeit gibt es nur ein einziges Foto von mir: liegend, lesend (Siehe S. 51). Fotos in Uniform habe ich nicht zugelassen.

lich gesetztes Ziel, besser Französisch zu können, ist mit ungefährer Zweisprachigkeit jedenfalls übertroffen. Die Erfahrung elender militärischer Hierarchie und deren Dauerversuch, Menschen zu Gewalttätern abzurichten, hat mich nicht nur dagegen immun, sondern für immer zu ihrem Gegner gemacht. Im Krieg steht jeder auf der falschen Seite. Ich bin überzeugt, daß kein noch so wohltätiger Staat das Recht hat, zu seiner Verteidigung von seinen Bürgern das Opfer ihres Lebens zu verlangen. Die gewissensbetäubende Kette von Befehl und Gehorsam hat mich gelehrt, bloße Amtsautorität in jeder Form ausnahmslos abzulehnen. Seither akzeptiere ich einzig und allein persönliche Autorität, die jeden Tag sich Achtung neu erwerben muß, um allgemeines Vorbild sein zu können. Die Lehre aus der erlebten Fülle von Eigenheit und Verschiedenheit der Gattung Mensch sorgt für solide Bodenhaftung und hindert mich, ein bodenloser und schwärmerischer Luftikus zu werden. Jetzt gilt es, den angestauten Wissensdurst, die große Lust am Lernen, ans reale Studium zu wenden, sich »immer strebend zu bemühen«, ein guter Lehrer zu werden.

Anfang 1954 wurde ich nicht nur Philologie-Student mit Studienbuch, sondern auch ordentlicher Staatsbürger mit Reisepaß der Bundesrepublik Deutschland, die ja in meiner Abwesenheit und hinter meinem Rücken gegründet worden war. Ich wohnte im zweiten Stock des Hauses Nummer 13 der Joachimstraße in Düsseldorf-Oberkassel bei meinen Eltern und der jüngsten Schwester Ingeborg, die aus Münster hierher umgesiedelt waren. Die anderen Geschwister waren mittlerweile alle »aus dem Haus«. Mein Vater arbeitete inzwischen als Prüfer am Landesrechnungshof von Nordrhein-Westfalen, dem Bundesland, das die britischen Besatzer aus der Taufe gehoben hatten. Die »Landesbediensteten-Wohnung« erstreckte sich über den ganzen zweiten Stock. Jeder konnte jederzeit für sich sein. Nachdem ich meine »Diotima«, nach jahrelanger Briefbeziehung, geheiratet hatte, bezogen wir das durch eine Wand abgetrennte Drittel des zweiten Stocks als eigene Wohnung. Für die normalen Lebenshaltungskosten plus Studiengebühren plus Monatsfahrkarte Düsseldorf-Köln und so weiter, mußten wir beide in den folgenden Studienjahren arbeiten, sie im Vollzeitjob als Sekretärin im Reemtsma-Konzern, ich als studentische Hilfskraft in der Univerwaltung oder in den Ferien als Aushilfe in der Kraftfahrzeug-Zulassungsstelle beim Finanzamt Düsseldorf.[18] Einmal in jenen Jahren gönnten wir uns eine Reise an die Cote d'Azur, gemeinsam mit einem Kommilitonen-Ehepaar. In einem Goggomobil! Zu viert! Nur wer das Goggo kennt, weiß, warum die bloße Erinnerung daran schmerzt.

In den beiden ersten Studienjahren (1954/55) belegte ich ein Drittel der Vorlesungen und Seminare in den Fächern Pädagogik und Philosophie. Professor Wilperts didaktisches Geschick machte es leicht, seinen philosophischen Themen und Thesen zu folgen und sich deren Kern anzueignen, in der Epistemologie und Ontologie wie in Naturphilosophie oder Geschichtsphilosophie. Er hat mich an Kant und Nietzsche herangeführt und dabei den Wunsch geweckt, beide noch besser kennenzulernen.

---

18 Details über Privates gebe ich nur zurückhaltend preis. Und nur dann, wenn das Private politisch wird.

Der Name Karl Marx kam nirgends vor. Bis ein Kommilitone mir beiläufig empfahl, *Das Elend der Philosophie*, Marxens Antwort auf Proudhons *Philosophie des Elends*, zu lesen. Seine Vorrede[19] hat mich so erfreut, daß ich den Text zum Thema eines Seminars von mir und für mich erhob, »privatissime et gratis«. In der Pädagogik interessierte mich, neben der Allgemeinen Unterrichtslehre, die Schule als Funktion von und in Staat und Gesellschaft, die »Höhere Schule«, besonders in bezug auf die Verwirklichung des verfassungsrechtlichen Gebots von Chancengleichheit.

*Student, 1956*

19 »Herr Proudhon genießt das Unglück, auf eigentümliche Art verkannt zu werden. In Frankreich hat er das Recht, ein schlechter Ökonom zu sein, weil man ihn für einen tüchtigen deutschen Philosophen hält; in Deutschland dagegen darf er ein schlechter Philosoph sein, weil er für einen der stärksten französischen Ökonomen gilt. In unserer Doppeleigenschaft als Deutscher und Ökonom sehen wir uns veranlaßt, gegen diesen doppelten Irrtum Protest einzulegen ... Brüssel, den 15. Juni 1847«. MEW, Bd. 4, S. 65.

In den folgenden Jahren (1956/57) konzentrierte ich mich auf meine Kernfächer Geschichte und Englisch. Im Fach Geschichte lernte ich bei drei Professoren: Schiefer und Kallen für das Mittelalter, Schieder für die Neuzeit. Bei Theodor Schieder leistete ich die für die wissenschaftliche Prüfung notwendigen Oberseminare ab. Sein Schwerpunkt war die Entwicklung der Nationalstaaten in Europa. Daß er das Thema stets mit der Darstellung der österreichischen Nationalitätenpolitik auf dem Balkan beendete, ließ mich unbefriedigt. Erst Jahre danach gab es eine plausible Erklärung dafür. In allen Winkeln der Republik hausten bis in die jüngste Zeit viele ehemalige Nazis, die ihre Mitwirkung an der Machtübertragung an Hitler und ihre Mitverantwortung für millionenfachen Mord am liebsten für immer aus ihrem Lebenslauf getilgt hätten. Eben auch an den Universitäten. Theodor Schieder war einer von ihnen. Seit 1937, damals 29 Jahre alt, Mitglied der NSDAP und Mitarbeiter am Hauptschulungsamt der Partei in Königsberg, 1939 Mitverfasser einer Denkschrift zur »Eindeutschung Posens und Westpreußens« und zur sofortigen »Umsiedlung« von zunächst 2,9 Millionen Polen und Juden. Die persönliche Mitwirkung eines späteren Lehrstuhlinhabers an dieser »Sonderbehandlung« von Nationalitätenpolitik setzte deren theoretischer Betrachtung im Jahr 1957 natürlich gewisse Grenzen.

Im Februar 1957 bestand ich die »Vorprüfung in Philosophie und Pädagogik für das Lehramt an Höheren Schulen«. Mit dem Wintersemester 1957/58 hatte ich die vorgesehene Semesterzahl erreicht. Nach Abgabe der umfänglichen (durchschnittlich 45 Schreibmaschinenseiten) schriftlichen Arbeiten für die Oberseminare in Englisch und Geschichte gehörten die folgenden Monate der Vorbereitung auf die wissenschaftliche Prüfung in beiden Fächern. Da ich über den politischen Satiriker Jonathan Swift bereits eine Seminararbeit abgeliefert hatte, war ich dankbar, daß mir für den schriftlichen Teil im Englischen als Thema aufgegeben wurde: »Raumerfassung und Raumanschauung in *Gulliver's Travels*, verglichen mit Newton, Addison und Berkeley«. Die Arbeit daran hat mir richtig Spaß gemacht. Dabei habe ich wesentliche, weiterführende Erkenntnisse gewonnen über das Zeitalter der Aufklärung und den Zusammenhang der beginnenden modernen Naturwissenschaft und Naturphilosophie mit der Entwicklung von theoretischer und praktischer Optik, wie sie in neuen Geräten, beispielsweise im Mikroskop, Gestalt annahmen. Kein Wunder, daß das abgelieferte Konvolut schließlich 116 Seiten umfaßte. Die wissenschaftliche Prüfung für das Lehramt an Höheren Schulen habe ich im Februar 1959 vor dem Prüfungsamt Köln bestanden.

Am 1. April 1959 begann mein erstes Vorbereitungsjahr für das Staatsexamen als Referendar am Comenius-Gymnasium für Jungen in Düsseldorf-Oberkassel; es endete am 31. März 1960. In dieser Zeit lernte ich die Oberstudienräte Müller, Hoffmann und Dornberg kennen und als engagierte Vorbilder schätzen. Herr Müller, Leiter des Anstaltsseminars, ließ mich früh und oft selbständig unterrichten und so meine eigenen Erfahrungen mit der Schulwirklichkeit machen, die ich in häufigen Gesprächen mit ihm kritisch zu bewerten lernte. Entsprechend praxisnah war dann auch das von ihm angeregte Thema für die obligatorische Abschlußarbeit am Ende des ersten Vorbereitungsjahrs: »Bericht über einen Schullandheimaufenthalt – Erfahrungen und Gedanken«. Der Anlaß war ein achttägiger Aufenthalt der Obersekunda IIa in Heidelberg mit Unterbringung in einer Jugendherberge, einem Besuch des Doms von Speyer und Ausflügen in die Umgebung. Aus pädagogischen Erwägungen wurde die Vorbereitung der Fahrt weitgehend den 16- bis 18jährigen Schülern überlassen, die sich den ungewohnten Anforderungen durchaus gewachsen zeigten. Sie regelten die Bezuschussung einzelner bedürftiger Mitschüler und organisierten Bahnfahrt, Unterkunft, Verpflegung und Ausrüstung. Verglichen mit den hehren erzieherischen und bildenden Zielen des schulischen Wanderns, aufgestellt in den Erlassen des Kultusministeriums von Nordrhein-Westfalen, fiel meine Beurteilung des praktischen Experiments insgesamt eher negativ aus. Der Aufsatz endete mit einer fragenden Bemerkung: »Vielleicht ist gerade der Geschichtsunterricht – dem nach politischen Katastrophen und Auswüchsen (wie der jüngsten interkontinentalen Welle antisemitischer Exzesse) von der Öffentlichkeit gerne die Verantwortung zugeschoben wird, der andererseits aber mit zwei Wochenstunden auszukommen hat – am ehesten geeignet, den heranwachsenden Jugendlichen nicht nur gegen die verbildenden Einflüsse des herrschenden Zeitgeistes seelisch-geistig immun, sondern auch für eine auf echtes Menschentum gegründete persönliche Lebensgestaltung reif zu machen.«

Das zweite Vorbereitungsjahr am Staatlichen Studienseminar in Krefeld dauerte vom 1. April 1960 bis zum 31. März 1961. Zur unterrichtlichen Praxis wurde ich dem Gymnasium am Moltkeplatz, kurz: dem »Moltke«, zugewiesen. Dessen klassizistischer Protzbau war der kaiserlichen Epoche wie aus dem Gesicht geschnitten. Der amtierende Direktor, Gustav Adolf Wolter, ließ in Gestus und Habitus durchblicken, daß er in diesem denkmalgeschützten Gemäuer lieber stramme Kadetten kommandieren würde, als schwierige Lehrer und Referendare zu dirigieren. Folglich ließ er sich alljährlich als Beobachter sommerlicher Manöver der neuen Bundeswehrmacht einladen, die großenteils noch die alte war. In der alltäglichen Praxis ging Herr Wolter geschickter vor. Er zog Kollegen, die er für beeinflußbar hielt, während der Pausen in eine Ecke des Lehrerzimmers, um sie durch diplomatisches Geflüster zu seiner Politik zu bekehren. Oder auch nicht. Dafür ließ er dem Hausmeister, einem ehemaligen Stabsfeldwebel, fast alles durchgehen, registrierte es wohl oft mit heimlicher Freude. Der Feldwebel-Hausmeister erschien beispielsweise ohne Anmeldung und ohne anzuklopfen im Klassenzimmer, den unterrichtenden Lehrer mißachtend, um einen oder mehrere Schüler wegen schlechten Betragens heftig anzuraunzen. Ich habe ihn vor die Tür gesetzt. Er hat meinen Unterricht nie wieder gestört. Das hat mir sicherlich keine Pluspunkte bei Oberstudiendirektor Gustav Adolf Wolter eingebracht, aber auch keine Vorladung.

Ihm schien eine andere Gelegenheit besser geeignet, mich zu disziplinieren. Im Einverständnis mit den Prüfern des Studienseminars und meinem Fachleiter hatte ich für den schriftlichen Teil des pädagogischen Abschlußexamens eine Unterrichtsreihe mit dem Thema vorbereitet: »Elemente und Ursprünge, Entwicklung und Folgen des deutschen Rassenantisemitismus. Versuch einer thematischen Behandlung im politischen Unterricht der Oberstufe (UI)«. Damit war Wolter überhaupt nicht einverstanden. Nachdem sein Bemühen, mich im üblichen Eckgeflüster zum Verzicht auf das »brisante« Thema zu bewegen, nichts gefruchtet hatte, befahl er mich in sein Dienstzimmer, wo er mir kurz und knapp mitteilte, daß er diese Unterrichtsreihe an seiner Schule nicht dulden werde. Meine Antwort: »Die Reihe ist vom Leiter des Studienseminars genehmigt, also werde ich sie genau wie geplant abhalten. Auf Wiedersehen.« Und genauso geschah es. Danach herrschte Krieg zwischen uns. Er suchte ständig nach irgendeinem Anlaß, der meine Relegation rechtfertigen könnte. Inzwischen, am 8. Dezember 1960, war mein Sohn Ralph Eric auf die Welt gekommen, und seine Mutter hatte ihren Beruf aufgegeben, um ganz für ihn dazusein. Also mußten wir jetzt mit der nicht gerade üppigen Referendarsentschädigung auskommen.

Nach Abgabe meines Berichts über die Unterrichtsreihe (92 Seiten), habe ich im Februar 1961 die Pädagogische Prüfung für das Lehramt an Höheren Schulen bestanden und wurde am 1. April 1961 zum Studienassessor ernannt. Ich blieb – jetzt als »richtiger« Lehrer – noch ein halbes Jahr am Moltke-Gymnasium, pflegte meine Freundschaften mit einigen Kollegen und spielte einmal wöchentlich am Nachmittag Fußball in der Lehrermannschaft. Bis Herr Wolter glaubte, den langgesuchten Anlaß gefunden zu haben, mich loszuwerden.

Ich pendelte täglich zwischen meiner Wohnung in Düsseldorf und der Schule in Krefeld im Auto hin und zurück. Anfang Dezember hatte der Nachtfrost die Straße nach Krefeld vereist, was zu langen Staus führte. Also kam ich eine halbe Stunde zu spät in die Schule. Auf den Stufen, die zwischen den hohen »klassischen« Säulen zum übergroßen Schuleingang führten, wartete schon Gustav Adolf Wolter, um mich gebührend zu empfangen. Ich schilderte die für meine Verspätung verantwortlichen Umstände und bat um Entschuldigung. Aber er: »Ein Lehrer, der seinen Beruf ernst nimmt, kommt nie zu spät. Und wenn er merkt, daß er zu spät kommt, steht er eben früher auf!« Er werde sich umgehend über mich beim Schulkollegium in Düsseldorf beschweren. Ich antwortete. »Genau das tue ich jetzt«, stieg ins Auto, fuhr zurück nach Düsseldorf und stand eine Stunde später vor dem zuständigen Oberschulrat. Der berichtete kurz, was der Herr Direktor telefonisch über mich und »meine Umtriebe« erzählt hatte, das meiste falsch oder glattweg gelogen. Ich bat den Oberschulrat, in meinem Beisein Herrn Wolter aufzufordern, seine üblen Nachreden zurückzunehmen, andernfalls ich ihn vor einem ordentlichen Gericht verklagen würde. Dem ist dann der Direktor, der eigenen Courage nicht sicher, umgehend nachgekommen. Aber der Oberschulrat war zu Recht der Meinung, daß mein Verhältnis zum Leiter des »Moltke« wohl nicht mehr zu reparieren sei.[20] Deshalb rege er an, mich auf »eigenen Wunsch« an ein anderes Gymnasium meiner Wahl versetzen zu lassen. Ich wählte

---

20 Es ist ein Witz: Heute schmückt sich die Website des Moltke in der Rubrik »Bekannte Schulangehörige« mit »Karl-Heinz Hansen, Publizist und Politiker«.

das als weltoffen bekannte Fichte-Gymnasium zum neuen Betätigungsfeld für meine pädagogischen Bemühungen, bis ich – diesmal wirklich auf eigenen Wunsch – an das Comenius-Gymnasium in Düsseldorf zurückkehrte.

Am Fichte-Gymnasium traf ich auf ein Kollegium und auf Schüler, die einander mit Respekt begegneten und die begriffen hatten, daß sie aufeinander angewiesen waren, sollte das gemeinsame Projekt Unterricht und Erziehung gelingen. Mein neuer Chef, Oberstudiendirektor Friedrich Fick, sagte mir beim Vorstellungsgespräch, er werde alles vorher Gewesene ignorieren und wünsche sich und mir, daß ich das Beste aus der Versetzung an seine Schule machen werde. Er bestimmte mich zum Klassenlehrer einer Quinta, in der ich künftig Englisch und Gemeinschaftskunde unterrichtete.

*Fichte-Gymnasium, Schulzeitung, 1962*

Schule ist zugleich Funktion und Spiegel der Gesellschaft. Die Republik war im Begriff, sich qualitativ zu verändern. Kontinuitäten der Nazi-Zeit bröckelten zugunsten einer Generation, die endlich klare Antworten auf alte Fragen forderte. Im Bundestagswahlkampf 1961 mischten sich zum ersten Mal 21 Schriftsteller, von Carl Amery bis Martin Walser, aktiv in die Politik ein. Sie verlangten nach einer anderen Verfassungswirklichkeit. In einem rororo-Taschenbuch mit dem Titel *Die Alternative oder Brauchen wir eine neue Regierung?* brachten sie ihr lautes »Ja!« in hoher Auflage unters Volk. Die SPD verlor zwar die Wahl, die Gesellschaft aber blieb in Bewegung.

Oberstudiendirektor Fick und ich stimmten in pädagogischen wie in politischen Prinzipien weitgehend überein. Wenn ich Pausenaufsicht hatte, kam er zuweilen dazu, um mit mir zu diskutieren. Und er überredete mich, in der von ihm geleiteten Schulzeitung zu schreiben. Im Fichte-Gymnasium fühlte ich mich rundum gut aufgehoben. Das verjüngte Kollegium hat gewiß dazu beigetragen. Die Minderheit der älteren Kollegen zeigte nur wenig Interesse am gesellschaftlichen Diskurs und meldete sich auch in Konferenzen kaum zu Wort.

Angeführt wurde die Riege der Geronten von einem bigotten Katholiken, der seine Mensurverletzung so stolz zur Schau trug wie ein Maori seine Schmucknarben. Dieser Oberstudienrat fühlte sich gedrängt, mich Jungspund Mores zu lehren. In einer Konferenz, kurz vor den Sommerferien, griff er mich an: »Immer, wenn ich in die Klasse vom Kollegen Hansen komme, strecken mir seine Schüler ihre nackten Füße in legeren Latschen entgegen. Ich kann den Anblick nicht mehr ertragen. Tun Sie was dagegen, Herr Kollege!« Darauf entgegnete ich: »Werter Herr Kollege, ich weiß nicht, wie Sie unterrichten. Aber für mich ist der Kopf wichtiger als die Füße. Und zweitens: Vor bald 2.000 Jahren ist im Vorderen Orient auch mal einer in Latschen rumgewandert, denen der Volksmund später seinen Namen verpaßt hat.« Ein paar Kollegen lachten. Direktor Fick schmunzelte und fuhr in der Tagesordnung fort.

Meine Klasse IVa hätte sich gefreut, denn in ihr gab es einige besonders fixe Kerlchen. Einer davon, zwölf Jahre alt, hat übrigens vom Erfolg meines Unterrichts in Gemeinschaftskunde eindrucksvoll Zeugnis abgelegt. In guter Erinnerung geblieben ist mir außerdem eine Klassenfahrt in das schöne Landschulheim des Fichte-Gymnasiums, die Burg Bischhofsstein an der Mosel. Der Abschied vom Fichte ist mir nicht leichtgefallen.

Am 1. April 1963 kehrte ich wunschgemäß zurück zum Comenius-Gymnasium in Düsseldorf-Oberkassel und übernahm eine Unterprima als Klassenleiter. Den gleichgesinnten Kollegen Müller, Hoffmann und Dornberg kam ich als Verstärkung sehr gelegen. Natürlich gab es auch weniger angenehme Kollegen, aber keinen einzigen, der unserem Direktor Ernst Windscheid nicht hohen Respekt zollte. Er war geradezu die Verkörperung des Humboldtschen Erziehers, dem es oft genug gelang, Kollegialität in Solidarität umzuwandeln. Kurzum: ein nachahmenswertes Vorbild. Leider war die Idylle nur von kurzer Dauer, da Herr Windscheid nach ein paar Monaten als Direktor zum Abendgymnasium wechselte. Zu meiner Freude beurlaubte mich der eingesetzte kommissarische Schulleiter im Sommer für drei Monate, damit ich als Gastlehrer an der Royal Grammar School for Boys in Clitheroe (bei Liverpool) Erfahrungen sammeln konnte.

Mit dem Amtsantritt seines Nachfolgers, des Oberstudiendirektors Jaensch, fiel die Schule schlagartig in die rauhe Wirklichkeit des restaurativen Zeitgeistes zurück. In Gesprächen zwischen Herrn Jaensch und mir zeigte sich früh eine grundsätzliche Verschiedenheit unserer Rezeption der jüngsten Vergangenheit sowie der geistigen und politischen Situation der Zeit. Er fand, ich sei nicht »autoritätsbewußt«, und was er damit meinte, war meine Respektlosigkeit gegenüber seiner Amtsautorität. Mit dem gleichen Amtsverständnis verbot er Schülern den Aushang eines Plakats, mit dem die Düsseldorfer Kammerspiele die Aufführung von Rolf Hochhuths *Stellvertreter* ankündigten.

Und dann kam der richtig große Krach. Ich hatte, einvernehmlich mit den Klassenlehrern, geplant, der Oberstufe den von der Staatsbürgerlichen Bildungsstelle des Landes Nordrhein-Westfalen angebotenen Dokumentarfilm »Nacht und Nebel« von Alain Resnais vorzuführen. Der Film informiert in Bild und Kommentar schonungslos über Massendeportation und Massenmord zur Ausrottung der jüdischen »Rasse«. Da Oberstudiendirektor Jaensch nur einen einzigen Kollegen gefunden hatte, der bereit gewesen wäre, mit ihm ein Verbot durchzusetzen, und er allein sich nicht traute, kam es am 4. Februar 1964 zur Vorführung. Herr Jaensch setzte sich zwischen die Schüler und tat wieder und wieder sein Mißfallen kund. Als die Zahl von sechs Millionen ermordeten Juden genannt wurde, kommentierte er: »Das ist Bangemacherei! Eine unglaubliche Übertreibung! So viele waren es nicht.« Als er Tage danach zur Entschuldigung vortrug, Eltern mit nationalsozialistischer Vergangenheit könnten sich durch »so was« beleidigt fühlen, war ich fest entschlossen, dagegen anzugehen, um jeden Preis, auch den der Entlassung aus dem Schuldienst. Wenn mein Entschluß noch der Bestärkung bedurft hätte, dann war die durch Äußerungen des katholischen Religionslehrers, Pfarrer Hermann, bereits gegeben. Hermann hatte sich vor Schülern empört: »Es gibt mit Hansen drei Marxisten an dieser Schule. Ich werde dafür sorgen, daß sie eliminiert werden.« Und als ob das nicht genügte, mischte« sich auch noch ein Oberschulrat Dr. Flume ein. Der kam in meine Klasse, blätterte im Klassenbuch und richtete das Wort an einen Schüler, der als Schulsprecher für mich eingetreten war: »Ich sehe, Sie sind holländischer Staatsbürger. Sie sollten wissen, daß man sich in einem Gastland anständig zu benehmen hat.« Der Schüler wurde kurz darauf von seinem Amt »befreit«, weil er nicht mehr »das Vertrauen der Behörde« habe.

Jaensch war der Meinung, er hätte als Schulleiter das Recht, sich die Lehrer auszusuchen, die in seine »Konzeption« paßten. Wenn einer wie ich das nicht akzeptiere, gleiche das dem Eindringen in sein Haus ohne Einladung. Also sorgte er bei der »Behörde« für meine Abschiebung an das Schloß-Gymnasium Düsseldorf-Benrath (April 1964), vorgeblich aus »dienstlichen Gründen«. Damit begann ein anderthalbjähriger öffentlich ausgetragener Rechtsstreit zwischen mir und den Schulaufsichtsbehörden, der nicht nur in den Düsseldorfer Zeitungen, »Neue Rheinzeitung« und »Rheinische Post«, sondern auch landesweit in Artikeln, Kommentaren und Leserbriefen diskutiert wurde.

Die Eltern der Schüler meiner Klasse OI b/c verabschiedeten auf einer Protestversammlung am 17. April eine Petition an das Schulkollegium beim Regierungspräsidenten, in der sie ihre Besorgnisse über die Versetzung des Klassenleiters einer Abiturklasse betonten und um Rückversetzung ersuchten. Natürlich vergeblich. Meine Anwesenheit bei dieser Versammlung wurde mir später als Dienstvergehen angekreidet. Von jetzt an stimmte ich alle weiteren Schritte mit meiner Anwältin Renate Schwarz ab. Es folgte ein monatelanges Hin und Her von Behauptungen, Widerlegungen und Gegendarstellungen. Bei einem Gespräch mit einem Schulaufsichtsbeamten erklärte der plötzlich: »Jetzt ernennen wir Sie erst mal zum Studienrat.« Prompt wurde mir die Urkunde im August 1964 überreicht. Offenkundig ein Versuch, mich ruhigzustellen.

Zwei Wochen danach ging es wieder los. Auf einer von Oberschulrat Dr. Flume einberufenen und geleiteten Konferenz am Comenius-Gymnasium in der »Sache Hansen« nannte er mich »einen überführten Verleumder«. Ich kündigte Klage beim Amtsgericht an. Darauf ein Beamter der Schulbehörde: »Das ist unerhört! Das hat es noch nie gegeben: Ein Untergebener verklagt seinen Vorgesetzten!« Meine Antwort: »Dann wird es höchste Zeit, das zu ändern. Damit die Bezeichnung der Schulaufsichtsbehörde als ›Schulkollegium‹ wenigstens dem Anschein nach berechtigt ist.« Die Klage erfolgte, und Herr Oberschulrat backte kleine Brötchen.[21]

Auch Petitionen von 21 Kollegen des Comenius-Gymnasiums an das Schulkollegium und an den Kultusminister blieben zunächst erfolglos. Denn im Oktober 1964 begannen Vorermittlungen nach der »Disziplinarordnung« gegen mich, in denen alles zusammengetragen wurde, was mir irgendwie als Dienstvergehen ausgelegt werden könnte, zum Beispiel der private Umgang mit Schülern. Die entsprechende Disziplinarverfügung bestrafte mich im März 1965 mit einem Verweis, wogegen ich Beschwerde beim Kultusminister einlegte.

Der CDU-Kultusminister, Professor Mikat, beendete schließlich den Kladderadatsch durch Aufhebung der Disziplinarverfügung am 12. Oktober 1965. Dr. Flume und Herr Jaensch wurden versetzt. Ziemlich ungewöhnlich. Und ein halbes Jahr später arbeitete ich wunschgemäß hauptamtlich am Abendgymnasium in Düsseldorf-Oberkassel, wo ich schon seit 1962 nebenamtlich wöchentlich acht Stunden unterrichtet hatte. Statt der täglichen Autostunde nach Benrath am anderen Ende der Stadt hatte ich jetzt wieder nur zehn Minuten Fußweg bis zur Schule.

---

21 Hubert Bernhard kommentierte im »Düsseldorfer Tagebuch« der »NRZ« am 20. Mai 1965: »Oberschulrat Dr. Flume hat seinen zweiten Rückzieher besiegelt. Nachdem er die Eltern des Comenius-Primaners Hubert Maessen wegen seiner seltsamen Äußerungen zu dem holländisch-deutschen Gastverhältnis besänftigt hat, stimmt er in einem von Studienassessor Hansen angestrebten Zivilprozeß vor dem Düsseldorfer Amtsgericht einem Vergleich zu. Darin beteuert der Oberschulrat, daß er keineswegs die Absicht gehabt habe, den (nicht zuletzt durch sein Mitwirken vom Oberkasseler Comenius-Gymnasium nach Benrath versetzten) Studienassessor Hansen des Querulierens zu bezichtigen. Sollten Äußerungen von ihm mißverstanden worden sein, so bedaure er dieses. Schön und gut. Aber leider sind damit nicht alle Schlacken des unseligen Comenius-Intermezzos ausgeräumt.«

Schule war für mich nicht nur der ständige Versuch, über den Unterricht junge Menschen zur Empathie zu erziehen und ihnen ihre politisch-soziale Verantwortung für die anderen ins Bewußtsein zu heben. Dazu gehörte mehr. Nämlich anschauliche Beispiele für die Selbstverständlichkeit von Solidarität zu vermitteln, wie sie die Künste formenreich erlebbar machen und wie sie auch der Film zu bieten hat, der in jenen Jahren meisterliche Höhepunkte erreichte. Leider hat seine Ästhetik und Dramaturgie in der Lehrerausbildung nie eine angemessene Rolle gespielt, obwohl oft – und untertreibend – vom Film und anderen beliebten Medien als »heimlichen Miterziehern« die Rede war. Mit dieser Überzeugung habe ich versucht, die Darstellung und Deutung von aktuellen Filmen in den Kanon der philologischen Schulfächer zu schmuggeln. Deshalb hatte ich ab 1963 die Leitung der Landes-Arbeitsgemeinschaft der Jugendfilmclubs in Nordrhein-Westfalen übernommen (bis 1969). Die von Hilmar Hoffmann 1954 gegründeten und zu Recht gerühmten Internationalen Kurzfilmtage Oberhausen besuchte ich regelmäßig. Viele junge Filmemacher aus Ost (Roman Polanski) und West (François Truffaut) begannen ihre Karriere mit Beiträgen zum Oberhausener Festival.[22]

Leider scheiterten alle Versuche, die Filmkunde als Wahlfach in den Bildungskanon der Gymnasien zu integrieren. Die Beamten der Schulaufsicht waren nicht zu überzeugen. Es blieb also dabei, daß der Kollege Hoffmann und ich ab und zu mit interessierten Schülern herausragende Filme besichtigten, um sie anschließend in einem Café in der Altstadt lebhaft zu diskutieren und eine plausible Interpretation zu finden. Selbst moderne, meinetwegen auch »modische« Unterrichtsmittel für die neueren Sprachen blieben schon im Versuchsstadium auf der Strecke. Wie zum Beispiel das Sprachlabor. Es war inzwischen von vielen Fachlehrern als nützliche Hilfe zur Einübung von Aussprache und fließendem Sprechen anerkannt. Der Schulausschuß der Stadt Düsseldorf hatte einer praktischen Erprobung eines solchen Labors am Abendgymnasium zugestimmt und mich – neben meinem Hauptberuf – mit der Leitung dieses Unternehmens beauftragt. Trotz aller Bemühungen kam es dann doch nicht zur Einführung des Sprachlabors an den allgemeinbildenden Schulen der Stadt. Immerhin sprang für mich die Leistungsbeförderung zum Oberstudienrat dabei heraus.

Auch mein Beitritt zur Gewerkschaft Erziehung und Wissenschaft (GEW) war eine Fortsetzung von Schule mit anderen Mitteln. Allerdings ging es dabei eher um langfristige strategische Veränderungen der Organisation von Lehren und Lernen, also um Bildungs*politik*. Seinerzeit erreichte der öffentliche Streit um die Abschaffung konfessioneller »Volksschulen« und die generelle Einführung der »Koedukation« einen ersten Höhepunkt. Die »bekenntnismäßige« Lehrerausbildung wurde

---

22 Natürlich hatte ich auch die famosen Monatshefte der »Filmkritik« abonniert. Es war ein besonderes Vergnügen, darin die herausragenden Kritiken von Enno Patalas und Ulrich Gregor zu lesen. Noch heute blättere ich gern in den von mir verwahrten Jahrgängen 1957 bis 1970.

in Nordrhein-Westfalen »schon« 1969 abgeschafft. Die Debatte um Gesamtschulen und Ganztagsschulen ist bis heute nicht völlig ausgestanden.

Während die GEW von Anfang an für eine Modernisierung durch Reformen des gesamten Bildungssystems eintrat, konzentrierte sich die »Bildungspolitik« des Deutschen Philologenverbandes (DPhV) einzig und allein auf die Konservierung des elitären Gymnasiums, wie es Standesdünkel und soldateske Korporiertenmentalität vieler seiner Mitglieder nicht anders erwarten ließen. Einige waren wegen solcher kruden «Überzeugungen« beigetreten, ein Großteil aber aus purem Opportunismus. Denn der Verband war so inniglich verfilzt mit allen Ebenen der Schulaufsichtsbehörden des Landes, daß man mit der Mitgliedschaft eine Art Vollkaskoversicherung gegen alle möglichen beruflichen Fährnisse erwarb.[23] Der CDU standen die meisten sowieso »nahe«. Diese »richtigen« Philologen sahen in dem kleinen Haufen gewerkschaftlich organisierter Gymnasiallehrer eher proletenhafte Verräter ihres Standes, zumal die mit der auf »Chancengleichheit für alle« ausgerichteten Bildungspolitik der SPD sympathisierten. Was nicht ganz falsch war, denn unsere gymnasialen Gewerkschafter stammten eher aus dem Kohlenpott als aus snobistischen Düsseldorfer Zirkeln. Seit 1961 war ich Mitglied der SPD und aktiv im Schulpolitischen Ausschuß der Partei sowie im Vorstand der Arbeitsgemeinschaft Sozialdemokratischer Lehrer. Meine Wahl zum Leiter der »Fachgruppe Gymnasium« in der GEW war deshalb nur konsequent.[24]

In den wenigen öffentlichen Debatten über Schulreformen in Nordrhein-Westfalen, zu denen sich der elitäre Philologenverband herabließ, wurde eines seiner Mitglieder meine Lieblingsgegnerin: Frau Dr. Hanna-Renate Laurin. Sie war eine zum Katholizismus konvertierte CDU-Frau und selbstverständlich militante Antikommunistin – zu der Zeit noch Oberstudiendirektorin des Mädchengymnasiums Königin-Luise-Schule in Köln, ehe sie dank ihrer konvertitenhaften Radikalität zu höheren amtlichen Weihen aufstieg und mit dem Spitznamen »Hanna-Granata« geadelt wurde.

Im Januar 1969 stimmte der Schulausschuß der Stadt Dortmund meiner Bewerbung als Studiendirektor am städtischen »Neusprachlichen Gymnasium im Entstehen mit Koedukation« in Dortmund-Kirchlinde mit großer Mehrheit zu. Mit Wirkung zum 1. August 1969 wurde ich vom Kultusminister ernannt und zugleich vom Abendgymnasium zum Gymnasium in Dortmund-Kirchlinde versetzt. Das Jahr 1969 brachte eine epochale Wende in mein Leben. Aber bevor ich davon erzähle, möchte ich an ein anderes, die Ansprüche der Verfassung wie die Verfassungswirklichkeit der Republik nachhaltig schädigendes Kapitel bundesdeutscher Geschichte erinnern, das im Juli 1968 mit der Gründung der Deutschen Kommunistischen Partei (DKP)

---

23 So gab der Philologenverband das maßgebliche Philologen-Jahrbuch für das höhere Schulwesen heraus, wofür laut Vorwort die Mitarbeiter »in den staatlichen Verwaltungen und in den Kultusministerien die notwendigen Personalien und statistischen Unterlagen bereitstellten«.

24 Gute Argumente können überzeugen: Allein in den ersten neun Monaten des Jahres 1968 stieg die Zahl der in der GEW des Landes Nordrhein-Westfalen organisierten Gymnasiallehrer von 140 auf 500.

zwar abgeschlossen, aber nicht beendet war, weil der Antikommunismus die Geschäftsgrundlage der Republik geblieben ist.

Im November 1951 hatte die Adenauer-Regierung beim Verfassungsgericht das Verbot der Kommunistischen Partei Deutschlands (KPD) beantragt. Das Gericht ließ fünf Jahre mit Ermittlungen verstreichen, wohl in der Hoffnung, die Regierung könnte sich eines Besseren besinnen. Erst am 17. August 1956 kam es zum Verbot der KPD – sehr zur klammheimlichen Freude der in alle Organe der Republik eingesickerten Altnazis und unter dem Jubel der Mistkerle aus Springers Cloaca Maxima. In den folgenden Jahren gab es bis zu 200.000 Ermittlungen wegen Hoch- und Landesverrats und 7.000 bis 10.000 Verurteilungen – und das bei nur 7.000 KPD-Mitgliedern zum Zeitpunkt des Verbots. Wer nur in den Verdacht einer Nähe zur KPD geriet, mußte damit rechnen, seinen Arbeitsplatz zu verlieren. Nur wenige Rechtsanwälte, die auch solche waren, wie zum Beispiel Heinrich Hannover und Diether Posser, verteidigten die verfolgten »Staatsfeinde«, bewiesen ihre Unschuld und bewahrten nicht wenige Menschen davor, Opfer des staatlich inszenierten Antikommunismus[25] im Kalten Krieg zu werden.[26]

Stellvertretend für viele hier der Fall Karl Schabrod: Jahrgang 1900, seit 1924 Mitglied der KPD. Im Februar 1933 von der Gestapo ins KZ Börgermoor eingeliefert, im Mai 1934 entlassen und schon im Juli 1934 wieder verhaftet und »wegen Vorbereitung zum Hochverrat« angeklagt. Der Staatsanwalt beantragte die Todesstrafe, das Gericht entschied auf lebenslängliche Zuchthausstrafe, die er in Münster und Werl ableistete. Der Deportation ins Vernichtungslager Mauthausen entging er nur, weil er wegen Krankheit nicht transportfähig war. Schabrod blieb bis zum Ende der Nazi-Barbarei eingesperrt. Vom 2. Oktober 1946 bis zum 4. Juli 1954 vertrat er die KPD als Abgeordneter im Landtag des neugebildeten Landes Nordrhein-Westfalen. Zur Landtagswahl 1958 wurde er nicht zugelassen, sondern wegen »Staatsgefährdung« angeklagt und zu neun Monaten Gefängnis auf Bewährung verurteilt. Als er 1961 zur Bundestagswahl kandidieren wollte, verhängte das Landgericht Düsseldorf zwei Jahre Gefängnis wegen »Geheimbündelei«. Zugleich wurden ihm das aktive und passive Wahlrecht, die Fähigkeit zur Bekleidung öffentlicher Ämter für fünf Jahre und sein Status als Verfolgter des Nazi-Regimes aberkannt sowie Berufsverbot als Journalist erteilt. Karl Schabrods Kommentar nach seiner Haftentlassung am 23. Februar 1963: »Ich wußte nicht, daß meiner ersten Nacht als politischer Häftling noch 4.520 weitere Nächte, das sind 143 Monate unter Hitler und dann noch elf Monate unter Adenauer, folgen würden.«

---

25 Konrad Adenauer, der den Nazi-Verbrecher Globke als Staatssekretär beschäftigte, hatte auf dem ersten Parteitag der CDU in Goslar am 20. Oktober 1950 ausgeführt: »Ich wollte, die Bewohner der Ostzonen-Republik könnten einmal offen schildern, wie es bei ihnen aussieht. Unsere Leute würden hören, daß der Druck, den der Nationalsozialismus durch Gestapo, durch Konzentrationslager, durch Verurteilungen ausgeübt hat, mäßig war gegenüber dem, was jetzt in der Ostzone geschieht.«
26 Siehe auch: Diether Posser: *Der Kalte Krieg im Gerichtssaal. Deutsche Geschichte in politischen Prozessen*, Bonn 2000; Rolf Gössner: *Die vergessenen Justizopfer des Kalten Krieges*, Aufbau Taschenbuch Verlag, Berlin, 1998.

Eine neue Epoche begann, als der SPD-Landtagsabgeordnete Günter Schwarz im Januar 1969 mich der Partei als Bundestagskandidat für den Düsseldorfer Wahlkreis 74 vorschlug. Dem stimmten weitere Vorstandsmitglieder der Partei zu. Allen voran der Vorsitzende des Unterbezirks Düsseldorf und Landesjustizminister Dr. Dr. Josef Neuberger sowie Johannes Rau, Vorsitzender der Landtagsfraktion, und Helmut Lenders, damals DGB-Vorsitzender des Bezirks Düsseldorf. Eifrigster Werber für meine Kandidatur war der Chef der GEW, Kollege Franz Woschech, der auch den Regierungspräsidenten, Hans-Otto Bäumer, überzeugen konnte. Genosse Bäumer sollte noch eine wichtige Rolle in meinem politischen Leben spielen. Unter dem Aspekt der Wirksamkeit wäre ein Bundestagsmandat natürlich ein großer qualitativer Sprung für die Durchsetzung der Ziele, die meine Arbeit in der Gewerkschaft bestimmten und die mich 1961 der SPD hatten beitreten lassen. Das in Bad Godesberg im November 1959 beschlossene Grundsatzprogramm kam dem Anspruch des Grundgesetzes und seinem grundrechtlichen Verfassungskern – Transparenz, Mitbestimmung und Chancengleichheit – von allen Parteien zweifellos am nächsten. Zusammengefaßt und auf den Begriff gebracht klingt das so: Sozialismus wird nur durch die Demokratie verwirklicht, die Demokratie durch den Sozialismus erfüllt.

Also rein ins Vergnügen und die Ortsvereine in den Stadtteilen nördlich der Linie Hofgarten/Oberkasseler Brücke und im gesamten linksrheinischen Stadtgebiet hinter mich gebracht. In diesem Wahlkreis wohnten zumeist bürgerlich geprägte Menschen, die eher der CDU zuneigten. Deshalb genügte es nicht, daß ich auf einer Mitgliederversammlung mit großer Mehrheit als Kandidat bestätigt wurde. Da die Kandidaten der CDU den Wahlkreis 74 bisher stets erobert hatten, konnte ich nur auf einem sicheren Platz der Landesliste in den Bundestag einrücken. Auch das schafften meine Freunde und Förderer in Partei und Gewerkschaft, was den Wahlkampf kolossal beflügelte.

»Wahlkampf« assoziiert Gewalt, meint aber, mit der Macht des Wortes und den plakativen Ausrufezeichen des eigenen Konterfeis wohlwollende öffentliche Aufmerksamkeit zu erzeugen, um in Rede und Gegenrede dann möglichst viele Menschen persönlich zu überzeugen. Natürlich, alles überragend, befeuert vom Charisma des Spitzenkandidaten Willy Brandt, dessen Ansehen weit über die Parteigrenzen hinausreichte. Schließlich warben auch Wissenschaftler, Journalisten und Künstler – noch nachdrücklicher als zur Bundestagswahl 1961 – für die »Alternative« zur herrschenden Regierung. Erfolgreich konnte der Kampf aber nur sein, wenn viele Genossinnen und Genossen sich mit dem Kandidaten identifizierten und ihn aktiv und einfallsreich unterstützten. Zum Beispiel mit Hausbesuchen, die damals gang und gäbe waren, heute aber aus der Mode sind, weil Besuche über das Internet angeblich viel wirkmächtiger seien. Das gute Wahlergebnis im Düsseldorfer Wahlkreis 74 sowie der bundesweite SPD-Wahlsieg am 28. September 1969 waren das Werk der vielen Kämpfer und nicht Verdienst eines einzelnen Kandidaten.

Auch Schriftsteller, Journalisten und Wissenschaftler steigerten ihren Einsatz für die Sozialdemokratie. Sie wollten endlich eine SPD-Regierung. Bereits zur Bundestagswahl 1961 hatten sie den notwendigen Wechsel in einem von Martin Walser herausgegebenen Taschenbuch mit dem Titel *Die Alternative oder Brauchen wir eine neue Regierung?* begründet. Im Wahljahr 1965 wurde nicht mehr gefragt, sondern gefordert: Ein von Hans Werner Richter herausgegebenes Buch hieß jetzt *Plädoyer für eine neue Regierung oder Keine Alternative.* Auch Günter Grass, seit Jahren aktiver Wahlhelfer der SPD, verstärkte seinen Einsatz. Im März 1969 wurde die Sozialdemokratische Wählerinitiative (SWI) gegründet. Der Politologe Kurt Sontheimer schrieb über Zweck und Ziel der Initiative: »Wir sind der Meinung, daß die Zukunft der Demokratie in Deutschland die Stärkung der Sozialdemokratischen Partei verlangt. Deshalb werden wir die SPD in ihrem Wahlkampf unterstützen. Sie ist in unseren Augen diejenige große Partei, die am glaubwürdigsten und zuverlässigsten gesellschaftlichen Fortschritt, soziale Demokratie und liberale Rechtsstaatlichkeit verbürgt.«

In der zweiten Oktoberwoche versammelten sich die Gewählten zur ersten Fraktionssitzung der SPD. Für alle Neulinge ein Urerlebnis. Imposant unsere Alltagsbleibe, das erst vor einem halben Jahr eingeweihte Hochhaus am Rhein-Ufer, genannt »Langer Eugen«, nach Eugen Gerstenmeier, zur Bauzeit Bundestagspräsident. In diesem 114 Meter hohen Gebäude mit 30 Etagen und 13 Aufzügen, gab es, verteilt auf 14 Etagen, zum ersten Mal für jeden Abgeordneten ein eigenes, 17 Quadratmeter großes Büro. Die restlichen Etagen beherbergten Parlamentsausschüsse, Großraumbüros für Schreibkräfte und ganz oben ein Restaurant mit fabelhaftem Blick auf den Rhein und die Stadt Bonn; an guten Tagen waren am Horizont die Türme des Kölner Doms zu erkennen. Ich bezog ein Büro auf der von »Linken« besiedelten 16. Etage.

Ich war kaum eingezogen, da hatte ich in einem der 13 Aufzüge ein besonderes Erlebnis. Als sich die Tür öffnete, stand in der Kabine ein Mensch, der mich fragend ansah, ich ihn – und darauf beide zugleich: »Das kann doch nicht wahr sein. Was machst du denn hier!« »Und du, Jupp?« Es war Josef Bücker, mein Leidensgefährte im Ausbildungsbataillon der Luftwaffe. Wir hatten uns zuletzt im März 1945 gesehen, in Holzschwang bei Ulm, wo wir für den »Endsieg« zugerichtet werden sollten. Wir fuhren zusammen hoch ins Restaurant und erzählten uns gegenseitig die Prunkstücke aus den vergangenen 25 Lebensjahren. Josef Bücker (CDU), bald danach Verwaltungsdirektor des Deutschen Bundestags, und ich, Parlamentarier der SPD, sind bis zuletzt gute Freunde geblieben.

Gleich neben dem Abgeordnetensilo der Mittelpunkt unseres künftigen Daseins: das Parlamentsgebäude mit dem großen Sitzungssaal, die Büros der Verwaltung sowie Räume für Fraktionssitzungen – und ein Friseursalon. Auch ein kleines Restaurant, in dem sich der eine oder andere Mandatsträger vor seiner Rede im Plenum Mut antrank. Ringsum: Villa Hammerschmidt (Bundespräsident), Palais Schaumburg (Bundeskanzler), Villa Dahn (Parlamentarische Gesellschaft), Bundespresseamt, Presse-Club und die Vertretungen der Bundesländer. Ausländische Botschaften bevorzugten das Stadtviertel Godesberg. Kein Zweifel: Das Innenleben der Kleinstadt Bonn war politisch imprägniert.

Die erste Fraktionssitzung enttäuschte alle hochfliegenden Erwartungen. Hauptsächlich Einführungen in die Funktion und Zusammensetzung der bestehenden Arbeitsgremien: Obleute-Versammlung für Vorsitzende und Stellvertreter der Parlamentsausschüsse, verschiedene Arbeitskreise für Mitglieder der jeweils sachlich verwandten Ausschüsse und viel organisatorischer Kleinkram. Die Wahl Herbert Wehners zum Fraktionsvorsitzenden, als Nachfolger von Helmut Schmidt, ging ohne Gegenstimmen über die Bühne. Die weiteren Funktionäre – Stellvertreter, Geschäftsführer, Kandidaten fürs Bundestagspräsidium – wurden nur noch abgenickt. Der verblüffend reibungslose Ablauf ließ sorgfältige Vorbereitung hinter den Kulissen vermuten. Über diesen Entscheidungshintergrund durfte ich in den folgenden Monaten grundlegende Erfahrungen und Erkenntnisse sammeln.

Stichwort »Kanalarbeiter«: einzigartiger Verein des überwiegenden Teils der Fraktion, ohne feste Mitgliedschaft, ohne Satzung, ohne Gewählte. Aber konservativ, gewerkschaftsnah, basisverbunden und einig in der Überzeugung: »Ohne uns läuft nichts.« Ein Selbstbewußtsein, das bei Speis und viel Trank im Lokal Rheinlust immer neu gefestigt wurde und über Gratifikationen und Sanktionen den Rest der Fraktion auf Linie brachte. Die höchste der Prämien für Linientreue: die Delegation ins Europaparlament, zusätzlich zum Bundestagsmandat,[27] was eine Verdoppelung der Diäten bedeutete oder – anschaulicher – ein Häuschen auf dem Lande. Die Kanaler waren nun mal »Freunde sauberer Verhältnisse«, wie sie sich nannten. Langjähriger Boß dieses informellen Clubs war Egon Franke, geboren 1913 in Hannover, seit dem 16. Lebensjahr Mitglied der SPD, während des Faschismus wegen »Vorbereitung zum Hochverrat« zweieinhalb Jahre im Zuchthaus. Nach 1945 arbeitete Egon Franke in der Mannschaft von Kurt Schumacher für die Erneuerung der SPD, tatkräftig unterstützt von Schumachers Sekretärin Annemarie Renger. Seit 1951 war Franke Mitglied des Bundestags und jetzt auch noch Bundesminister für innerdeutsche Beziehungen.

Vor Beginn der Fraktionssitzung hatte mich Edgar Hirt, ein enger Vertrauter Frankes, zur Seite genommen und mir wohlwollend geraten: »Wenn du in den nächsten Monaten die Klappe hältst und dich an der Mehrheit orientierst, kannst du hier alles werden. Darauf kannst du dich verlassen.« Schlagartig war mir klar: Um mich gegen jeden Versuch der Korrumpierung für immer zu immunisieren, half nur eins, mich umgehend als Widerpart dieser Mehrheit zu »outen«. Was in der nächsten Sitzung auch geschah. Aus einem Anlaß, der so banal war, daß ich mich nicht mehr an ihn erinnere. Der »Canale Grande« hatte selbstverständlich nichts gegen den Artikel 38 des Grundgesetzes: »Die Abgeordneten des Deutschen Bundestages ... sind Vertreter des ganzen Volkes, an Aufträge und Weisungen nicht gebunden und nur ihrem Gewissen unterworfen.« Nur: Das Gewissen hätte er gerne in Sicherheitsverwahrung genommen, um es vor Abnutzung durch fahrlässigen Gebrauch zu schützen, also blitzsauber zu halten.[28]

---

27 Direkte Wahlen zum Europaparlament gab es erst ab 1979.
28 Der Satiriker Stanislaw Jerzy Lec: »Sein Gewissen war rein. Er benutzte es nie.«

Willy Brandt wurde am 21. Oktober 1969 zum Bundeskanzler gewählt. Am 28. November versammelten sich die Abgeordneten, um der Regierungserklärung des ersten sozialdemokratischen Bundeskanzlers der Republik zu lauschen. Ja, zu lauschen, denn im Plenarsaal saß ein Publikum voller gespannter Erwartungen. Manche sogar aufgeregt, wie ich. Zu Recht. Ich habe die Rede nachgelesen, um mich meiner Erinnerungen zu vergewissern. Der Befund: Was mich damals berührte, wirkt bis heute nach, im öffentlichen wie individuellen Gedächtnis. Brandt spricht gleich zu Beginn von Erneuerung der inneren Ordnung, die »außerordentliche Geduld im Zuhören und außerordentliche Anstrengung, sich gegenseitig zu verstehen« braucht. Dann fällt der unvergessene Satz »Wir wollen mehr Demokratie wagen«. In der Deutschlandpolitik verspricht er, das Verhältnis der beiden Teilstaaten zu entkrampfen, und verweist auf die »gemeinsame Verantwortung für den Frieden unter uns und in Europa«. Die Bundesregierung habe zum Zeichen angestrebter besserer politischer, wirtschaftlicher und kultureller Beziehungen »das bisherige Ministerium für *gesamtdeutsche Fragen* entsprechend seinen Aufgaben in Ministerium für *innerdeutsche Beziehungen* umbenannt«.

Neben Reformen in der Wirtschafts- und Finanzpolitik kündigt Brandt in der Rechtspolitik ein neues Eherecht an. Es soll verhindern, daß im Falle der Scheidung einer zerrütteten Ehe »Frau und Kinder die sozial Leidtragenden sind«. – Im Kapitel »Bundeswehr« unterstreicht Brandt: »Wir halten am Recht der Kriegsdienstverweigerung aus Gewissensgründen fest. Für sie gilt das Prinzip gerechter Gleichbehandlung.« – Neu in der Bildungspolitik: »Wir haben die Verantwortung, soweit sie von der Bundesregierung zu tragen ist, im Bundesministerium für Bildung und Wissenschaft zusammengefaßt ... Das Ziel ist die Erziehung eines kritischen, urteilsfähigen Bürgers, der imstande ist, durch einen permanenten Lernprozeß die Bedingungen seiner sozialen Existenz zu erkennen und sich in ihnen entsprechend zu verhalten. Die Schule der Nation ist die Schule.« – Zur Außen- und Sicherheitspolitik: »Nur der Friede macht unsere Welt sicher; nur auf der Grundlage der Sicherheit kann der Friede sich ausbreiten.« Und weiter: »Die Bundesregierung beabsichtigt, in den Vereinten Nationen und in anderen internationalen Organisationen verstärkt mitzuarbeiten. Dies gilt auch für weltweite Abkommen der Abrüstung und Rüstungsbegrenzung.« – Demokratie: »Die Regierung kann in der Demokratie nur erfolgreich wirken, wenn sie getragen wird vom demokratischen Engagement der Bürger. Wir haben so wenig Bedarf an blinder Zustimmung, wie unser Volk Bedarf hat an gespreizter Würde und hoheitsvoller Distanz. Wir suchen keine Bewunderer; wir brauchen Menschen, die kritisch mitdenken, mitentscheiden und mitverantworten. Das Selbstbewußtsein dieser Regierung wird sich als Toleranz zu erkennen geben. Sie wird daher auch jene Solidarität zu schätzen wissen, die sich in Kritik äußert. Wir sind keine Erwählten, wir sind Gewählte ... Wir wollen ein Volk der guten Nachbarn werden im Innern und nach außen.« Großer Beifall.[29]

---

29 Zur Freude von Redenschreiber Klaus Harpprecht: Willy Brandt war von seiner Textvorlage kaum abgewichen.

Herbert Wehner, der neugewählte Fraktionsvorsitzende, lud die Neuen gruppenweise zum »Gespräch«, was in der Regel als Drohung zu verstehen war; aber so gut kannten wir ihn noch nicht. Er hämmerte uns ein: Ihr Volksvertreter seid quasi Vorgesetzte der Exekutive. Und so habt ihr sie auch zu behandeln. Niemals ein Bittgang zu einem Minister, sondern ihn zu sich einbestellen! Nur einen Monat später, als ein Novize den Vertreter eines »unserer« Ministerien zu kritisieren wagte, hat »Onkel Herbert« ihn in Parlamentslautstärke angepfiffen: »Parteitagsbeschlüsse spielen hier keine Rolle. Hier wird die Regierung unterstützt!«

Wehner war ein unübertrefflicher Meister darin, mittels Körpersprache plus Sprachpartikel einem Fraktionsmitglied seinen derzeitigen Rang im Rudel klarzumachen. Sehr selten, aber einem Münchener Genossen widerfahren: äußerste Verachtung durch die Anrede »Sie Herr!«. Die nächsthöhere Stufe: Worterteilung, ohne vom Blatt aufzusehen, mit »Öh«. Noch höher, fast schon auf der berüchtigten Augenhöhe, die Anrede mit Genosse plus Nachnahme. Nächste Stufe: Genosse mit Vor- und Nachnamen. Ganz oben und große Ausnahme: nur noch der Vorname. Zum Beispiel »Egon«, wenn man Franke hieß. Auf ähnliche Weise versuchte er auch bei Abstimmungen in der Fraktion, Widerspruch gar nicht erst aufkommen zu lassen. Stur, mit gesenktem Kopf, die Augen starr auf die vor ihm liegende Tagesordnung gerichtet: »Wer ist dafür? Das ist die Mehrheit. Damit ist der Antrag gegen 30 Stimmen angenommen.« Wehner wußte ja: Auf die Vorarbeit der Kanaler für das »richtige« Ergebnis konnte man sich verlassen.

Den etwa 35 bis 40 Linken dämmerte, daß wir uns für die Fraktionssitzungen besser abstimmen mußten, um unseren abweichenden Meinungen unter den 240 Fraktionsmitgliedern überhaupt Gehör zu verschaffen. Das war nicht so einfach. Denn wir kannten einander nicht genügend, um zu wissen, wer überhaupt links war. Anfängliche Zusammenkünfte in der Cafeteria des Abgeordnetensilos oder in der Parlamentarischen Gesellschaft fanden wenig Anklang. Also einigte man sich auf das Nächstliegende: die 16. Etage, die ohnehin als links-verseucht galt. Unsere Treffen im jedermann zugänglichen riesigen Flurraum bekundeten zugleich, daß wir kein exotischer Verschwörerkreis, sondern für alle Interessierten offen waren. Ich wollte damit nicht nur die SPD beim Wort nehmen, sondern auch mich selbst, als Vertreter meiner Basis, der in der Fraktion und im Plenum genauso redet wie im Wahlkreis.

D ie alltägliche Routine der Sitzungswochen war anstrengend. Früh aufstehen, mit der Straßenbahn zum Hauptbahnhof Düsseldorf, durchgehender Zug bis Bonn, mit dem Wagen der Fahrbereitschaft zum Langen Eugen, Eintragung in die Anwesenheitsliste, den ganzen Vormittag Akten abarbeiten.[30] Die Fraktionssitzun-

---

30 Ich war stellvertretender Vorsitzender des Petitionsausschusses und dessen Obmann in der Fraktion. Der Ausschuß trat nicht oft zusammen, weil sich seine Sitzungen vorwiegend im jeweiligen Bürosessel der Mitglieder abspielten. Die »Bitten und Beschwerden«, mit denen sich jedermann an die Volksvertretung wenden kann (Grundrecht laut Artikel 17 GG), werden von den relativ zahlreichen Fachleuten des Ausschusses in einzelnen Akten zusammengefaßt, mit einem Vorschlag zum abschließenden Votum versehen und landen dann stapelweise auf den Schreibtischen der Mitglieder. Das bloße Lesen kostet schon viel Zeit.

gen ereigneten sich stets am Dienstagnachmittag. An den übrigen Tagen Ausschüsse und Arbeitskreise, Plenarsitzungen und Abstimmungen, manchmal namentlich.

Die freie Zeit in Düsseldorf gehörte der Partei: Berichte vor den Ortsvereinen über die Arbeit ihres Abgeordneten in Bonn, lange Sitzungen des Unterbezirksvorstandes, in denen nicht nur Bundesthemen, sondern auch Angelegenheiten des Landes sowie Beschlüsse des Gemeinderats der Landeshauptstadt abzuhandeln waren. Anstelle von Dr. Neuberger wurde Helmut Lenders Vorsitzender des SPD-Unterbezirks und ich sein Stellvertreter. Selbstverständlich konnten wir keine Sitzung schwänzen. Um öffentlich Gesicht zu zeigen und bekannter zu werden, hatte man außerdem Zeit einzuplanen für gesellige Ereignisse aller Art: von Schützenfesten bis zum Karneval, der beinahe so wichtig war wie der historische Tag der Arbeit am 1. Mai und der Tanz in den Mai am Abend zuvor. Neben gelegentlichen Diskussionen an Düsseldorfer Schulen, an denen ich teilnehmen mußte, durfte ich auch bei Veranstaltungen der Gewerkschaften, vor allem der GEW, natürlich nicht fehlen.

*Akten, Akten, Akten: Petitionen*

In Bonn gründeten fünf vom harten Kern der 16. Etage eine Kommune. Nein, nicht wie die von Jesus, auch nicht wie die Pariser von 1871, sondern eine schlichte Abgeordnetenwohngemeinschaft. Björn Engholm aus Kiel, Günter Wichert aus Göttingen, Karl-Heinz Walkhoff aus Münster, Fred Zander aus Frankfurt waren es nämlich leid, bis zu 270 Mark Miete für ein 30 Quadratmeter kleines Zimmer in Bonn auszugeben. Und ich konnte mich an das zeitraubende tägliche Hin und Her zwischen Düsseldorf und Bonn partout nicht gewöhnen. Hauptgrund aber für die Anmietung einer gemeinsamen Wohnung (nur 500 Mark) war, einen Ort zu haben, wo man Dinge in Ruhe, fern vom Rauch und Lärm einer Kneipe, mit gleichgesinnten Gästen diskutieren konnte. Die Treffen waren offen für alle Interessenten der Fraktion, also ein direktes Gegenstück zur Rheinlust, dem Stammlokal der Kanalarbeiter. Das überraschende Medienecho, etwa von »Zeit« und »Spiegel«, lehrte uns, daß auch Personalien dieser Art den öffentlichen Bekanntheitsgrad von Politikern erhöhen. Am Wettbewerb um einen Platz in den Spalten und Kolumnen der Presse beteiligten sich so gut wie alle Volksvertreter in Bonn.

Getreu dem Versprechen Willy Brandts, »ein Volk der guten Nachbarn im Innern und nach außen« zu werden, konzentrierte sich die Arbeit der ersten SPD-geführten rot-gelben Bundesregierung auf die Entkrampfung und Verbesserung der »innerdeutschen Beziehungen«. Nach Überwindung anfänglichen Mißtrauens kam es schon ein halbes Jahr nach der Kanzlerwahl am 19. März 1970 in Erfurt zum ersten deutsch-deutschen Gipfeltreffen und Händedruck zwischen Willy Brandt und dem DDR-Ministerpräsidenten Willi Stoph. Naturgemäß war das Ergebnis der Gespräche eher dürftig: Langfristig wollte man eine Uno-Mitgliedschaft beider deutschen Staaten anstreben, kurzfristig nahm Willi Stoph die Einladung zum Gegenbesuch im Mai in Kassel an. Ins Gedächtnis eingeschrieben hat sich Brandts Besuch auf andere Weise. Seit elf Uhr vormittags drängte das Volk auf den Platz zwischen Hauptbahnhof und dem Hotel Erfurter Hof. Gegen 14 Uhr durchbrachen die Versammelten den Absperrungsring der Volkspolizei und brüllten: »Willy Brandt ans Fenster!« Als der sich dann endlich zeigte, wollte der Jubel nicht aufhören. Was Stoph im Innern bewegte, ist nicht überliefert. Den Erfurter Hof gibt es nicht mehr, aber das an dieser Stelle errichtete Verwaltungsgebäude trägt auf dem Dach die meterhohe Leuchtschrift »Willy Brandt ans Fenster!«.

Ab Dezember 1969 intensivierte Egon Bahr (»Wandel durch Annäherung«), Staatssekretär des Bundeskanzleramts, die Gespräche in Moskau über einen Gewaltverzichtsvertrag mit der Sowjetunion. Schon im Sommer lag der Entwurf eines deutsch-sowjetischen Vertrags auf dem Tisch. Darin ist die Unveränderlichkeit der Grenzen in Europa festgeschrieben. Er wurde am 12. August 1970 im Kreml unterzeichnet und befeuerte den schwelenden öffentlichen wie parlamentarischen Streit. – Die am 7. Dezember 1970 folgende Unterzeichnung des Warschauer Vertrags definierte die Oder-Neiße-Linie als »westliche Staatsgrenze der Volksrepublik Polen« und erklärte den gegenseitigen Verzicht auf territoriale Ansprüche und Gewaltanwendung. Das trieb die ewigen Revanchisten, die den Polen unsere an ihnen begangenen Verbrechen nie verzeihen werden, natürlich auf die Barrikaden – wo Frau Erika Steinbach heute noch sitzt.

Am Vorabend der Unterzeichnung des Warschauer Vertrags besuchte Willy Brandt die Gedenkstätte für die im Warschauer-Ghetto-Aufstand (1943) ermordeten Juden. Er legte einen Kranz nieder, sank auf die Knie und verharrte einen Augenblick in stillem Gedenken an die deutsche Schuld. Eine Geste, die sofort wüste Kritik der Unverbesserlichen auslöste: Anbiederung, Übertreibung, Selbsterniedrigung und schlimmeres. Ich werde das Bild dieser spontanen Geste jedoch nie vergessen. Ich bin ihm dankbar dafür; er hat auch in meinem Namen gekniet.

Und dann das noch: Am 20. Oktober 1971 erhielt Willy Brandt den Friedensnobelpreis, weil er »seine Hand zur Versöhnung zwischen Völkern, die lange Zeit Feinde waren« ausgestreckt habe. Er war der vierte deutsche Preisträger. Brandts direkter Vorgänger war Carl von Ossietzky, der den Preis aber nicht entgegennehmen konnte, weil er von den Nazis im Konzentrationslager Papenburg-Esterwegen gequält wurde. Ossietzky wurde im Sommer 1936 schwerkrank aus dem KZ entlassen und lag dann in Berliner Krankenhäusern unter Gestapo-Bewachung. Am 7. November wurde er offiziell aus der Haft entlassen, am 23. November erhielt er den Preis, worauf die Gestapo ein Ausreiseverbot verfügte.

Unbeirrt von Anwürfen ihrer Gegner wurde die »Neue Ostpolitik« konsequent fortgesetzt. Aber wie stand es mit den großen Versprechen, ein »Volk der guten Nachbarn im Innern« zu werden und »mehr Demokratie« zu wagen? Was ist aus dem Vorsatz des Bundeskanzlers geworden: »Das Selbstverständnis dieser Regierung wird sich als Toleranz zu erkennen geben«? Der Kalte Krieg und die Geschäftsgrundlage aller vorhergehenden Regierungen, der Antikommunismus, sind stärker gewesen.

Es begann am 14. November 1970 mit einem »Abgrenzungsbeschluß« der SPD, der jeder Art von Kontakten mit Kommunisten oder deren Sympathisanten eine Absage erteilte. Das war gleichzeitig eine Warnung an die Jusos, die mehr und mehr dem Marxismus zuneigten. Die Parteioberen wollten keinen Linksruck im Land. Am 28. Januar 1972 unterzeichneten Bundeskanzler Brandt und die Regierungschefs der Länder »Grundsätze für die Mitgliedschaft von Beamten in extremen Organisationen«. Eigentlich war das nur eine Mahnung, schon lange bestehende Voraussetzungen für Einstellungen in den öffentlichen Dienst strenger zu beachten. Danach muß jeder Bewerber die Gewähr dafür bieten, »jederzeit für die freiheitlich-demokratische Grundordnung im Sinne des Grundgesetzes« einzutreten; wenn daran Zweifel bestehen, berechtigen diese »in der Regel zur Ablehnung«.

Die Folgen waren katastrophal. Jede »Regelanfrage« vor Einstellung in den öffentlichen Dienst steigerte die Suche nach dem Staatsfeind im Kommunisten wie Sympathisanten zur Fortsetzung der Kommunistenverfolgung unter Anwendung neuer Mittel. Nämlich der extremistischen Rechtsauslegung und einer exzessiven Praxis der Überprüfungen von Bewerberinnen und Bewerbern für den Staatsdienst. Ihre Gegner sprachen von »Berufsverbot« und »Radikalenerlaß«. Zu Recht. Denn diese Gesinnungsschnüffeleien haben einer Menge Menschen – Postboten, Lokomotivführern, Juristen und Lehrern – ihre Lebenspläne »regelrecht« zerschlagen. Entsprechend massiv war der Widerstand nicht nur der Linken, sondern auch von viel unverdächtigem Volk: Demonstrationen, Diskussionen, Sit-Ins, Resolutionen. Ich war selbstverständlich dabei, mit Reden, Artikeln und Aktionen. Nicht nur in Nordrhein-Westfalen, sondern auch in Holland und Belgien. Denn im westlichen Ausland, wo Kommunisten und ihre Parteien selbstverständlich zum demokratischen Spektrum gehören, erregte dieser deutsche Sonderweg heftigen Widerspruch. Ein Interview im Brüsseler Rundfunk und eine Einladung der niederländischen Partij van de Arbeit gaben mir Gelegenheit, im befreundeten Ausland Deftiges zu verbreiten über »le Berufsverbot« – das im Französischen inzwischen geläufige Lehnwort.

Und diesmal sogar im Namen Herbert Wehners. Der hatte am 31. Januar 1972, also nur drei Tage nach dem Radikalenerlaß, seine Befürchtungen in der »Augsburger Allgemeinen« zu Protokoll gegeben:

*Wenn man hier einmal anfängt, wo wird man enden? Wann wird die nächste Gruppe fällig sein und die übernächste? Was geschieht, wenn Angehörige des öffentlichen Dienstes, die bisher der DKP angehörten, formal austreten, ohne ihre Gesinnung zu ändern? Wird dann eine Gesinnungsschnüffelei einsetzen? Ich sehe keinen Sinn darin, die freiheitliche Grundordnung durch den ersten Schritt zu ihrer Beseitigung schützen zu wollen. Die Sicherung der freiheitlich demokratischen Grundordnung unseres Staates bedarf der festen Grundlage der Grundrechte aller Bürger vor dem Recht. Das gehört zum positiven Verfassungsschutz. »Kampf gegen den Kommunismus« darf nicht als Schablone für die Schmähung oder Verdächtigung von allem, was nicht konservativ ist, gebraucht werden.*

Erst zwei Jahre nach dem Ende seiner Kanzlerschaft, im Juni 1976, hat Willy Brandt sich für seinen »Irrtum« beinahe entschuldigt: »Ich habe mich damals geirrt. Die Länderinnenminister meinten seinerzeit, dieser Komplex müsse durch eine Verständigung über das administrative Verfahren geregelt werden. Und ihre Regierungschefs verständigten sich in der zweiten Verhandlungsrunde und kamen dann zu mir. Ich stand unter dem Eindruck, daß sich der Versuch gemeinsamer Verfahrensregelungen lohnen könnte und daß ich es im anderen Fall mit Parteiverboten zu tun bekommen hätte. Mein Motiv war nicht die Rücksichtnahme auf die Ostpolitik. Ich wollte eine neue Diskussion um ein DKP-Verbot vermeiden.« Die unselige Praxis war damit nicht beendet, das Unrecht nicht gesühnt. Noch am 28. Januar 2012, dem 40. Jahrestag des Beschlusses, gab es, mit großem Medienecho, zahlreiche Demonstrationen und Resolutionen, zum Beispiel der GEW, mit Forderungen, endlich die Betroffenen zu rehabilitieren – und nach Abschaffung des Verfassungsschutzes.

D er rechte Flügel in der FDP-Fraktion hatte schon früh begonnen, die Ostpolitik der sozial-liberalen Koalition konsequent zu hintertreiben. Die Abgeordneten Erich Mende, Heinz Starke und Siegfried Zoglmann waren bereits im Oktober 1970 in die CDU übergetreten. Im Januar 1972 folgte ihnen der SPD-Abgeordnete Herbert Hupka, stellvertretender Vorsitzender des Bundes der Vertriebenen. Als unzuverlässig galten außerdem zwei Abgeordnete der FDP und einer der SPD. Und im Februar erklärte auch der Abgeordnete Wilhelm Helms seinen Austritt aus der FDP. Die Mehrheit der SPD/FDP-Koalition schmolz dahin.

Der Fraktionschef der CDU/CSU, Rainer Barzel, witterte eine Chance, die Regierung zu Fall zu bringen. Trotz vieler Sympathiekundgebungen für Willy Brandt kam es zum ersten »konstruktiven Mißtrauensvotum« seit Bestehen der Republik. Am 27. April 1972, dem Tag der Abstimmung, kamen wir in gedrückter Stimmung ins Parlament; wir rechneten mit dem Ende der SPD-geführten Bundesregierung. Und dann: tosender Jubel – Brandt bleibt Kanzler. Rainer Barzel fehlten zwei Stimmen. Eine davon gehörte dem Abgeordneten Julius Steiner. Heute wissen wir, daß er mit Geld aus dem Ministerium für Staatssicherheit der DDR zur Stimmenthaltung »überredet« wurde. Der Tag endete mit vielen Umarmungen und einem großen Fackelzug zum Haus der Brandts.

Am 17. Mai 1972 wurden die Ostverträge mit 248 Stimmen von SPD und FDP im Parlament ratifiziert. Die 248 Abgeordneten der CDU/CSU enthielten sich bei dieser Abstimmung. Angesichts dieses Patts ging nichts mehr in Bonn. Am 20. September 1972 stellte der Bundeskanzler, das erste Mal in der Geschichte der Republik, die »Vertrauensfrage«. Eigentlich sollte der Artikel 68 der Verfassung es dem Kanzler ermöglichen, sich seiner parlamentarischen Mehrheit zu vergewissern. Aber Brandt wollte mit seinem Antrag den Weg für Neuwahlen freimachen. In seiner Rede vor dem Plenum fand er dafür klare Worte: »Die eigentliche Vertrauensfrage wird an den mündigen Souverän, also an die mündigen Wahlbürger zu richten sein.« Damit es klappte, enthielten sich die Kabinettsmitglieder ihrer Stimme.

Und schon waren wir mitten im Wahlkampf. Eigentlich hatte der in den zwei vergangenen, oft dramatischen Jahren nicht aufgehört. Jedenfalls habe ich ihn diesmal, frei von den bangen Erwartungen des ersten, wie ein Gewohnheitstäter mit Leichtigkeit und Lust hinter mich gebracht. Noch nie hatten sich so viele Bürger aller Schichten mit Buttons, Aufklebern, Leserbriefen und Anzeigentexten zur SPD bekannt wie am 19. November 1972. Die Wahlbeteiligung war ein neuer Rekord: 91,1 Prozent. Zum ersten Mal wurde die SPD stärkste Partei im Land und stärkste Fraktion im Deutschen Bundestag. Am 14. Dezember 1972 wurde Willy Brandt das zweite Mal zum Bundeskanzler gewählt, mit 269 gegen 223 Stimmen. Es war der größte Triumph seines Lebens. Danach verließ ihn das Glück. Er wurde an den Stimmbändern operiert, konnte und durfte lange nicht sprechen und mußte das Rauchen aufgeben. Und er litt jetzt häufiger an Depressionen. Zur Regierungsbildung konnte er vom Krankenbett aus nur wenig beitragen.

Stärkste Fraktion bedeutete für die SPD auch etwa 40 neue Mitglieder, die nicht obwohl, sondern weil sie links waren, ein Mandat ergattert hatten. Nachdem die mit der »Abgeordnetenkommune« verbundenen Erwartungen enttäuscht worden waren, galt es jetzt, die vermehrte Minderheit straffer zu organisieren, um uns politisch besser »einbringen« zu können, wie es so schön heißt. Also luden wir eine Woche nach der Wahl für den 25. und 26. November zu einem Treffen in das Hotel Holzen (Nomen ist nicht immer auch Omen) in Leverkusen ein. Es kamen 34. Auch der Juso-Vorsitzende Roth und der SPD-Landesvorsitzende von Schleswig-Holstein, Jochen Steffen, waren dabei. Das einstimmige Ergebnis langer Diskussionen kurz zusammengefaßt: um der Wirksamkeit willen stärkere Konzentration auf die Gesetzesarbeit, unter Berufung auf die im Keller der »Baracke« gehorteten Parteitagsbeschlüsse. Als es darum ging, uns einen technischen Hilfsapparat zuzulegen, war die Einstimmigkeit dahin. Nur wenige waren bereit, sich schriftlich zu verpflichten, einen fixen monatlichen Geldbetrag für ein ständiges Büro zu leisten. So weit wollte die Mehrheit der Minderheit die Abgrenzung vom Kanal denn doch nicht treiben. Man weiß ja nie, wohin sich die Dinge noch entwickeln. Immerhin wurde beschlossen, zur Steigerung unserer »Effizienz« jeweils für ein halbes Jahr vier Koordinatoren zu wählen.

Der »Leverkusener Kreis« stieß sofort auf ein erstaunliches Interesse der Medien, das noch lange anhielt. Die kritischen Kommentare über unsere Aktivitäten in und außerhalb des Parlaments reichten von skeptisch-wohlwollend bis hämisch-gehässig. In der Fraktion gab es sogar Erfolge. Die Mehrheit, also der Kanal, ließ es zu, daß einige Leverkusener in das Establishment aufstiegen (Taktik?). Der Düsseldorfer Helmut Lenders wurde sogar Parlamentarischer Geschäftsführer der Fraktion. Weitere drei wählte man zu Parlamentarischen Staatssekretären. Und, kaum zu glauben, einem gelang sogar der Sprung in den Fraktionsvorstand – wohl, weil der als sehr gemäßigt links galt.

Die Arbeit des Leverkusener Kreises folgte einem strengen Schema. Vor der Fraktionssitzung am Dienstag jeder Sitzungswoche wurde die Tagesordnung besprochen: Was rechtfertigt eine Wortmeldung, wo ist Widerspruch notwendig? Am Donnerstag einigte man sich über größere Projekte. Alle paar Wochen war Klausursitzung. Im Laufe der Jahre kam es bei den Leverkusenern immer öfter zum Dissens zwischen einem kleinen Trupp und dem Kollektiv, meistens über unterlassene Aktivitäten. Die Handvoll »Abweichler«, auch »Rigoristen« genannt, wurde eine Zeitlang gerade noch toleriert, bis sie als Störer der »praktischen Effizienz« der Feme anheimfielen.

D ie Teilnahme einer Delegation zu den »X. Weltfestspielen der Jugend und Studenten in der Hauptstadt der DDR« (28. Juli bis 5. August 1973) löste allerdings nicht das kleinste Geplänkel aus. Also reisten die linken Mitglieder des Bundestags, Erich Meinike, Harald Schäfer, Dieter Schinzel und Karl-Heinz Hansen, nach Ost-Berlin, um zu testen, was man bei »Jugend der Welt« für den Frieden ausrichten konnte. Unter den ungefähr 800 jugendlichen Gästen aus der Bundesrepublik waren nahezu alle politischen Schattierungen vertreten: von SDAJ bis MSB Spartakus, von Jusos über DGB-Jugend bis zu Jungdemokraten und wenigen Neugierigen aus der Jungen Union. Erich Honecker hatte ja auch sein Versagen als FDJ-Vorsitzender bei der Ausrichtung der ersten Jugendfestspiele in der Hauptstadt der DDR im August 1951 auszubügeln. Weil zum Beispiel die Speisung der 25.000 Teilnehmer nicht geklappt hatte, war ein großes Kontingent der Weltjugend nach Westen zu den Suppenküchen gepilgert, die Bürgermeister Ernst Reuter schadenfroh hatte aufstellen lassen. Jetzt, im August 1973, klappte alles wie am Schnürchen.

Mich haben die lebhaften Diskussionen unter der Weltuhr auf dem Alexanderplatz ziemlich beeindruckt. Bis in die Nacht stritten Jusos, Antifas und Kommunisten (West) mit FDJ-Mädchen und -Jungen der Kommunisten (Ost) über Deutschland und die Welt. Nicht alle sprachen eigenen Text, aber wenn sie es taten, wurde es sehr lebhaft und laut. Und nun ist eine Abschweifung fällig.

Neben mir tauchte ein 21jähriger Fernmeldehandwerker, Abendschüler, Jungchrist und Jungsozialist namens Bodo auf. Er war mit Betschwestern und -brüdern der Evangelischen Jugend aus Mülheim an der Ruhr eingereist. Auf stolzgeschwellter Brust trug er eine handtellergroße Plakette »Freiheit für Mandela«, und er staunte, was es außerhalb Mühlheims zu sehen und zu hören gab. Der DDR-Autor Ulrich Plenzdorf, dessen gesellschaftskritisches Stück *Die neuen Leiden des jungen W.* seit Monaten für öffentlichen Wirbel sorgte, zitierte gerade aus dem »Hessischen Landboten« des Altkommunisten Georg Büchner: »Das Leben der Vornehmen ist ein langer Sonntag, sie wohnen in schönen Häusern, sie tragen zierliche Kleider, sie haben feiste Gesichter und reden eine eigene Sprache; das Volk aber liegt vor ihnen wie Dünger auf dem Acker ...« Da muß den jungen Bodo wie ein Blitz die Erkenntnis getroffen haben: Jawohl, sich aus dem Elend zu erlösen, das konnte er nur selber tun! Und als der Hombach in ihm mit Macht zum Durchbruch drang, riß er die Mandela-Plakette vom Revers und beschloß, ein »vornehmer Reicher«[31] zu werden. Nicht Jesus, sondern die SPD sollte das Trampolin sein, ihn nach oben zu schleudern – gerade so wie die

---

31 Daß ein Oxymoron wie dieses nicht funktioniert, hat er bis heute nicht begriffen.

Grazien der Freien Deutschen Jugend im Walter-Ulbricht-Stadion. Und so geschah es. Bodo war bald Landesgeschäftsführer der SPD in Nordrhein-Westfalen. Mit dem Glück, verwandte Seelen zu treffen, war der Aufstieg zum Macher unaufhaltsam. Das Traumpaar Hombach/Rau siegte 1990, unter schärfster Vermeidung von Programm und Politik, mit 59 Prozent über die Wähler.

Hombach fand bald neue Freunde, die nur auf einen wie ihn gewartet hatten: im Marketing der Salzgitter Stahl AG, der Preussag Handel GmbH und der Preussag International GmbH. Endlich war er ein richtiger Manager, in einem »schönen Haus« und in »zierlichen Kleidern«, mit einem »feisten Gesicht« auf zwei Zentnern Körper, einem Landtagsmandat und einem Beraterjob für seine Partei. Nach einem Gastspiel als Wirtschaftsminister in NRW erreichte Hombachs nimmermüdes Streben in der Verbandelung mit dem gleichgesinnten Gerhard Schröder seinen Höhepunkt. Soviel Wahlverwandtschaft war nie. Sie trieben der Partei jegliches Programm aus, ersetzten den veralteten Lobbyismus durch die unmittelbare Vertretung der Interessen von Industrie und Banken und wurden folglich Bundeskanzler und Bundesminister. Hombach war nun ganz und gar für das gemeine Wohl zuständig, also dafür, Schaden von Industrie und Wirtschaft abzuwenden. Bei der Wahl zwischen eigennütziger Gemeinheit und gemeinem Eigennutz entschied er sich regelmäßig für beides, um – zum Beispiel – VW, Krupp und Konsorten vor Entschädigungsforderungen zählebiger NS-Zwangsarbeiter zu schützen.

Nach dem Krieg gegen Jugoslawien hat Bodo Hombach, als bestallter Einwinker deutscher Raumordnungskräfte in unsere neuen balkanesischen Kolonien, alles getan, damit etwas Ordentliches dabei herauskommt, weil es »zu Zeiten notwendig ist, Absatzgebiete in Schlachtfelder zu verwandeln, damit aus diesen wieder Absatzgebiete werden« (Karl Kraus). Bodo hat sich um die westliche Wertegemeinschaft verdient gemacht. Er ist ein Mann für alle Jahreszeiten im Land der unbegrenzten Zumutbarkeiten. Ende der Abschweifung.

Wie sehr die Kommunisten (Ost) darauf bedacht waren, dem Rest der Welt ein neues weltoffenes Bild der DDR zu bieten, enthüllte ein an sich nebensächlicher Vorgang. Ein Bundestagsmitglied der CDU und ein FDP-Abgeordneter der Bürgerschaft von Hamburg verließen unter Protest die erste Zusammenkunft mit der Volkskammer, weil einem DKP-Stadtverordneten zu Beginn – gewissermaßen als offiziellem Vertreter der Bundesdelegation – das Wort zur Begrüßungsrede erteilt wurde. Die erste direkte Begegnung zwischen Volkskammer und Bundestag war geplatzt. Aber Egon Krenz, der Vorsitzende der FDJ-Fraktion der Volkskammer, sorgte für zwei neue Treffen. Dort wurde dann in seltener Direktheit über alle beide Seiten interessierenden Themen gesprochen: Berufsverbote in Ost und West, Aufrüstung in beiden Staaten, die Vor- und Nachteile beider Schulsysteme, die Konfrontation der Blöcke und so weiter. Auch Erich Honecker wollte seine Gesprächsbereitschaft kundtun, möglichst medienwirksam. Er bat die vier SPD-Kollegen zum Abendmahl ins Schloß Niederschönhausen. Im Park kam es zu einem halbstündigen Plausch, der prompt die erwünschte öffentliche Aufmerksamkeit in Wort und Bild erzeugte.

Als Honecker das Gespräch eröffnete: »Genossen, so darf ich doch sagen ...«, fiel ich ihm ins Wort, schon um das hier nicht opportune Genossen-Du zu vermeiden: »Wie ich hörte, hatten Sie sich beim Treffen mit Herbert Wehner auf die Anrede Kollege geeinigt. So wollen wir es jetzt auch halten.« Nach einer kurzen Bemerkung zu seiner Rolle im Widerstand gegen den Faschismus kam Honecker auf die kontroversen Punkte der Gegenwart zu sprechen. Die Hauptaufgabe der Jugendfestspiele sah er im »freimütigen Austausch von Informationen und Meinungen junger Menschen, die in verschiedenen Welten in unterschiedlichen Gesellschaftsordnungen leben«. Er meinte, daß jeder Staat seinen eigenen Weg zum Sozialismus gehen müsse. »Da mischen wir uns nicht ein ... Wir haben unterschiedliche Auffassungen.« Mein Einwurf: »Und unser Weg ist der des Demokratischen Sozialismus.« Harald Schäfer gab zu, daß sich unter Honecker »viel zum Guten gewandelt« habe. Und er sagte im Namen unserer Delegation, er hoffe, daß es möglichst bald zu einem Gegenbesuch einer FDJ-Delegation einschließlich junger Volkskammer-Abgeordneter in der Bundesrepublik kommen werde. Unser Fazit: Auch wenn Reiseerleichterungen für DDR-Bürger und ungehinderter Zeitungsaustausch noch nicht in Sicht waren, zeigte die Politik der Entkrampfung erste Wirkungen. Die Volksrepublik war anscheinend dabei, sich durch Annäherung zu wandeln, an der Basis wie in der Spitze.

Das bewegendste Erlebnis während der sozialliberalen Koalition war zweifellos der Rücktritt von Bundeskanzler Brandt am 6. Mai 1974, vier Tage nach der Eröffnung Ständiger Vertretungen in der BRD und der DDR. Er war sehr folgenreich. Unter dem Einfluß seines Nachfolgers Helmut Schmidt verließ die Partei den Weg des Demokratischen Sozialismus zugunsten des Wettbewerbs um die politische »Mitte«. Auch der persönliche Unterschied in Charakter, Stil und Habitus zwischen Kanzler und Parteivorsitzendem blieb nicht ohne Einfluß auf das künftige Ziel und Handeln der SPD.

Wer welche aktive oder passive Rolle rund um den Anlaß für den Sturz Willy Brandts gespielt hat, möchte ich im einzelnen hier nicht erörtern. Zumal ich – wie alle anderen – über die »Fakten« nur von meinungsfreudigen Medien unterrichtet worden bin. Jedenfalls ist die Geschichte des DDR-Spions im Kanzleramt, Günter Guillaume, bis heute nicht vollständig erzählt worden. Die ganze Wahrheit wird wohl nie ans Licht kommen. Einige Protagonisten haben sie mit ins Grab genommen. Aber ich bin mir sicher, daß Herbert Wehner ein maßgeblicher Anteil am Sturz Brandts zukommt. Nicht nur wegen seiner Anmerkung, die er schon 1973, anläßlich eines Moskau-Besuchs, in boshafter Absicht gezielt in die Welt gesetzt hatte: »Der Herr badet gerne lau, so in einem Schaumbad.«

Wehner hat immer gewußt: Mehr Informationen sind ein Schatz an Möglichkeiten, Einfluß zu nehmen, und als Drohpotential in Reserve zu halten. Er hatte ein Netz von getreuen Agenten gesponnen, die allein ihm zuarbeiteten. Vom Aufpasser Karl Tromsdorf in der Baracke über Karl Wienandt als Ohr in der Fraktion bis zu Günther Nollau, dem Präsidenten des Verfassungsschutzes, der Zugriff hatte auf einen Berg von vielseitig verwendbaren Geheimnissen. Nie war Wehners Fünfte Kolonne für ihn so wertvoll wie in der »Affäre« Guillaume. Er hatte sich längst entschlossen, die Sozialdemokraten mit allen Mitteln solange wie möglich an der Regierung zu halten. Dafür fehlte es nach seinem Dafürhalten bei Willy Brandt an Entschlossenheit und Durchhaltevermögen. In dieser Hinsicht war Helmut Schmidt die bessere Wahl. Der hatte sich als intellektuelles Versatzstück der rechten Kanalarbeiterriege und als Verächter der grundsatztreuen Linken schon mehrfach bewährt. Schmidt genoß es, seine höchsteigene Arroganz jeden spüren zu lassen, der sich eines Widerwortes erdreistete, am liebsten vor viel Publikum. Manchmal genügte ihm auch das Kabinett. Etwa, wenn er hereinkam, vor den versammelten Ministern seine Tasche auf den Tisch klatschte und in die Runde rief: »Die neudeutschen Pazifisten sind infantil! Nächster Punkt der Tagesordnung!« Schmidt wie Wehner sollten mir später noch einige eindrucksvolle Begegnungen bescheren.

H ier beginnt die Geschichte meines jahrelangen Widerstands gegen »das größte technologische Projekt seit Christi Geburt« (Helmut Schmidt), das Mehrzweck-Kampfflugzeug MRCA (Multi-Role-Combat-Aircraft). Allerdings steckte ich da in einer Zwickmühle im Verhältnis zur Bundeswehr im allgemeinen und der Luftwaffe im besonderen. Denn geht das, gleichzeitig scharfer Kritiker und freudiger Nutznießer zu sein? Und wenn ja, wie glaubwürdig ist die Rechtfertigung dafür?

Die Erweckung alter Sehnsüchte war Zufall. Ein Fahrer der Fahrbereitschaft des Bundestags holte mich vom Bonner Bahnhof ab und erzählte begeistert von seinem Hobby, dem Segelfliegen. Es wurden Erinnerungen wach. Ich fragte nach. Wo, wann, mit wem? Beim Aussteigen lud mich der Fahrer zu einem Besuch seines Segelflugvereins ein, der sich auf dem Landeplatz Bonn-Hangelar eingerichtet hatte. Schon am nächsten Sonntag saß und lag ich stundenlang neben dem Rollfeld im Gras und träumte mich mit den hochgeschleppten Segelfliegern in den blauen Himmel über dem Siebengebirge. Wie damals der Sextaner am Rande des Detmolder Flugplatzes. Noch am gleichen Abend wurde ich Mitglied des Vereins, erneuerte einige Wochenenden danach meine Segelflugscheine aus Jugendzeiten und erwarb Ende 1974 die Private Piloten Lizenz (PPL) für Motorflugzeuge.

Ich war von Anfang an gegen einen bundesdeutschen »Wehrbeitrag« in der europäischen Verteidigungsgemeinschaft, gegen die vorgeschlagene atomare Aufrüstung (wie Helmut Schmidt[32] und die SPD insgesamt), gegen die Fortsetzung von Nazi-Traditionen mit ehemaligen NS-Offizieren und gegen die verherrlichende Benennung von Kasernen nach militärischen Verbrechern, gegen das ganz und gar überflüssige Wiederaufleben der Marine à la Tirpitz als Geschenk an unsere »Blauen Jungs«, gegen die Wiederauferstehung einer deutschen Rüstungsindustrie, die bis heute der Republik den zweifelhaften Ruhm sichert, drittstärkster Waffenexporteur der Welt zu sein. Und ich bin und bleibe dagegen, daß deutsche Waffenfabrikanten dem Staat für überteuerte, unsinnige Waffensysteme viele Milliarden abpressen, die dann für zivile Notwendigkeiten wie Bildung, Klimaschutz, Verkehr, Soziales usw. fehlen. Vor allem bin und bleibe ich bedingungslos dagegen, daß die Bundesrepublik noch einmal einen Krieg, wie gegen Serbien, vom Zaun bricht – und ihn dann mit dem Hinweis auf »Auschwitz« rechtfertigt, was Joschka Fischer zu seiner Schande nicht lassen konnte.

Als Mitglied des Verteidigungsausschusses hatte ich den Verteidigungsminister Helmut Schmidt gebeten, mich als einfachen Rekruten eine Zeitlang die Luftwaffe der Bundeswehr von innen und unten erforschen zu lassen, um unser Kontrollobjekt besser kennenzulernen und somit wirksamer kontrollieren zu können. Er hatte das mit seinem rüden Charme sofort abgelehnt, als Idee eines lächerlichen, ahnungslosen Naivlings. Und diesmal hatte er Recht. Denn diese Undercover-Rolle hätte natürlich nicht mal eine Stunde lang funktioniert. Wenn ich schon die Innereien der Bundeswehr am Beispiel Luftwaffe kennenlernen wollte, so ging das nur über die Einberufung als Offizier. Also wurde ich Hauptmann der Reserve und ließ mich im August 1973 als Flugschüler zur 3. Ausbildungsstaffel in Fürstenfeldbruck einberufen.

---

32 Helmut Schmidt am 22.3.1958: »Eine jede Rüstung, die einer Staatsführung die militärtechnischen Möglichkeiten einer Aggression gibt, enthält eine Gefahr, eine Bedrohung ... Das gilt nicht nur für die Wasserstoffbomben der Großmächte, das gilt auch für die Matadoren-Raketen der Bundesrepublik.«

Jetzt war ich also Kontrolleur und Nutznießer in Personalunion. War das zu verantworten? Ja. Weil meine Wehrübungen mir weder materielle noch ideelle Vorteile einbrachten, meine Unbestechlichkeit also nicht tangiert war. Die Bilanz ergab eher einen nicht unbedeutenden kollateralen Nutzen: genaueren Einblick in das Traditionsverständnis der Wehrpflichtigen und Längerdienenden, vertieft durch einen Lehrgang an der Schule für Innere Führung der Bundeswehr; Erwerb von Kenntnissen über den Gang der Werte bei Anschaffungen von militärischem Gerät, besonders des fliegerischen; Beziehungen zu militärischen Sympathisanten aller Dienstränge, die nützliche Details liefern und mit professioneller Kritik bei konkreten Vorhaben aushelfen konnten.[33]

Zurück zum MRCA, wegen seiner angeblichen multiplen Fähigkeiten auch »eierlegende Wollmilchsau« genannt, später allgemein als »Tornado« bekannt. Nach der kostspieligen Anschaffung des störanfälligen Schützenpanzers HS 30 für die neue Bundeswehrmacht durch den zweiten deutschen Verteidigungsminister Franz-Josef Strauß war die Ausrüstung der Luftwaffe mit dem Starfighter F104 der US-Firma Lockheed eine Dauerkatastrophe. Schlußbilanz: 262 Abstürze und 116 Tote.[34] Der Verdacht, daß Bestechung im Spiel war, ist geblieben, aber nicht bewiesen. 1968 begann man über den Ersatz des unbrauchbaren Starfighters durch ein neues, modernes Kampfflugzeug nachzudenken. Daraus wurde das Nato-Gesamtunternehmen NAMMA (Nato MRCA Development and Production Management Agency). Beteiligt waren die Länder Großbritannien, Deutschland und Italien, die auch die Herstellung der einzelnen Komponenten des Fluggeräts unter sich aufteilten sowie dessen Vielzweckeigenschaften definierten.

Am 4. August 1974 hob ein Prototyp für 30 Minuten vom Boden des Flughafens Manching ab. Und am 9. Oktober 1974 mußte der Bundestag für die Anschaffung des Tornados stimmen. Ich sage der Bundestag »mußte« zustimmen, weil jedes Waffenprojekt, das die Definitionsphase übersteht, angeschafft ist. Die parlamentarischen Zustimmungen zu den weiteren Etappen bis zur Auslieferung sind nur noch eine Farce, sind das Produkt eines Erpresser-Zuhälter-Kartells von Beschaffern und Herstellern, eben des Militärisch-Industriellen Komplexes (MIK), der zwangsläufig den Produzenten zur Profitmaximierung dient. Und noch vor Beginn der Produktion ist das aktuelle Projekt stets veraltet, beginnt die Planung für den Ersatz des Ersatzes. Die Firma Messerschmitt-Bölkow-Blohm setzte beim Verteidigungsministerium durch, daß die Pläne zum Bau eines Kampfflugzeugs der neunziger Jahre, des »Eurofighters«, vorangetrieben wurden.

Kompetente Fachleute wußten schon sehr früh, daß das komplizierte Ensemble von übertriebenen Forderungen an die Vielzweckfähigkeiten des Tornado nicht funktionieren konnte. Am Ende wurde nur ein dürftiger Teil der Erwartungen an

---

33 Einige davon bildeten später den soldatischen Teil der Friedensbewegung: das »Darmstädter Signal«.
34 Der Verteidigungsminister Kai-Uwe von Hassel 1966 im Deutschen Bundestag: »Jede Luftwaffe der Welt muß bereits im Frieden mit einer gewissen Verlustrate rechnen.«

den Supervogel erfüllt. Bereits im November 1974 habe ich prognostiziert: Bei einer angenommenen Preissteigerung von jährlich acht Prozent und ohne die nicht vorhersehbaren Kosten für die notwendige Infrastruktur zu kalkulieren, werde das letzte ausgelieferte Flugzeug ungefähr 110 Millionen Mark kosten. Die Steuerzahler hätten dann 322 nur bedingt taugliche Superjets schließlich rund 30 Milliarden Mark gekostet.

Der im Februar 1981 eingesetzte Untersuchungsausschuß des Bundestags zur Aufklärung der Ungereimtheiten in der Beschaffungsgeschichte des Tornado-Projekts hat meine Vorhersage ziemlich genau bestätigt. Der Rest der 400 Seiten Abschlußbericht liest sich allerdings »eher wie ein Lehrstück über Möglichkeiten zur Verdunkelung der Wahrheit« (»Zeit«, November 1982). Selbst den mit ihren Arbeitgebern paktierenden Betriebsräten der »wehrtechnischen Unternehmen« dämmerte allmählich, daß projektgebundene Arbeitsplätze nicht unbedingt sicher sind. Arbeitsplätze in der Rüstungsindustrie sind nicht nur unsicher, sie sind strukturpolitisch schädlich und volkwirtschaftlich ineffizient. Bei Annahme, daß die Schaffung eines neuen Arbeitsplatzes damals 100.000 Mark kostete, hätte man statt der Tornado-Produktion rund 30.000 zukunftssichere zivile Arbeitsplätze zur Herstellung nützlicher Erzeugnisse einrichten können.

1974 war ich Optimist und glaubte noch, Vernunft könne dem kapitalistischen Irrationalismus beikommen. Ich hatte noch nicht begriffen, daß Rüstungsprojekte wie Geheimdienste gleichermaßen unkontrollierbar sind und regelmäßig das Parlament zum Notariat der Exekutive degradieren. Ich suchte weiter nach Wegen, den Tornado auszubremsen oder zumindest positiv zu verändern. Zunächst nahm ich Kontakt auf mit den Gegnern des Projekts im britischen Parlament, die zumeist der »Tribune Group« angehörten, einer 1966 gegründeten lockeren Vereinigung von etwa 80 linken Labour-Abgeordneten. Ihr Sprecher hieß Frank Allaun, mit dem ich zwei Jahre lang regelmäßig Informationen über Aktionen gegen die Tornado-Produktion und für die generelle Senkung von Rüstungsausgaben in London und Bonn austauschte. Mitte des Jahres wurde ich von Frank in das House of Parliament eingeladen, um der Tribune-Gruppe die Ziele des Leverkusener Kreises zu erläutern und unsere künftigen gemeinsamen Widerstandsprogramme zu koordinieren.

Am 29. August 1974, zwei Monate vor dem parlamentarischen Anschaffungsbeschluß, besuchten mein Fraktionskollege Georg Schlaga, auch ein scharfer MRCA-Gegner im Verteidigungsausschuß, und ich die deutschen Betreiber des Projekts, die Messerschmitt-Bölkow-Blohm GmbH in Manching, südlich von Ingolstadt. Wir wollten den Chefs der Firma möglichst viele Einzeldaten entlocken. Wir merkten dann schnell, daß die Herren uns mit längst als falsch erkannten Zahlen über die Kosten und den aktuellen Stand der Entwicklung abspeisen wollten, was dazu führte, daß die beiden Seiten sich gegenseitig der Uneinsichtigkeit bezichtigten. Als wir den Firmen-Mercedes zur Rückfahrt nach München bestiegen, wunderten wir uns: Am Lenkrad saß eine lächelnde weibliche Schönheit. An der Stadtgrenze angekommen, wechselte die Dame das Thema unseres bis dahin freundlichen Gesprächs: Sie hätte eine nette

Freundin. Ob wir nicht am Abend etwas gemeinsam unternehmen wollten, vielleicht in einer Bar oder so? Wir stiegen aus und fuhren mit dem Taxi in unser Hotel.

Am nächsten Tag waren wir ins DGB-Haus in München zu einem Podiumsgespräch über das MRCA-Programm eingeladen. Wir begründeten und verteidigten ausführlich unsere Einwände dagegen. Am 10. September schrieb uns Herr Bölkow:

*Heute morgen habe ich Mitteilungen von zwei MBB-Mitarbeitern gelesen – einer ist Mitglied der SPD und einer Mitglied der Jungen Union –, die als politisch interessierte Mitbürger an einer Podiumsdiskussion am 30.8.1974 im DGB-Haus München teilgenommen haben. Zum Inhalt dieser Mitteilungen gestatte ich mir die folgenden Bemerkungen: Wir hatten am Tage vorher Ihren Besuch in Manching. Sie wurden unter anderem von den Herren Pantel und Langfelder ausführlich über die Probleme der MRCA-Kosten orientiert. Es ist mir unverständlich, wie Sie unter Berufung auf eigene Recherchen zu Beträgen kommen, die erheblich über den von uns dargelegten Werten liegen ... Lassen Sie mich betonen, daß mir dieser Fall persönlich derart ernst ist, daß ich mich trotz der Wahlen hier in Bayern nach Rücksprache mit Parteifreunden von Ihnen nicht scheue, notfalls die Bereinigung dieser Angelegenheit öffentlich auszutragen. Mit freundlichen Grüßen. Ludwig Bölkow, Geschäftsführer der Messerschmitt-Bölkow-Blohm GmbH.*

Trotz massiver Versuchung, auch dazu kein Kommentar.

Die SPD-Fraktion votierte am 9. Oktober für die Fortführung des Projekts. Gegen 36 (linke) Nein-Stimmen und vier Enthaltungen. Wir Kritiker agitierten weiter gegen das militärisch unsinnige, technologisch mangelhafte und kostensprengende Projekt. In Versammlungen aller Art und in den Medien (z.B. »Spiegel«, »Zeit«, »Konkret«, »Das Parlament«, Regionalzeitungen und Rundfunk) mit Aufsätzen, Interviews und Kommentaren. Bis zum vorhersehbaren Ende. Im Februar 1977 frohlockte die Postille der Rüstungslobby namens »Wehrkunde« über Veränderungen im Verteidigungsausschuß: »Die linken Stänkerer wie Karl-Heinz Hansen und Georg Schlaga stehen nicht mehr auf der Liste der ordentlichen Mitglieder. Der Ausschuß sieht nach einer Desinfektion mit Sagrotan aus.«

**M**eine Verweildauer im Parlament (von 1969 bis 1983) deckte sich fast genau mit Anfang und Ende der sozialliberalen Koalition, der Amtszeit von Herbert Wehner als Fraktionsvorsitzender sowie den Kanzlerschaften von Willy Brandt und Helmut Schmidt, markiert durch den Wechsel nach dem ersten Drittel. Ein Übergang mit Folgen: einerseits Schmidts Versuch außenpolitischer Kontinuität[35] – bis zur Erfindung der »Raketenlücke« (West); andererseits innenpolitische Kontroversen neuen Stils. Der Macher Schmidt hatte sich bereits mit seinem zum Sprichwort beförderten Satz zu erkennen gegeben, wer Visionen habe, möge doch bitte einen Arzt aufsuchen. Sein Amt bedeutete ihm *Potestas*, also Macht, und nicht *Auctoritas*, also

---

35 Wenige Tage nach seiner Wahl zum Kanzler, auf dem Bonner Presseball. Ich bin im Gespräch mit einem Botschaftsrat der Sowjetunion. Schmidt eilt auf ihn zu: »Mit Ihren SED-Genossen geht nichts mehr, nach der Sauerei Guillaume. Mit Ihnen natürlich wie immer!« Und weg ist er.

Achtung und Ansehen, die man sich täglich neu verdienen muß. Was richtig, was falsch war, bestimmte er frei Schnauze. Der »systemübergreifende Oberleutnant« (Helmut Ridder) hatte kein Verständnis für das dialektische Verhältnis von Theorie und Praxis. Selbstverständnisdiskussionen waren Ablenkung vom Eigentlichen. Verantwortlich für alles Elend dieser Welt waren die Achtundsechziger. Aber just in den Jahren seiner Kanzlerschaft bemühten sich die Genossinnen und Genossen mit geradezu rührendem Eifer, das Godesberger Programm in ein neues Langzeitprogramm umzuwandeln, dessen Grundsätze Strategie und Taktik künftigen politischen Handelns bestimmen sollten. Es hatte bereits 1973 einen Namen: »Ökonomisch-politischer Orientierungsrahmen 1985« (OR 85).

Die Linke sah im Streit über den Stellenwert von Investitionslenkungen in der Wirtschaftspolitik eine Gelegenheit, ihre Vorstellung von einer antikapitalistischen Strukturreform unterzubringen. Die Parteirechten riefen zur bundesweiten Gegenattacke auf, Egon Frankes Truppe vorneweg. Verabschiedet wurde auf dem Mannheimer Parteitag (11. bis 15.11.1975) nach tagelangem erbitterten Streit, was vom vorgelegten Antrag übrigblieb: ein fauler Kompromiß. Aber der Sekretär der »Kommission Orientierungsrahmen 1985« war mit dem Ergebnis nicht unzufrieden: »Zu meiner Freude gelang es schließlich, im Text des Programms ganz vernünftige wirtschafts- und finanzpolitische Leitideen unterzubringen.« Sein Name: Thilo Sarrazin. Vielleicht einer der Gründe, daß Helmut Schmidt dessen Rausschmiß verhinderte, als dieser Herr ein wertfreier Rassist geworden war. Heute liegt der Parteitagsbeschluß in irgendeinem Keller der SPD – neben vielen anderen Beschlüssen, nach denen kein Mensch mehr fragt.

Auch die Parteigenossinnen und -genossen in Düsseldorf haben jahrelang über den »Orientierungsrahmen 1985« diskutiert und gestritten, in den Ortsvereinen, in Arbeitskreisen und auf Parteitagungen. Unsere eher linksgerichteten Anträge zur Investitionslenkung und Subventionskontrolle haben die Endfassung des neuen Langzeitprogramms merklich mitgeprägt. Vergebene Liebesmüh. Da waren Selbstverständnis und Sinngebung meines Auftrags als Volksvertreter schon zu einem vorläufigen Ergebnis gekommen. Mein Grundverständnis von Politik im Deutschland des zweiten Versuchs mit einer demokratischen Republik beruht auf den enttäuschenden Erfahrungen der ersten Jahre: keine Stunde Null, üble Kontinuitäten von Personen und Mentalitäten des Nazismus, kaum Suche nach den Tätern und keine Bestrafung der Mörder und Kriegsverbrecher, sehr späte und dürftige Entschädigung der Opfer. Trotz des großen Angebots und Auftrags unserer Verfassung, eine freiheitliche, gerechte, demokratische und vor allem soziale Grundordnung zu schaffen. Hier gibt es nicht nur unabgegoltene Ansprüche, sondern auch bewußtes Versagen, wie bei den »Notstands«- und »Antiterror«-Gesetzen.

Ich stimme ganz und gar mit Gustav Heinemann überein, der »25 Jahre Grundgesetz« (am 24. Mai 1974) kritisch würdigte:

*Diese Ordnung ist kein Heilsplan, sondern wie alles irdische Tun nur unvollkommenes Menschenwerk. Ihre Würdigung kann auch nicht verschweigen, daß außerdem zwischen Verfassungsaussage und Verfassungswirklichkeit ein Graben klafft. Es gehört zum Wesen freiheitlich-demokratischer Ordnung, daß sie von keinem Zustand behauptet, er stimme mit dem Ideal überein, daß sie vielmehr die jeweiligen Verhältnisse für ständig verbesserungsbedürftig und eben auch verbesserungsfähig hält und uns damit die nie zu Ende kommende Aufgabe stellt, die Wirklichkeit in beharrlicher Annäherung auf das Leitbild der Verfassung hin fortzuentwickeln. Es wäre das Ende aller Politik, wenn Bestehendes nur noch verwaltet, aber nicht mehr verbessert würde. Die Einheit von Demokratie, Rechtsstaat und Sozialstaat bedarf ständiger Bemühung.*

Rückblickend muß ich feststellen, daß es uns Linken nicht gelungen ist, dem Kapitalismus Grenzen zu setzen. Nicht einmal zur Wiedereinführung der Vermögenssteuer hat es gereicht. Wir haben den gestaltungsfähigen Kern der Grundrechte – Transparenz, Mitbestimmung, Chancengleichheit – nicht genutzt und mutwilligen Einschnitten in ihren Wesensgehalt hilflos zugesehen. So konnte die Restauration ungehemmt weitermarschieren – zurück. Die Bundesrepublik ist nach wie vor eine Klassengesellschaft, ohne das Bewußtsein, eine solche zu sein.

Ich hatte den Vertrauensvorschuß meiner Parteifreunde offenbar nicht enttäuscht und viele, zunächst abwartende Gesinnungsgenossen hinzugewonnen, die alten zu festen Anhängern und Mitstreitern gemacht. Sie waren überzeugt, daß ich der Richtige sei, unsere gemeinsame Sache in Bewegung zu halten: Keine Demokratie ohne Sozialismus, kein Sozialismus ohne Demokratie. Unser Auftrag: das Grundgesetz durch antikapitalistische Strukturreformen zu bereichern und zu erfüllen und überall zu jeder Zeit dafür zu ackern. Es gab jedoch eine starke Minderheit, die ich weder überreden noch überzeugen konnte. An erster Stelle waren das die Betriebsräte der Rüstungsfirma Rheinmetall, weil ich mich weigerte, für sie zum Lobbyisten zu mutieren. Auch der Betriebsratsvorsitzende von Mannesmann war mir nicht wohlgesonnen, weil er die Aussicht, Personaldirektor zu werden, nicht durch linke Kontakte gefährden wollte.

In meinem Düsseldorfer Wahlkreis verteilten sich die Mitglieder der SPD auf 13 Ortsvereine. Sie konnten erwarten, daß ihr Volksvertreter für jeden jederzeit da war. Nicht nur auf den regelmäßigen Versammlungen ihres Ortsvereins, sondern auch persönlich und telefonisch. Zusammen mit Helmut Lenders, dem SPD-Unterbezirksvorsitzenden von Düsseldorf, dessen Stellvertreter ich war, hatte ich mich, neben den häufigen Vorstandssitzungen und vielen anderen Verpflichtungen, auch um kommunalpolitische Probleme der Stadt zu kümmern. Dann waren da noch die Parteitage: des Unterbezirks Düsseldorf, des Bezirks Niederrhein, im Land Nordrhein-Westfalen und auf Bundesebene. Ich redigierte Parteianträge, schrieb Artikel und Kommentare für Zeitungen, Zeitschriften, vor allem in »Konkret«. Und in den Parlamentsferien war »Zurückgestelltes« zu erledigen. Eine Menge nicht selbstentfremdeter Arbeit. Aber kaum Freizeit als Zeit in Freiheit.

E ine Aufgabe, die mich über zehn Jahre beschäftigte, hatte mit einem merkenswerten Stück der Geschichte der Republik zu tun. Seit Kriegsende hatten die amerikanischen Besatzer erfolgreich Jagd auf alle Dokumente des »Dritten Reiches« gemacht. Die gesammelte tonnenschwere Masse von NS-Akten wurde schließlich in einem mehrgeschossigen ehemaligen Bunker gelagert, dem Berlin Document Center (BDC) in Berlin-Zehlendorf, Käfersteig 1. Mit Stacheldrahtzäunen und bewaffneten Wächtern glich die Anlage eher einem Hochsicherheitstrakt als einem Archivgebäude für 140 Millionen Blatt Papier.[36] Das BDC war als »Mission of the United States of America« dem Department of State in Washington direkt unterstellt. Nach Ansicht der verschiedenen Bundesregierungen sollte das auch so bleiben, wenn möglich für immer. Dieser Meinung war ich jedoch ganz und gar nicht. Gleich in meinem ersten Parlamentsjahr kontaktierte ich einen Congressman in Washington, der mir bestätigte, daß die US-Regierung spätestens seit 1967 die brisanten Dokumente der Bundesregierung zur Übernahme anbot. Bei einem Besuch am Tatort in Berlin führte der zum Direktor aufgestiegene Vietnam-Veteran Daniel Simon mir seine Asservate im Keller vor. Zum Zeichen, daß er selbst je nach Opportunität entscheiden konnte, wem hier Auskünfte erteilt wurden, zog er eine Akte aus dem Regal und ließ mich darin blättern. Es war die Akte »Leni Riefenstahl«. Nach Lektüre einer schwülstigen Huldigung an ihren Führer gab ich das Faszikel zurück. Wichtiger war mir Simons freimütige Aussage, die Bundesregierung und die US-Regierung seien sich einig, die »Privatsphäre« der zu »wertvollen Nazis« beförderten US-Neubürger (wie zum Beispiel Wernher von Braun) zu schützen.

Ich wollte es genauer wissen und begann die Bundesregierung mit Fragen zu löchern, das erste Mal in der Fragestunde des Bundestags am 9. Oktober 1970. Wann denn damit zu rechnen sei, daß das Document Center in die Zuständigkeit des Innenministeriums überführt werde. Aus der Antwort des Bundesaußenministers Scheel:

*1967 und 1968 fanden Besprechungen zwischen dem Auswärtigen Amt, dem Bundesministerium des Innern und der amerikanischen Botschaft über einen amerikanischen Vorschlag statt, das Document Center in deutsche Verwaltung zu übergeben. Die Besprechungen haben zu keinem Ergebnis geführt, weil die beiden Regierungen sich über die Bedingungen der Übergabe nicht einigen konnten. Die amerikanische Regierung besitzt als Besatzungsmacht in Berlin die Kontrolle über das Document Center. Sobald es zu einer Einigung kommt, wird die Bundesregierung die Archivbände übernehmen.*

Meine nächste Frage (am 6. November 1970) lautete: »Wann gedenkt die Bundesregierung erneut und mit Nachdruck über die Rückgabe des Document Center mit der Regierung der USA zu verhandeln?« Die Antwort des Parlamentarischen Staatssekretärs Moersch: »Ihre Frage, Herr Kollege Hansen, ist fast identisch mit der ... in der Fragestunde vom 9. Oktober 1970 gestellten Frage. Ich kann nur auf das verweisen, was Ihnen der Herr Bundesaußenminister damals geantwortet hat ...«

Und in diesem Tenor ging es weiter. Moersch am 15. Oktober 1971: »Die Bundesregierung steht wegen der endgültigen Verfügung über das Document Center mit der amerikanischen Botschaft in Fühlung.« Oder Staatsminister Wischnewski am

---

36 Darunter: die fast vollständige Mitgliederkartei der NSDAP, Personalakten der SA, der Waffen-SS und der Reichsfrauenschaft; 50.000 Akten des Volksgerichtshofs, 72.000 der Reichsärztekammer, 490.000 des NS-Lehrerbundes, 90.000 des Obersten Parteigerichts, 185.000 der Reichskulturkammer, 238.000 über das Rasse- und Siedlungshauptamt der SS sowie Akten der Gestapo.

11. März 1976: »Die in den vergangenen Jahren zwischen dem Auswärtigen Amt und dem Bundesministerium des Innern einerseits und der amerikanischen Botschaft andererseits geführten Gespräche über die Frage der Übernahme des Document Center in Berlin in die Verwaltung der Bundesrepublik Deutschland haben noch zu keinem Ergebnis geführt. Die Ihnen bereits 1974 mitgeteilten Gründe dafür bestehen weiter.« Und auf meine Zusatzfrage, ob die »Bemühungen« nicht seit über einem Jahr »völlig eingeschlafen« seien: »Es wird von Zeit zu Zeit darüber geredet, und die Bemühungen der Bundesregierung in dieser Frage werden fortgesetzt.«

Auszug aus dem stenographischen Protokoll eines Dialogs mit Herrn Moersch in der Fragestunde vom 3. Juni 1976:

*Hansen (SPD): Herr Staatsminister, können Sie verstehen, daß durch Ihre Weigerung in der Vergangenheit, die Bedingungen zu nennen, die die USA-Regierung an die Übergabe des Document Center geknüpft hat, in der interessierten Öffentlichkeit der Eindruck entstehen kann, durch die Verzögerung der Übergabe oder Übernahme sollten gewisse Persönlichkeiten im politischen Leben der Bundesrepublik*

*(Haase [Kassel] [CDU/CSU]: Der Bundesregierung!)*

*davor bewahrt werden,*

*(Haase [Kassel] [CDU/CSU]: Der Bundesregierung!)*

*peinliche Enthüllungen zu erfahren?*

*Moersch, Staatsminister: Herr Abgeordneter, wenn mich mein Gedächtnis nicht täuscht, haben wir dieses Thema vor fünfeinhalb Jahren behandelt. Ich kann mich auf die Antwort, die ich Ihnen damals gegeben habe, beziehen. Sie war sicherlich richtig, und ist auch heute noch richtig.*

*(Hansen [SPD]: Da ist aber nichts passiert in den fünfeinhalb Jahren!)*

*Vizepräsident Dr. Jaeger: Herr Abgeordneter, Sie können die Antworten der Bundesregierung an anderer Stelle kommentieren, aber nicht hier, in diesem Saale, jedenfalls nicht bei dieser Gelegenheit.*

Weitere Frage am 5. Mai 1977:

*Wann wird die Bundesregierung endlich mit den USA die Übernahme des Document Center in deutsche Hände vereinbaren, nachdem diese Regelung seit über sieben Jahren angekündigt wird?*

*Genscher, Bundesminister: Nach der Erklärung, die Herr Staatsminister Moersch am 6. Juni 1976 im Bundestag abgegeben hat, sind vom Auswärtigen Amt weitere Gespräche in dieser Sache mit der amerikanischen Seite geführt worden. Eine befriedigende Lösung aller mit der Übernahme verbundenen Probleme konnte noch nicht gefunden werden. Es bleibt jedoch weiter das Ziel der Bundesregierung, das Document Center nach Lösung aller damit verbundenen Fragen in deutsche Hände zu übernehmen.*

*Vizepräsident Frau Renger: Eine Zusatzfrage, Herr Abgeordneter Hansen.*

*Hansen (SPD): Sind Sie nicht auch meiner Auffassung, daß sich die ständigen, Jahr für Jahr wiederholten Erklärungen, eine Lösung stehe kurz bevor, nachgrade zu einer Groteske ausweiten?*

*Genscher, Bundesminister: Herr Abgeordneter, es ist völlig unvorstellbar, daß ich Ant-*
*worten gebe, die auch nur in die Nähe einer Groteske kommen könnten.*
*(Zustimmung der Abgeordneten der CDU/CSU)*
*Vizepräsident Frau Renger: Zweite Zusatzfrage, Herr Abgeordneter Hansen.*
*Hansen (SPD): Herr Minister, können Sie denn verstehen, daß die Art und Weise, wie die*
*Bundesregierung diese Frage behandelt, obwohl die Amerikaner ständig erklären, daß sie zur*
*Übergabe bereit seien, den Verdacht bei bestimmten Bevölkerungskreisen der Bundesrepublik*
*verstärkt oder ihm zumindest Nahrung gibt, der darauf hinausläuft, daß man bestrebt sei,*
*NS-Belasteten hier eine Deckung zu geben?*
*Genscher, Bundesminister: Herr Abgeordneter, verstehen kann ich das, aber gleichwohl*
*ist es unbegründet.*

Fazit diese Paradebeispiels für das Fragerecht des Abgeordneten: Er darf die Regierung alles fragen, aber ohne Anspruch darauf, womöglich sogar wahre Antworten zu
erhalten. Aber die Bemühungen ungehorsamer Untertanen um die Übergabe des Document Center ließen sich nicht verbieten. Mit mir forderten verschiedene Gruppen
NS-Verfolgter, die Aktenbestände einer Stiftung zu überantworten, in der die Opfer-
verbände angemessen vertreten sein sollten. Im März 1988, fast 18 Jahre nach meiner
ersten mündlichen Frage an die Bundesregierung, forderte die Bundestagsfraktion
der Grünen die sofortige Übernahme des Berlin Document Center, die Aufhebung der
Sperrfristen für die Nutzung personenbezogener NS-Akten sowie die Umwandlung
des Archivs in ein »Institut zur Erforschung des Nationalsozialismus«. Die Abgeordnete Ellen Olms beklagte den »stillschweigenden und dumpfen Konsens«, die Bestände des BDC der »öffentlichen und systematischen Auswertung« zu entziehen.

Nach dem 1988 in Kraft getretenen Bundesarchivgesetz, dem das BDC unterwor-
fene werden sollte, gab es Kritik an den restriktiven Zugangsregeln für Historiker
und jüdische Organisationen. Der Präsident des Bundesarchivs, Axel Azzola, forderte sogar, die Bestände des BDC mittels einer Sonderregelung von den »Schutzfristen«
für Personendateien (30 Jahre tot oder vor 110 Jahren geboren) zu befreien und »völlig
öffentlich« zu machen. Jetzt – in der Opposition – forderten auch die Sozialdemokraten heftig, was sie in Zeiten sozialliberaler Regierung mit gleicher Verve verhindert
hatten, nämlich den erleichterten Zugang zu allen personenbezogenen Unterlagen,
was die regierende CDU/CSU-Mehrheit erwartungsgemäß ablehnte. Auch ein Än-
derungsgesetz vom 13. März 1992 änderte so gut wie gar nichts an den restriktiven
Zugangsbedingungen. Am 1. Juli 1994 wurde das Berlin Document Center als Außen-
stelle Berlin-Zehlendorf dem Bundesarchiv einverleibt. Die Zeugnisse von NS-Taten
und -Tätern waren erfolgreich vergruftet.

Fünf Abgeordnete der SPD-Bundestagsfraktion, Klaus Thüsing, Peter Conradi, Ernst Waltemathe, Franz Müntefering und Karl-Heinz Hansen, erscheinen im Bannkreis der Bischofsstadt Paderborn und schrauben eine Natursteintafel an die Mauer im Innenhof der Wewelsburg:

*Den Opfern der Nazi-Diktatur*
*im Konzentrationslager*
*Niederhagen-Wewelsburg*
*zum Gedenken,*
*den Lebenden zur Mahnung*

Bis dahin hatten sich lokale Amtsinhaber der CDU (und ihr Volksvertreter Rainer Barzel) erfolgreich jedem Hinweis auf die KZ-Häftlinge, die beim Ausbau von Himmlers SS-Ordensburg umgekommen waren, widersetzt.

Wir sind im Jahr 1977. Deutscher Herbst, 9. November, 39. Jahrestag des Pogroms, das die Vernichtung der Juden in Europa einleitete. Düsseldorfer Zeitungen berichten von Sympathiebekundungen für die angeklagten SS-Mörder im Majdanek-Prozeß, von Beleidigungen der KZ-Zeugen und dem schamlosen Verhalten eines Verteidigers. Der CDU-Fraktionsvorsitzende der Bremer Bürgerschaft fordert, ein Gedicht von Erich Fried zu verbrennen.

Der stellvertretende Landrat des Kreises Paderborn (CDU) erklärt nach der Wewelsburger »Sachbeschädigung« durch die SPD-Abgeordneten: »Solange es in Deutschland (DDR) noch KZ-ähnliche Einrichtungen für politische Häftlinge gibt und die Bundesregierung Millionenbeträge zum Freikauf von Häftlingen aufwendet, betrachte ich die Anbringung von Gedenktafeln, die an die Vergangenheit erinnern sollen, für schizophren, denn was die DDR vorführt, ist nicht Vergangenheit, sondern politische Gegenwart.« Der Oberkreisdirektor (CDU) verlangt ultimativ die Entfernung der Tafel und droht mit juristischer Verfolgung des »Rechtsbruchs«. Wenige Tage danach, noch rechtzeitig zum Volkstrauertag, ist die Gedenktafel verschwunden.

Wochen später wird die demonstrative Aktion in der Wewelsburg schlagartig wiederbelebt. Tom Bower, der Leiter eines BBC-Fernsehteams, unterwegs in der Bundesrepublik, um die Versäumnisse bei der Aufarbeitung der NS-Vergangenheit zu recherchieren, hatte die Gelegenheit genutzt, mich vor der Gedenktafel nach meiner Meinung zum Thema zu fragen. Am 20. Februar 1978 wird das Ergebnis unter dem Titel »A Blind Eye to Murder?« von der BBC gesendet. In der Dokumentation äußert sich der Direktor des Berlin Document Center, Daniel P. Simon, sehr unverblümt über die Brisanz der von ihm gehüteten rund 100 Millionen NS-Akten: »I would say possibly a political hot potatoe.« Why? »I think a lot of people are still alive today, you know, that were members of the SS or the Nazi Party. I don't know who they are. I'm sure if their names were to be linked with these activities it would be an embaressment to them and the German Government.« Darauf folgt mein »Statement«: »The fact is that the German Government does not want these documents to be used because it wants to cover up former Nazis that might be embarressed by revealing certain documents to the general public.«

Unmittelbar nach der BBC-Sendung alarmiert die deutsche Botschaft in London Bundeskanzler Helmut Schmidt und seinen Fraktionsvorsitzenden Herbert Wehner. Der kündigt vor den Spitzen der Partei »Maßnahmen« an und lädt mich am Mittwoch, dem 1. März, zum »Verhör«. Auszug aus dem Gespräch unter vier Augen: Wehner: »Aus dem Ausland den Kanzler angreifen, das ist unanständig, eines SPD-Mitglieds unwürdig.« – Hansen: »Das sagst ausgerechnet du, der vom Sofa der Moskauer Botschaft aus Willy Brandt denunziert, an seinem Stuhl gesägt hat!« Längeres Schweigen. Wehner verzieht keine Miene. Ich schaue an ihm vorbei, durchs Fenster, auf den Rhein ... Schließlich erkläre ich mich bereit, mein öffentliches Drängen zu mäßigen, falls der Bundeskanzler mir endlich plausible Gründe nennt, die es der Bundesregierung verbieten, das Document Center von der US-Regierung zu übernehmen. Wehner verspricht, mit dem Kanzler zu reden und mir Bescheid zu geben. Beides tut er natürlich nicht.[37]

---

37 Heute (2013), da Historiker (80 Jahre nach Hitlers Machtantritt) beginnen, die Nazi-Vergangenheit des Auswärtigen Amtes aufzuarbeiten, ist es »amtlich«: Dokumente belegen, daß beide, Helmut Schmidt und Herbert Wehner, seinerzeit wissentlich die Unwahrheit gesagt haben.

Statt dessen inszenierte er in der Fraktionssitzung am folgenden Dienstag einen mit den Kanalarbeitern abgesprochenen Überfall auf den Saboteur der »Regierungsfähigkeit des Kanzlers«. Der »Spiegel« konstatierte anschließend »Pogromstimmung«, angefacht von Helmut Schmidt, der sich »persönlich beleidigt fühlte« und der erklärte: »daß ich moralisch, innenpolitisch wie außenpolitisch, meine persönliche Handlungsfreiheit beeinträchtigt empfinde und daß ich mich damit nicht abfinden werde«. Er wurde unterstützt von Justizminister Hans-Jochen Vogel und dem Gesamtdeutschen Minister Egon Franke. Obwohl während der fast dreistündigen Diskussion einige Fraktionskollegen die Abfuhren meiner Fragen durch die Regierung als »Verhöhnung des Parlaments«, ja sogar als »Sauerei« und »Verarschung« kennzeichneten, blieb die Mehrheit finster entschlossen, ein Zeichen gegen den »Abweichler« zu setzen. Und Willy Brandt, Parteivorsitzender, ehemaliger Exilant und Antifaschist, mit Neigung zu großen Gesten nach außen und kleinen Feigheiten in engeren Kreisen, kratzte mal wieder am eigenen Denkmal: »Wir wären von allen guten Geistern verlassen, wenn wir jetzt anfangen würden, das, was vor 35 Jahren ein gewisses Ende gefunden hat, nochmals aufrollen zu wollen. Das bringt uns innenpolitisch auch nicht einen Millimeter voran.« Dann mißbilligte die SPD-Bundestagsfraktion das Verhalten ihres Mitglieds Hansen gegen sechs Stimmen und bei fünf Enthaltungen und erteilte ihm eine scharfe Rüge. Ein in der Geschichte des Parlaments und der Sozialdemokratie bis heute einmaliger Vorgang. Der Wortlaut des Beschlusses spricht für sich: »Die SPD–Bundestagsfraktion weiß, daß es berechtigte Zweifel gibt, ob die Auseinandersetzung mit den Untaten des NS-Regimes immer angemessen geführt worden ist. Gerade darum weist sie die Unterstellungen des Abgeordneten Hansen über die sozialliberale Koalition mit Schärfe zurück.«

Nur wenige Wochen danach demonstrierte ein eklatanter Fall, wie die Wunschvorstellungen unseres Parteivorsitzenden an der Wirklichkeit abprallten. Der niedersächsische Justizminister (seit 1976) Dr. Hans Puvogel wurde zum Rücktritt gezwungen, weil ans Licht kam, welchen mörderischen Thesen er seinen Doktortitel von 1937 verdankte: »Nur ein rassisch wertvoller Mensch hat innerhalb der Gemeinschaft eine Daseinsberechtigung. Ein wegen seiner Minderwertigkeit für die Gemeinschaft nutzloser, ja schädlicher Mensch ist dagegen auszuschalten ... auszumerzen.« Der unerbittliche Aufklärer der Vergangenheit des Herrn Doktor Puvogel erntete bei vielen seiner Juristenkollegen dafür das Gegenteil von Achtung und Sympathie. Puvogel war einer von vielen, die mit mörderischen Thesen promoviert wurden und damit der Machtübertragung an Hitler das »geistige« Glacis bereiteten. Die meisten blieben in der Bundesrepublik unbehelligt. Kein einziger hat, aus Einsicht oder Scham, seinen Doktortitel zurückgegeben.

Es war wieder Wahlzeit. Am 3. Oktober 1976 mußte sich Helmut Schmidt als Kanzler dem Volk zur Wahl stellen. Eine Bewährungsprobe nach nur zweieinhalb Jahren Amtszeit. Und ich wollte wieder in den Bundestag. Problemlos wurde ich wieder als Kandidat des Wahlkreises 74, Düsseldorf-Nord, nominiert und mit einem sicheren Listenplatz beschenkt. Die SPD präsentierte sich protzig als »Modell Deutschland«, ergänzt durch den Satz »Der bessere Mann muß Kanzler bleiben«. Die CDU/CSU spekulierte darauf, den latenten Antikommunismus im Volk mit dem von Franz-Josef Strauß inspirierten Slogan »Freiheit statt Sozialismus« und dem Untertitel fürs Gemüt »Aus Liebe zu Deutschland« zu wecken. Wohlüberlegt waren beide Konzepte nicht. Oder wem würde beim Stichwort Sozialismus ausgerechnet Helmut Schmidt einfallen? Und wem sollte einleuchten, daß zweieinhalb Jahre Kanzlerschaft genügten, um aus Deutschland ein Modell zu machen? Folglich konzentrierte sich der Wahlkampf auf die beiden Spitzenkandidaten. Dabei überragte in der wichtigen Kategorie Bekanntheitsgrad Helmut Schmidt sehr deutlich seinen Herausforderer, den rheinland-pfälzischen Ministerpräsidenten Helmut Kohl.

Schmidt hatte der Partei angeboten, sich mit jedem Fraktionskollegen, der wieder kandidierte, vom SPD-Hoffotografen Josef Darchinger ablichten zu lassen, zur Verwendung für Plakate, Prospekte oder Handzettel. Die Partei machte daraus eine Pflicht. Also saßen Helmut und ich bald nebeneinander Modell für den Fotografen Jupp. Eine willkommene Gelegenheit, sich gegenseitig anzumotzen. Für meinen Wahlkampf habe ich das Foto allerdings nicht verwendet. Statt dessen suchte ich den Erwartungen der Genossinnen und Genossen in Düsseldorf gerecht zu werden. Da kam ein Großereignis in meinem Wahlkreis gerade recht: Die Oberkasseler Brücke über den Rhein mußte dringend erneuert werden, der Verkehr aber sollte weiterrollen. Also hatten die Architekten dicht neben und parallel zur alten Brücke ein neues Mittelstück auf Pfeilern errichten lassen. Offenbar eine technische Sensation. Am 7. August 1976 war es soweit. Das neue Mittelteil wurde Zentimeter um Zentimeter in die Lücke der alten Brücke geschoben und verschweißt. Auf den Rheinwiesen und an den Ufern versammelte sich eine große Menge Schaulustiger, die den Vorgang gespannt verfolgte und seinem Gelingen Beifall zollte. Darunter war auch Carmen Thomas vom WDR-Fernsehen, die für ihre damals äußerst populäre Sendung »Hallo Ü-Wagen!« überall auftauchte, wo etwas los war. Mit dem Interview, das wir zum aktuellen Ereignis und zum Stand des Wahlkampfs in Düsseldorf führten, wurden nicht nur die anwesenden Zuschauer beschallt, sondern es war danach auch im WDR zu besichtigen.[38] Gefreut hat mich, daß dann wochenlang auf einer großen Stelltafel neben der Brücke am Rheinufer eine Gruppe Oberkasseler Bürgerinnen und Bürger mich zu ihrem Favoriten für die Bundestagswahl erklärte. Zumal in diesem Stadtteil das Großbürgertum dominiert.

Am 3. Oktober 1976 wurde die CDU/CSU zwar stärkste Fraktion im Bundestag, aber es reichte nicht zur Ablösung der sozialliberalen Koalition, die trotz eines dürftigen Wahlergebnisses einen knappen Vorsprung von zehn Mandaten erzielte. Der Verlierer Kohl verließ Rheinland-Pfalz, um in Bonn die Opposition anzuführen. Schmidt wurde am 15. Dezember 1976 mit nur einer Stimme Mehrheit zum Bundeskanzler wieder-

---

38 Im Wahlkampf 1976 nutzten die Parteien besonders intensiv das Fernsehen. Die SPD hatte den versierten »Klimbim«-Regisseur Michael Pfleghar für zehn Fernsehspots mit Helmut Schmidt engagiert.

gewählt. Das war die erste allgemeine Verunsicherung des Chefmachers in der achten Wahlperiode. Es blieb nicht die einzige.

Der Schmidt-Ära zweiter Teil begann mit einem Fehlstart. Während der Koalitionsverhandlungen hatten die Partner ein »Steuerpaket« geschnürt. Als die SPD begriff, daß sie sich von der FDP hatte über den Tisch ziehen lassen, wurde es wieder aufgeschnürt. Nach langem Hin und Her einigte man sich auf einen »Kompromiß«, der von einigen SPD-Fraktionsmitgliedern jedoch als Verschlimmbesserung empfunden wurde. Durch eine Änderung des Umsatzsteuergesetzes sollten 1,5 Milliarden Mark an rund 15.000 Vermögensmillionäre verschenkt werden, ohne daß durch von der FDP angekündigte zusätzliche Investitionen auch nur ein einziger Arbeitsplatz neu geschaffen würde. Dieses Gesetz stieß auf heftigen Widerstand in der SPD-Fraktion. Anfangs waren immerhin 44 Abgeordnete, linke wie rechte, Kommunalpolitiker wie Sozialpolitiker, gegen diesen Beschluß. Aber nicht lange. Unter den massiven Seelenmassagen von Herbert Wehner und Willy Brandt, die für den Fall einer Abstimmungsniederlage das Schreckensbild einer Regierung Kohl/Strauß beschworen, schmolz der wackere Haufen schnell dahin. In der dritten Lesung am 16. Juni 1977 blieben nur die Abgeordneten Coppik und Hansen bei ihrem Nein. Das wurde von Manfred Coppik im Bundestag unter anderem so begründet:

*Dieses Steuergeschenk an die Vermögenden widerspricht allen steuerpolitischen Beschlüssen der SPD und unserem Wahlprogramm. Eine Vermögensumverteilung zugunsten der Unternehmer hat nichts mit sozialdemokratischer Politik gemein. Wir wissen, daß viele Kollegen aus der SPD-Bundestagsfraktion unsere Meinung teilen. Im Gegensatz zu uns glauben sie aber, dem Gesetz zustimmen zu müssen, weil es sich um eine Koalitionsfrage oder eine Vertrauensfrage des Bundeskanzlers handle. Wir teilen nicht diese Auffassung. Die Abstimmung über das Steuergesetz ist keine Abstimmung über die Koalition oder den Bundeskanzler. Diese Koalition hätte keine tragfähige Grundlage, wenn der FDP Steuergeschenke an die Millionäre wichtiger wären als das Bündnis mit der SPD. Wer unsere Entscheidung mit dem prinzipien- und bedenkenlosen Abstimmungsverhalten der CDU/CSU in Verbindung zu bringen versucht, handelt unredlich. Gerade weil wir eine CDU/CSU-Regierung für verhängnisvoll halten, treten wir dafür ein, daß sich der Abstand zwischen sozialdemokratischen Grundpositionen und der praktischen Politik der Koalition nicht vergrößert. Deshalb sagen wir Nein zu diesem Gesetz.*[39]

Ich wiederhole mich, wenn ich davon spreche, daß für Privates kaum Zeit blieb. Meine Geburtstage habe ich, wie dankenswerterweise auch meine Parteifreunde, stets ignoriert. Aber im 50. Jahr gönnte ich mir was ... Politisches. Zusammen mit dem Westdeutschen Rundfunk organisierte ich am 9. September 1977 in der Alten Messe in Düsseldorf eine Veranstaltung, die reges Interesse der lokalen wie überregionalen Presse[40] fand: »Die Generation der Luftwaffenhelfer spricht mit der Genera-

---

39 Die Vermögenssteuer wurde 1997 ganz abgeschafft. Um die Wiedereinführung oder eine zumindest kompensierende Regelung wird bis heute zwischen den Parteien gestritten, seit der »Krise« verschärft durch die fortschreitende Öffnung der Schere zwischen Arm und Reich.

40 Sogar ein Vertreter von Radio Moskau war mit einer Delegation anwesend und berichtete am 23. September 1977 zu Hause darüber.

tion des Numerus Clausus«. Der Titel war in einem Punkt irreführend. Am Gespräch waren nicht nur Abiturienten beteiligt, sondern eine Zufallsauswahl (und damit repräsentativ) von Jugendlichen des Jahrgangs 1957, zum Beispiel Soldaten, Kriegsdienstverweigerer, Lehrlinge, ein technischer Zeichner, Versicherungskaufleute. Auf dem Podium saßen je elf Personen für jeden der beiden Jahrgänge. Von den 27ern seien einige zu jener Zeit bekannte Leute genannt: Leopold Ahlsen, Dramatiker; Ulrich Brecht, Regisseur; Bruno Friedrich, MdB, im Vorstand der SPD-Bundestagsfraktion; Erich Frister, GEW-Vorsitzender; Günter Grass, Schriftsteller; Herbert Hajek, Maler und Bildhauer; Helge Pross, Soziologin; Paul Schnitker, Präsident des Zentralverbands des deutschen Handwerks.

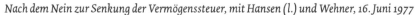

*Nach dem Nein zur Senkung der Vermögenssteuer, mit Hansen (l.) und Wehner, 16. Juni 1977*

Nach etwa zwei Stunden Podiumsdiskussion und einer halbstündigen Pause kam wiederum zwei Stunden lang von den ungefähr 200 Zuhörern zu Wort, wer wollte. Es war beeindruckend, wie selbstbewußt die 20jährigen ihre Lage den Alten verklarten: daß es nach 1945 nur die Wahl gab, den kaputten Staat wieder aufzubauen, es deshalb auch kein »Wirtschaftswunder« gegeben habe. Daß aber die Jungen in Vorgefundenes hineingeboren worden seien, sich nun jeder für sich seinen Platz in Staat und Gesellschaft suchen und ihn finden müsse. Am Ende waren sich fast alle in einem Punkt einig: daß der Versuch, ins Gespräch zu kommen, gelungen war und deshalb nicht der einzige bleiben sollte. Ein junger Mann sagte es so: »Wenn wir nur miteinander reden, dann können wir auch die Probleme – ob sie nun Terrorismus oder Arbeitslosigkeit heißen – gemeinsam bewältigen.« Gunter Hofmann von der »Zeit« war sich da nicht ganz so sicher: »Beide Seiten stellen sich, scheint es, ihre eigenen Fragen, geben sich selber die Antworten. Die Republik wird aus zwei ganz anderen Umlaufbahnen besichtigt. Aber vielleicht war es nur ein Zufall und gar nicht repräsentativ, daß es so aussah, als hätten die Erfolgsmenschen Frister, Pross, Friedrich, Schnitker, Grass, die ganze Butt-Generation mithin, nicht viel mehr als die Perspektivlosigkeit mit denen gemeinsam, die sich ausdrücklich weigern, ›Lob auf das Erreichte‹ an jeder Straßenecke zu singen.«

Helmut Schmidt hatte seine Marschrichtung für die künftige äußere »Sicherheitspolitik« in dieser Legislaturperiode bereits im Oktober 1976 dem »Spiegel« offenbart: »Die Aufrechterhaltung des militärischen Gleichgewichts in Europa ist eine Lebensbedingung für unsere demokratische Ordnung. Das klingt nach Überschrift, ist aber todernst gemeint.« Entsprechend harsch und barsch blieb der »Lord aus Barmbeck« im Umgang mit innerparteilichen wie außerparlamentarischen aufsässigen »Chaoten«. Selbstverständlich unterlag auch die Innere Sicherheit der »Schmidtbestimmung«.

Als Ulrike Meinhof[41] am 9. Mai 1976 in ihrer Zelle in Stammheim »tot aufgefunden« wurde, reagierte die RAF mit neuen Anschlägen auf deutsche Einrichtungen im Ausland. Die Bundesregierung antwortete mit einem Antiterrorgesetz (vom 24. Juni 1976), das unter anderem die Überwachung der Anwälte von Beschuldigten gestattete, die wegen Zugehörigkeit zu einer »kriminellen Vereinigung« in Haft saßen. Am 7. April 1977 wurden Generalbundesanwalt Buback, sein Fahrer und ein Justizwachtmeister von einem »Kommando Ulrike Meinhof – Rote Armee Fraktion« ermordet. Bei ihrer Beerdigung sagte Helmut Schmidt in der Evangelischen Stadtkirche Karlsruhe unter anderem: »Die Mörder wollen ein allgemeines Gefühl der Ohnmacht erzeugen ... Sie wollen schließlich die Organe des Grundgesetzes dazu verleiten, sich von den freiheitlichen und rechtsstaatlichen Grundsätzen abzukehren ... Aber diese Erwartungen werden sich nicht erfüllen, denn unsere freiheitliche Gesellschaftsordnung könnte nur durch uns selbst aufgegeben werden.«

Am 30. Juli 1977 wurde der Vorstandsvorsitzende der Dresdner Bank, Jürgen Ponto, erschossen. Am 5. September Hanns-Martin Schleyer, Vorsitzender der Bundesvereinigung der Deutschen Industrie (BDI), entführt. Dabei wurden sein Fahrer und drei begleitende Polizisten erschossen. Das war ein Höhepunkt des »Hetz-, Hatz- und Hysterie-Jahrs« (Heinrich Böll) 1977. Auf Straßen, Plätzen, Bahnhöfen wachten bewaffnete Polizisten. Wer sich verdächtig machte, wurde abgeführt. Deutsche Bürger verlangten lauthals, die Terroristen »an die Wand« zu stellen oder zu »vergasen«. Kritiker hatten sich als Gegner von Mord und Totschlag zu bekennen, ehe sie zu Wort

---

41 »Sie war die erste Person in der Bundesrepublik, nachdem wir aus Polen 1958 nach Westdeutschland gekommen waren, die nach meiner Zeit im Warschauer Ghetto fragte. Wir trafen uns damals im Café Funkeck in Hamburg. Am Ende des Interviews, das viel länger dauerte als ursprünglich geplant, hatte Ulrike Meinhof Tränen in den Augen« (Marcel Reich-Ranicki).

kamen, »Sympathisanten« waren sie sowieso. Wegen einer kleinen Schar entgleister Ideologen, die glaubten, mit Gewehr und Sprengstoff könne ein Staat radikal gewendet werden, befand die Republik sich im Belagerungszustand. Die Notstandsregierung bestand aus einem »Kleinen Krisenstab« und einem »Großen Krisenstab«, geführt vom Herrn über den Notstand, Kanzler Helmut Schmidt, und unterstützt von beflissenen Adlaten, etwa dem Justizminister Hans-Jochen Vogel. Was laut Schmidts Rede in der Karlsruher Kirche nicht hätte sein dürfen, war erfüllt: Die von den Terroristen angestrebte »militärische Situation« (Andreas Baader) war da. Die »freiheitlichen und rechtsstaatlichen Grundsätze« sollten jetzt der Situation angepaßt werden.

Das Ziel war, Hanns-Martin Schleyer lebend zu befreien, die Entführer zu verhaften und vor Gericht zu stellen. Zunächst aber galt es, die längst gebräuchliche Praxis, Kontakte von Häftlingen der Roten Armee Fraktion mit in Freiheit befindlichen Gesinnungsgenossen zu unterbinden, in Gesetzesform zu packen. Das »Kontaktsperregesetz« wurde am 29. September 1977 im Rechtsausschuß beraten und am folgenden Tag im Plenum verabschiedet. Mit 371 Ja-Stimmen, 17 Enthaltungen und vier Nein-Stimmen von den SPD-Abgeordneten Manfred Coppik, Karl-Heinz Hansen, Dieter Lattmann und Klaus Thüsing. Am 2. Oktober trat es in Kraft, und noch am gleichen Tag verfügte Bundesjustizminister Hans-Jochen Vogel die Kontaktsperre für 72 Häftlinge. Niemals vorher ist ein Gesetz im Deutschen Bundestag innerhalb von drei Tagen durchs Plenum gejagt worden: eingebracht, beraten, verabschiedet, in Kraft gesetzt und angewendet. Manfred Coppik erklärte vor der dritten Lesung in unserem Namen: »Die Aufgabe rechtsstaatlicher Grundprinzipien rettet kein Menschenleben, schafft aber Lebensverhältnisse, in denen die friedliche demokratische Entwicklung in einem Rechtsstaat gefährdet wird und damit weitere Menschenleben in Gefahr geraten.«

Am 13. Oktober 1977 kaperte ein arabisch-palästinensisches Kommando ein Flugzeug der Lufthansa mit 82 Passagieren und fünf Besatzungsmitgliedern an Bord und forderte die Freilassung von elf deutschen Terroristen. Flugkapitän Jürgen Schumann wurde bei der Zwischenlandung in Aden ermordet. Nach der Landung in Mogadischu befreite die Spezialeinheit GSG9 am 18. Oktober Besatzung und Passagiere im Einvernehmen mit dem somalischen Staatspräsidenten. Am gleichen Tag wurden Andreas Baader und Jan-Carl Raspe erschossen und Gudrun Ensslin erhängt in ihren Zellen gefunden. Irmgard Möller wies Verletzungen durch Messerstiche auf. Eine »Selbsttötung« wird bis heute bezweifelt. Baader und Raspe verfügten über Pistolen – trotz der »Kontaktsperre«. Als Schleyers Entführer erfuhren, daß die Geiseln der Lufthansa-Maschine befreit und Baader, Raspe und Ensslin tot waren, ermordeten sie den BDI-Präsidenten.

Nach diesem Höhepunkt des Terrorjahrs gaben unsere Staatsschützer nicht auf, die Verfassung zu malträtieren. Sie fütterten die Gesetzgebungsmaschinerie gleich mit einem ganzen Bündel weiterer Einschränkungen. Unter der Überschrift »Gesetz zur Änderung der Strafprozeßordnung« gab es nun die Einführung der Trennscheibe, die Kontrollstelle, die Identitätsfeststellung, die Durchsuchung von Gebäuden, den erweiterten Verteidigerausschluß. Und das vor dem Hintergrund der »Antiterrorgesetze«, die schon seit 1972 praktiziert wurden: Verbot des Doppelmandats für Verteidiger; Beschränkung der Zahl der wählbaren Verteidiger; Beschneidung des Erklärungsrechts in der Hauptverhandlung; Normierung und Erweiterung des Verteidigerausschlusses; Ausbau des Instituts der Pflichtverteidiger; Erweiterung des Ausschlusses der Angeklagten vom Gang der Hauptverhandlung; Übertragung richterlicher Befugnisse auf die Staatsanwaltschaft; Beschränkungen des ungehinderten schriftlichen Verteidigerverkehrs – und eben das »Kontaktsperregesetz«.

Aber selbst diese einschränkenden Änderungen, die von ihren Verfechtern in jedem Einzelfall als unerläßlich begründet wurden, tatsächlich aber das Ergebnis einer ersten Welle von Hysterie und Angstmache seit 1972 waren, können nicht losgelöst vom allgemeinen rechtspolitischen Hintergrund bewertet werden. Wir haben schließlich eine in das Grundgesetz eingearbeitete Notstandsverfassung und einen Ministerpräsidentenbeschluß mit fortschreitenden unheilvollen Folgen und Auswirkungen. Wo sind die Grenzen? Was ist noch hinnehmbar?

Für mich steht fest: Gesetze, die keinen oder nur geringen Erfolg in der Abwehr des individuellen Terrors versprechen und rechtsstaatliche Garantien mißachten, bedeuten einen schleichenden Wandel der freiheitlich-demokratischen Grundordnung der Republik für alle Bürger. Deshalb sollte es keine Sondergesetze geben. Deshalb haben Manfred Coppik, Dieter Lattmann, Erich Meinike und ich – trotz des als Fraktionsdisziplin daherkommenden Fraktionszwangs – in der Abstimmung am 16. Februar 1978 Nein gesagt zu diesen »Antiterrorgesetzen«. Sie wurden mit der Mehrheit von nur einer Stimme beschlossen.

Dem Bundesrat waren selbst diese gesetzlichen Einschränkungen noch zu lasch, er bestand auf weiteren Verschärfungen. Der Einspruch stand am 13. April 1978 auf der Tagesordnung. Manfred Coppik, Erich Meinike und ich stimmten selbstverständlich dagegen. Ich erhielt das Wort zur Begründung. Aus dem Sitzungsprotokoll:

*Hansen (SPD): Herr Präsident! Meine Damen und Herren! Zur bevorstehenden Abstimmung gebe ich – zugleich im Namen meiner Kollegen Coppik und Meinike – folgende Erklärung ab.*
*(Lachen bei der CDU/CSU – Dr. Stark [Nürtingen] [CDU/CSU]: Wo bleibt Lattmann!)*

*Der Bundestag hat am 16. Februar das Gesetz zur Änderung der Strafprozeßordnung beschlossen. Aus Sorge um den Erhalt des demokratischen Rechtsstaates*
*(Lachen bei der CDU/CSU)*
*und im Wissen, daß ein allgemeines, weiter ausgreifendes Mehr an staatlicher Härte keine Antwort auf die Herausforderungen des Terrorismus ist, haben wir diesem Gesetz nicht zustimmen können. Wir halten das Gesetz nach wie vor für falsch und gefährlich. Das Kontaktsperregesetz hat die Selbstmorde von Stammheim nicht verhindern können. Sie waren die Folge sträflicher Versäumnisse im Strafvollzug des Landes Baden-Württemberg.*
*(Lachen und Zurufe von der CDU/CSU)*
*Die Pannen von Erftstadt-Liblar haben überdies gezeigt, daß durch bloße Ausweitung des Fahndungsapparates mehr Fahndungserfolge nicht erreicht werden.*
*(Dr. Kohl [CDU/CSU]: Sie waren Folge der Tätigkeit des Herrn Hirsch, wollten Sie doch sagen?)*

*Herr Kohl, wer in Ihren Reihen den Terror in Chile befürwortet, sollte sich aus dieser Diskussion heraushalten. Alle Erfahrungen belegen, daß Gesetzesänderungen zur Bekämpfung des Terrorismus unwirksam sind. Noch verhängnisvoller ist es, daß Gesetzesänderungen von der Notwendigkeit ablenken, mit allen Mitteln nach den gesellschaftlichen Ursprüngen und politischen Ursachen der Entstehung des Terrorismus in der Bundesrepublik zu forschen. Das nunmehr vorliegende Votum des Bundesrates mit dem Ziel der Verschärfung des Gesetzes macht deutlich, daß konservative Kräfte in unserem Lande nichts unversucht lassen, unter dem Vorwand des besseren Kampfes gegen den Terrorismus die Qualität unseres Rechtsstaates und unserer Verfassung zu ändern.*

*(Pfui-Rufe von der CSU/CDU)*

*[...] Mit politischen Kräften, die solche Forderung erheben, haben wir nichts, aber auch gar nichts gemein. Die Erinnerung an die deutsche Vergangenheit ist uns Verpflichtung in der Gegenwart, auch wenn sich Geschichte niemals genau wiederholt. Aus diesem Grund hat niemand mehr Veranlassung, sich dem Einspruch (des Bundesrates, K. H.) zu verweigern, als diejenigen, die aus Sorge um die Qualität unserer Demokratie schon die Änderung der Strafprozeßordnung am 16. Februar nicht gewollt haben.*

*(Zurufe von der CDU/CSU)*

*Heute wird nicht noch einmal über das Gesetz abgestimmt,*

*(Zurufe von der CDU/CSU: Doch!)*

*sondern es geht darum, den Versuch des Bundesrates, das Gesetz noch schärfer zu gestalten, endgültig zurückzuweisen.*

*(Zurufe von der CDU/CSU)*

*Wir werden gemeinsam mit allen Kollegen der SPD-Fraktion für die Zurückweisung des Bundesratseinspruches stimmen.*

Gemeinsam mit allen Kollegen der SPD-Fraktion! Ganz ohne Fraktionszwang! Und in vollem Einverständnis mit dem Helmut Schmidt des Jahres 1976, der damals in der Katholischen Akademie in Hamburg »die Sache mit dem Fraktionszwang« eine »Erfindung« genannt hatte. Er habe während seiner 19jährigen Zugehörigkeit zum Bundestag »niemals für eine Sache gestimmt, die ich nicht für richtig hielt. Ich habe nie gegen eine Sache gestimmt, die ich für richtig hielt, und ich bin gewiß keine Ausnahmeerscheinung. Das gilt für viele, viele Kollegen in der CDU, in der CSU und in der FDP ganz genau so. Sie machen sich das zu leicht, wenn Sie glauben, daß da einer sagt, so wird's gemacht, und daß es dann alle so tun. Es gibt in allen Parteien Leute, die gerne möchten, daß sie sagen könnten, wie's gemacht wird. Es gibt Gott sei Dank in allen Parteien mehr Leute, die auf ihren eigenen Verstand und ihre eigene Urteilsfähigkeit nicht verzichten wollen.« Für den Schmidt der Jahre 1977 und folgende aber hatten alle, die gegen ihn und seine Meinung stimmten, keinen Verstand, da er doch der einzige war, der stets wußte, was gut und richtig war. Also: kein Widerspruch! Berufung auf so was wie Gewissen war Ungehorsam und zu ahnden.

Bei den Fraktionsoberen waren wir Ungehorsamen sowieso unten durch. Da fiel schon mal das Wort »rausschmeißen«. In der Fraktion war inzwischen Unmut die mildeste Form der Verachtung für die »Abweichler« und »Dissidenten«. Das Gebaren mancher Genossen bezeugte unverhohlenen Haß gegen die »Viererbande«. Für sie waren alle, die Sympathien für die Geschmähten äußerten, auch Sympathisanten der Terroristen. Und deren Zahl nahm stetig zu: von der Arbeitsgemeinschaft der Juristen in der SPD über Schriftsteller und Studenten bis zu Leserbriefschreibern in liberalen Gazetten und persönlichen »Bekenner«-Briefen an jeden einzelnen von uns. Es war schier unmöglich, allen Einladungen zu Protestveranstaltungen und Aktionen nachzukommen. In Düsseldorf wollten alle 13 Ortsvereine am liebsten sofort mit mir diskutieren. Nicht, wie einer der Vorsitzenden sich ausdrückte, »um mich zur Minna zu machen«, sondern um mir ihre Zustimmung zu meinem Verhalten im Parlament persönlich zu bekunden. Außerdem boten mir Journalisten, von denen ich das nicht erwartet hätte, Platz an für Interviews, Essays oder eigene schriftliche Beiträge. Ich bevorzugte natürlich mein Stammblatt »Konkret«, nebst mir wohlgesonnenen Mitarbeitern von »Frankfurter Rundschau« und »Zeit«. Für den Rest des Jahres 1978 war ich vollbeschäftigt.

D as Jahr 1979 begann mit einem Herzinfarkt: mit Rettungswagen in die Uni-Klinik Bonn; noch mal davongekommen, aber dann wochenlang außer Gefecht; nach Genesung vom Arzt zur Rehabilitation auf die Bühler Höhe (850 Meter über dem Meeresspiegel) im Schwarzwald eingewiesen; ein Klinikum mit Schloßhotel und einem Blick übers Rheintal bis zu den Vogesen; drei schöne Wochen, wenn auch mit streng geregeltem Tagesablauf. Erzählenswert sind jene Tage allein wegen einer im Wortsinn erlebten Erfahrung. Ein junger Arzt überredete mich, seinen Einführungskurs »Autogenes Training« zu besuchen. Mit dem Begriff verband ich bis dahin eher irgendeinen Hokuspokus als ein seriöses Therapieangebot. Aber schon nach ein paar Tagen war meine Skepsis wie weggewischt. Es hatte geklappt. Der Körper ließ sich tatsächlich durch die Kraft der Imagination beeinflussen. Und es klappte immer wieder und besser. Seither war diese sanfte Selbsthypnose zu jeder Zeit und an jedem Ort abrufbar. Sie hat mir oft geholfen, ärgsten Streß wegzublasen und so meine Belastbarkeit und Leistungsfähigkeit zu regenerieren. Als ich die Bühler Höhe verließ, war ich körperlich und seelisch gesund, also wirklich rehabilitiert.

Seit 20 Jahren wurde in der Republik die Verjährung von NS-Verbrechen diskutiert – vor dem Hintergrund der wenigen großen Prozesse über die Massenmörder in den KZs und in den von der Wehrmacht besetzten Gebieten. Zwei Jahrzehnte lang hatten etablierte Altnazis in den Ministerien, Parteien und im Bundestag mit allen Mitteln versucht, die Aufhebung der Verjährungsfrist für NS-Mörder zu verhindern. Das Gerede vom »Ende der Nachkriegszeit« zusammen mit der Forderung nach einem »Schlußstrich« waren seinerzeit vorherrschende Meinung; sie spiegelten das Niveau der Debatte. Die Verbrechen der »Schreibtischtäter« des Reichssicherheitshauptamtes, Steuerungszentrale des industriell betriebenen Massen- und Völkermords, waren bereits 1960 verjährt, wegen einer angeblichen »Gesetzespanne« vom Mai 1968.

Im Jahr 1979 wurde die Diskussion wieder virulent. Am 29. März beriet das Plenum des Bundestags den Entwurf des 16. Strafrechtsänderungsgesetzes, das die Verjährung von Mord endgültig aufheben sollte. Diesmal erlaubte der Fraktionsvorsitzende sogar mir einen Redebeitrag. Die stillschweigende Einigung der Fraktionen auf eine entschärfte Debatte habe ich dabei bewußt mißachtet. Hier ein paar markante Stellen aus dem Sitzungs-Protokoll:

*Hansen (SPD): Herr Präsident! Meine Damen und Herren! Die heutige Debatte über die Verjährung von Mord darf nicht beim Austausch juristischer Argumente stehenbleiben. Vielleicht ist dies die letzte Gelegenheit, endlich Schluß zu machen mit der individuellen und kollektiven Verharmlosung und Verleugnung unserer nationalsozialistischen Vergangenheit. [...] Die Bundesregierung, der Bundestag, die Parteien, die Kirchen – sie alle haben sich immer wieder heftig vom Nationalsozialismus distanziert. Und doch haben gerade diejenigen, die sich mit moralischer Verve distanzierten, oft so getan, als sei da 1933 ein Irrer namens Hitler durch unglückliche Umstände an die Macht gekommen, habe zwölf Jahre lang das deutsche Volk und ein paar andere Völker tyrannisiert, terrorisiert und sei 1945 samt seinem kleinen brutalen Anhang vom Erdboden verschwunden. Wenn man uns selbst glauben wollte, so hat es seit 1945 in Westdeutschland und später in der Bundesrepublik lauter aufrechte Demokraten gegeben, von denen alle anderen europäischen Staaten nur lernen könnten. Wer bei uns allerdings daran erinnert, daß es in weiten Bereichen des öffentlichen Lebens nach 1945 keine einschneidenden Veränderungen und fast gar keinen moralischen Neubeginn gegeben hat, für den wurde ein reibungslos funktionierendes Ritual des Rufmords eingeführt. Er ist Kommunist, Kommunistenfreund, Linksradikaler, inzwischen Sympathisant. Eine ehrliche, umfassende und kritische Auseinandersetzung mit dem Nationalsozialismus hat niemals stattgefunden, weil sie nicht stattfinden durfte [...] Die ehemaligen Nazis wurden nach dem Krieg für den Wiederaufbau gebraucht. Sollte sich noch einer schuldig gefühlt haben, so wurde ihm beim Nachweis seines aufrechten Antikommunismus der Ablaß erteilt.*

*(Dr. Stark [Nürtingen] [CDU/CSU]: Für welche Gruppe sprechen Sie?)*

*Mitscherlich beschreibt diesen, wie er es nennt, »emotionellen Antikommunismus« so: »Es ist die offizielle staatsbürgerliche Haltung, und in ihm haben sich ideologische Elemente des Nazismus mit denen des kapitalistischen Westens amalgamiert.«*

*(Zuruf von der CDU/CSU: Ist ja ungeheuerlich!)*

*Und er schreibt weiter: »Mindestens, was den Bolschewisten betrifft, ist das Bild, das von ihm im Dritten Reich entworfen wurde, in den folgenden beiden Jahrzehnten kaum korrigiert worden.« Aber das faschistische Axiom »Der Feind steht links«, das von der bundesdeutschen Rechten wiederbelebt wurde, wirkt bis heute nach, wenn mit der Formel »Freiheit oder Sozialismus« demokratische Sozialisten aus dem Staat ausgruppiert werden. [...] Wer sich bei uns nicht damit abfinden kann, daß in den Generalsrängen der Bundeswehr, in den Chefetagen großer Konzerne, in Landes-, Oberlandes-, Bundesgerichtssenaten, in Parteien, Kabinetten der Länder und des Bundes, in der Villa Hammerschmidt und im Palais Schaumburg Leute saßen, sitzen und sitzen werden, die nationalsozialistischen Organisationen angehörten, der ist Kommunist, Sympathisant oder Einflußagent Moskaus.*

*[...] Wir haben mit dem 1968 in Kraft getretenen § 50 Abs. 2 des Strafgesetzbuchs die Verfolgung von NS-Verbrechen weiter erschwert. Begünstigt wurden durch rückwirkende Verjährung die an NS-Mordtaten beteiligten Angehörigen des Reichssicherheitshauptamtes und anderer oberster Reichsbehörden.*

*(Erhard [Bad Schwalbach] [CDU/CSU]: Wer war wohl damals Justizminister?)*

*Sie können nur noch verurteilt werden, wenn ihnen auch persönlich Rassenhaß als Tatmotiv nachzuweisen ist. Dabei haben wir noch niemals den Versuch gemacht, die intellektuellen Wegbereiter, die Ideologen des Rassenhasses, die Ideologen des Freund-Feind-Schemas zur Rechenschaft zu ziehen, alle diejenigen, die mit oft verbrecherischen Thesen und Theorien in Doktorarbeiten, Aufsätzen und Vorträgen den millionenfachen Mord an Völkern und Volksminderheiten »geistig« vorbereitet haben.*

*(Erhard [Bad Schwalbach] [CDU/CSU]: Wen meinen sie denn?)*

*[...] Da erscheint Woche für Woche die »Deutsche Nationalzeitung«, über die Adolf Arndt in der Verjährungsdebatte 1965 sagte: »Wenn es je etwas Ehrenloses gab, etwas bis in den letzten Winkel des Schmutzes der eigenen Seele Verlumptes, dann ist das diese ehrlose Haltung solcher Blätter.«*

*(Beifall bei der SPD und bei Abgeordneten der FDP)*

*[...] Warum sind bei uns immer noch Schulen nach Nazi-Dichtern, Kasernen nach Steigbügelhaltern Hitlers benannt? Warum ist es bei uns dagegen nicht möglich, einer Universität den Namen Heinrich Heines oder Carl von Ossietzkys zu geben?*

*(Beifall bei der SPD und bei Abgeordneten der FDP)*

*[...] Die Vorstellung ist unerträglich, daß sich nach dem 31. Dezember dieses Jahres bislang unentdeckte NS-Mörder ohne Furcht vor Strafe ihrer Verbrechen rühmen dürfen, wie das schon zu Zeiten galt, als die Verjährung noch nicht aufgehoben war und sich Herr Studienrat Zind, der sich später ins Ausland absetzte, rühmte, Juden mit dem Spaten erschlagen zu haben, und ihn der ihm vorgesetzte Oberstudiendirektor später damit entschuldigte, er habe nur Russen gemeint. Die Aufhebung der Strafverfolgungsverjährung von NS-Verbrechen ist nicht nur eine juristische, sondern auch eine historisch-politische Notwendigkeit.*

*(Beifall bei Abgeordneten der SPD und FDP)*

Öffentlich wurde weiter diskutiert und gestritten. Bis der Bundestag am 3. Juli 1979 mit 255 zu 222 Stimmen beschloß, die Verjährung für Mord und Völkermord gänzlich aufzuheben. Allerdings hatte zwei Tage zuvor schon wieder ein Altnazi eines der höchsten Ämter der Republik erklommen: Amtsantritt des im Mai gewählten Bundespräsidenten Karl Carstens, SA-Mann, NS-Parteimitglied, im NS-Rechtswahrerbund, Vertrauter Globkes und den Volkskörper umschmusender Wandervogel, der seine dreiste Popularitätshascherei noch durch Dämlichkeit ergänzte: »Ich fordere die ganze Bevölkerung auf, sich von der Terrortätigkeit zu distanzieren, insbesondere auch den Dichter Heinrich Böll, der noch vor wenigen Monaten unter dem Pseudonym Katharina Blüm ein Buch geschrieben hat, das eine Rechtfertigung von Gewalt darstellt.«

Das Jahr 1979 endete mit einer großen Enttäuschung. Seit Februar 1979 war ich Vorsitzender der Gesellschaft UdSSR-BRD in Nordrhein-Westfalen. Im Vorstand saßen mehrheitlich DKP-Mitglieder. Herbert Wehner war bemüht, Mehrheiten für SPD-Angehörige, die nicht zu links waren, in den Vorständen zu organisieren. Als ich im November wieder für den Vorsitz kandidierte, mußte die Wahl ohne mich über die Bühne gehen. Was dann geschah, muß man nachlesen, um es zu glauben:

*Lieber Herbert,*

*Anfang des Jahres hatte ich mich nur zögernd und nach reiflicher Überlegung bereit erklärt, zum Vorsitzenden des Regionalverbandes Rhein-Ruhr der Gesellschaft UdSSR-BRD zu kandidieren. Ich wurde gewählt. Ein Herr Steinmetzer, der selbst den Vorsitz angestrebt hatte, hat dann die Wahl bei Gericht angefochten – wegen eines Formfehlers, den er selbst (vorsorglich?) in der von ihm versandten Einladung begangen hatte. Die Wahlversammlung wurde deshalb am 10. November 1979 wiederholt. Ich konnte daran nicht teilnehmen, weil ich seit drei Wochen mit einer schweren Gallenblasen- und Leberentzündung im Krankenhaus liege. Heute erfahre ich von Vorgängen auf dieser Wahlveranstaltung, die mich veranlassen, Dir diesen Brief zu schreiben. Überraschend erschien nämlich Herr Steinmetzer mit etwa 20 eben neu eingetretenen Mitgliedern im Gefolge, darunter auch Karl Wienand. Wienand erklärte, er sei im Auftrag Herbert Wehners gekommen, um gegen Hansen zu kandidieren. Der mit »kriegswissenschaftlicher« Akribie vorbereitete und überfallartig durchgeführte Handstreich ist trotzdem mißlungen: Ich wurde in Abwesenheit mit großem Vorsprung gewählt.*

*Ich schreibe Dir, weil ich nicht glauben kann, daß Du in der geschilderten Weise tätig geworden bist. Natürlich kann in einer Demokratie jeder jederzeit gegen jeden für alles kandidieren. Aber was sollte Dich veranlaßt haben, mich für eine eher nachrangige Funktion so vollständig zu disqualifizieren, daß Du jemand mit einer Gegenkandidatur beauftragst? Warum solltest Du die Operation – wenn sie aus mir unerfindlicher Räson nun schon notwendig war und dadurch legitimiert – auf eine, um es mit Deinen Worten zu sagen, »verächtliche« Weise gegen einen Fraktionsgenossen durchführen lassen, die weit unter der Schwelle üblicher Umgangsformen zwischen Art- und Zeitgenossen liegt? Ich will es nicht glauben. Deshalb bitte ich Dich, mir zu erklären, ob und wieweit das mir Berichtete zutrifft, und gegebenenfalls, warum das so sein mußte.*

*In Betroffenheit*
*Dein K.H. Hansen.*[42]

1980 war das Jahr des heftigsten Wahlkampfs zur Bundestagswahl, den es in 30 Jahren Republik gegeben hatte. Zum ersten Mal konnte man wirklich vom Kämpfen reden, also auch von Feinden. Das Wahlvolk und die zur Wahl Stehenden hatten sich gründlich gewandelt. Der Wandel hatte unterschiedliche Ursachen. Unter anderem die Mißachtung der etablierten Parteien eines bei vielen Menschen erwachenden Bewußtseins für die Probleme der sogenannten friedlichen Nutzung der Kernenergie und der Entsorgung der gefährlichen Brennelemente. Diese Mißachtung erzeugte Massenproteste in Brokdorf und Gorleben (wo sie bis heute andauern), die schließ-

---

42 Natürlich hat Wehner mir auf diesen – bisher unveröffentlichten – Brief nie geantwortet.

lich im Februar 1980 in die Gründung einer neuen Partei mündeten: Die Grünen. Außerdem gab es zunehmende Irritationen in der Außen- und Sicherheitspolitik. Ende 1979 hatte die UdSSR begonnen, Truppen nach Afghanistan zu schicken, um den Bürgerkrieg zwischen Mudschaheddin und der kommunistischen Volkspartei zu beenden und ihre Südflanke zu sichern – was in den zehn folgenden Jahren nicht gelang. Als den Sowjets die Lufthoheit verlorenging, weil die CIA den Mudschaheddin Stinger-Luftabwehrraketen lieferte, der Krieg also nicht mehr zu gewinnen war, zog der neue Parteichef Gorbatschow die sowjetische Armee zurück. Die Absicht der USA, die Sowjets in einen Krieg nach vietnamesischem Muster zu verwickeln und so zu schwächen, war mißlungen.

Als Reaktion auf den Einmarsch in Afghanistan hatten die USA im April 1980 den Boykott der Olympischen Spiele in Moskau beschlossen. Ungefähr 40 westliche Staaten folgten der amerikanischen »Anregung«, darunter die Bundesrepublik Deutschland. In diesen politischen Zusammenhang, wenn auch der Afghanistan-Intervention der Roten Armee vorgelagert, gehört Helmut Schmidts Erfindung einer »Raketenlücke« im strategischen Gleichgewicht von Ost und West,[43] das durch die 1976 begonnene Ausrüstung der Sowjetarmee mit neuen landgestützten Atomraketen vom Typ SS-20 bedroht sei. Rüstungsexperten haben darin zwar keine neue Qualität der Bedrohung erkennen können. Dennoch wurde am 12. Dezember 1979 ein »Nato-Doppelbeschluß« gefaßt, der die Drohung westlicher Nachrüstung mit dem Angebot von Verhandlungen verband und noch auf Jahre heftig umstritten blieb.

In diesen politisch stürmischen Zeiten löste ausgerechnet das kleinste Bundesland ein Gewitter aus, das lange nachhallte. Spitzen der Stadt Bremen und der Bundeswehr hatten sich geeinigt, das 25jährige Bestehen der Nato am 6. Mai 1980 zum Anlaß für ein großes Tschingderassabum im Weserstadion mit 1.700 Soldaten und einem »Öffentlichen Gelöbnis« zu nehmen – in Anwesenheit des großen Vorbilds Bundespräsident Karl Carstens. Kaum war das bekannt, gab es Warnungen und Widerstand von allen Seiten gegen diesen militärischen Zirkus, auch in der SPD, vor allem von den Jusos und der Arbeitsgemeinschaft für Arbeitnehmerfragen (AfA). Sogar ein ganzer Unterbezirk (Bremen-Ost) verabschiedete auf einer besonderen Delegiertenversammlung mit großer Mehrheit einen ablehnenden Beschluß an die Adresse von Bürgermeister und Senatspräsident Hans Koschnik.

Auch die Arbeitsgemeinschaft Sozialdemokratischer Frauen (ASF) war dagegen: »Wir meinen, daß gerade jetzt alles unterlassen werden sollte, was nach Säbelrasseln und militärischer Kraftmeierei aussehen könnte und damit den Eindruck erweckt, eine Lösung der internationalen Probleme sei letztlich mit militärischen Mitteln möglich. Das Datum zwei Tage vor der 35. Wiederkehr der Kapitulation sollte uns Aufforderung und Mahnung sein. Deshalb fordern wir die Absetzung der öffentlichen Vereidigung im Weserstadion.« Der Juso-Landesverband forderte »aufs Schärfste den Senat der Freien Hansestadt Bremen auf, alles zu tun, um diese Veranstaltung

---

43 Rede am 28. Oktober 1977 im International Institute for Strategic Studies, London.

zu verhindern«. Und gab zusätzlich zu bedenken, »daß die in weiten Bevölkerungskreisen des In- und Auslandes mit starken Vorbehalten belastete NS-Vergangenheit
des amtierenden Bundespräsidenten die Veranstaltung mit noch mehr Konflikt beladen würde«.

In der Bevölkerung wuchsen Ablehnung und Empörung. 200 Mitarbeiter und 53
Pastoren der evangelischen Kirche schrieben: »Angesichts der angespannten internationalen Lage und des forcierten Wettrüstens halten wir es für unverantwortlich,
gerade jetzt ein militärisches Zeremoniell zu veranstalten, das in seiner Art für die
Bundesrepublik erstmalig ist.« Auf Einladung des Kommunistischen Bundes Westdeutschland (KBW) tagte Mitte April in der Universität Bremen eine bunte Versammlung von Gegnern der öffentlichen Vereidigung, um sich über Art und Formen ihrer
Aktionen am 6. Mai zu verständigen. Dabei waren Vertreter der DGB-Jugend, der IG
Metall, der ÖTV, der Bremer Schülervertretung, der Jungsozialisten, des AStAs der
Universität, der Betriebs- und Personalräte, der Bremer Bürgerinitiative gegen Atom-
kraftwerke (BBA), der Alternativen Liste und der Grünen Liste. Trotz aller Warnungen
und wohl wissend, daß die öffentliche Verherrlichung der Traditionen der Bundeswehrmacht Gewalttätigkeiten provozieren mußte, blieb Hans Koschnick (Jahrgang
1929) stur und uneinsichtig und bewies damit, daß die von Helmut Kohl zum Sprichwort gemachte »Gnade der späten Geburt« nichts anderes ist als Geschichtsverges-
senheit. Am 6. Mai versuchten zirka 150 Demonstranten gewaltsam ins Weserstadion
einzudringen, warfen mit Steinen und verletzten Polizisten. Es gab 42 Verhaftungen
und Anklagen wegen Landfriedensbruchs und Körperverletzung. Die SPD Bremen
hatte Strauß und Co. ein Dauerthema zur Ausschlachtung im Wahlkampf geliefert.

Der Wahlkampf 1980 war auch deshalb von erbitterter Härte, weil er mehr und
mehr zum persönlichen Zweikampf zwischen den Spitzenkandidaten entartete.
Helmut Schmidt (linke Pazifisten gleich Spinner) und Franz-Josef Strauß (Journalisten gleich Ratten und Schmeißfliegen), zwei Egomanen mit beträchtlichem Belei-
digungspotential und ähnlichen Neigungen zu hochmütiger Rechthaberei, ließen
sich nicht lumpen, wenn es darum ging, die Massen der Wähler zu polarisieren.
Wahlentscheidend waren dennoch eher die »neuen sozialen Bewegungen«, weil sie
bisherige Stammwähler der beiden großen Parteien mit den akuten Themen wie
Ökologie, Frieden und Abrüstung absorbierten und bisherige Nichtwähler hinzuge-
wannen. Die Grünen und Alternativen Listen hatten seit 1979 Sitze in den Landtagen
Bremen, Baden-Württemberg, Niedersachsen und Hamburg erobert und wurden in
mehrere Kommunalparlamente gewählt. In der Auseinandersetzung um den sogenannten Nato-Doppelbeschluß, der in Wahrheit ein Aufrüstungsplan mit Verhand-
lungsfußnote war, erhielt die aus vielen gesellschaftlichen Lagern gewachsene Friedensbewegung einen gewaltigen Auftrieb, vorwiegend zu Lasten der SPD, weil ihr
Bundeskanzler unnachgiebiger Propagandist des sogenannten Doppelbeschlusses
war und blieb.

In Düsseldorf war die Mehrheit meiner Genossinnen und Genossen nach wie vor
mit meinem Abstimmungsverhalten im Bundestag einverstanden. Für sie war mein

Nein ein Ja zu den Beschlüssen der Partei. Entsprechend gestaltete ich mein Werbefaltblatt zur Wahl. Ich blieb der Kandidat im Düsseldorfer Wahlkreis 74.

*Wahlkampf 1980*

Außerhalb der Hauptstadt hatte die Zahl der Bedenkenträger leicht zugenommen. Ihr Bedenken galt mehr der Form als dem Inhalt meiner Kritik – sagten sie. Aber meist ist ja Bedenken gegen die Form nur verkleidete Ablehnung des Inhalts. Meine Plazierung auf einem sicheren Listenplatz war ziemlich knapp. Der »Spiegel« kolportierte anschließend: »Karl-Heinz Hansen, 53, eigenwilliger Linksaußen der sozialdemokratischen Bundestagsfraktion, wird auch im neuen Parlament für Wirbel sorgen. Zwar wurde er von Genossen auf der SPD-Landesdelegiertenkonferenz in Gütersloh wegen ›mangelnder Fraktionssolidarität‹ heftig kritisiert und bekam auch am wenigsten Ja-Stimmen, gleichwohl aber einen sicheren Platz auf der Landesliste. Flachste Nordrhein-Westfalens Kultusminister Jürgen Girgensohn nach der Wahl: ›Da bist du ja noch einmal mit einem blauen Auge davongekommen.‹ Rebell Hansen trocken: ›Du aber auch, Jürgen. Sonst hättest du mich wieder im Schuldienst.‹«

Dann ging es wieder los: Zur Frühschicht Flugblätter vor den Werkstoren verteilen, Hausbesuche, Straßenwerbung, Gruppen- und Einzelgespräche mit Passanten und diesmal besonders viele Versammlungen, auch außerhalb Düsseldorfs. Bis zur Wahl am 5. Oktober 1980. Das Wahlergebnis bestätigte die sozialliberale Koalition. Die Stimmen für die SPD stagnierten allerdings ziemlich genau auf dem Niveau der vorherigen Wahl; sie gewann lediglich vier Sitze im Bundestag dazu. Dagegen hatte die »Stoppt-

Strauß«-Kampagne einerseits der CDU/CSU deutliche Stimmenverluste gebracht: das schlechteste Wahlergebnis seit 1949. Andererseits hatte sie gleichzeitig zum mageren Ergebnis von 1,5 Prozent für die Grünen beigetragen, die sich zum ersten Mal an einer Bundestagswahl beteiligten. Viele ihrer potentiellen Wähler wollten mit ihrer Stimme wohl lieber Strauß verhindern, statt sie für die grüne Partei aufs Spiel zu setzen.

Am meisten profitierte die FDP. Ein Plus von 14 Sitzen bedeutete neue Beweglichkeit in ihrem Spiel als »Zünglein an der Waage«. Das wurde öffentlich auch so diskutiert. Kurz nach Schmidts erneuter Wahl zum Bundeskanzler antwortete Graf Lambsdorff auf die Frage des »Spiegel«: »›Bei den Sozialdemokraten breitet sich die Furcht aus, daß die FDP in den Koalitionsverhandlungen bereits den Absprung zur Union in dieser Legislaturperiode vorbereitet hat.‹ Lambsdorff: ›Hirngespinste‹.« Ein derart vehement herausgestoßenes Dementi sagt mehr als 1.000 Worte, wie jeder weiß, der einen Politiker kennt. Und die Lüge wird zur Gewißheit, wenn der Lügner Mitglied der »Umfallerpartei« ist.

In der SPD-Bundestagsfraktion schien der Proporz zwischen Links und Rechts stabil zu sein. Das änderte sich, als sich der große Ärger über das mickrige Ergebnis der Koalitionsvereinbarungen mit den Liberalen in der Partei Luft machte. Selbst die Länderchefs kritisierten einmütig das trübe Ergebnis und betrachteten es lediglich als allgemeinen »politischen Rahmen«. Als Helmut Schmidt in der Sitzung des Parteivorstands sich in seinen berüchtigten Berichten über die große weite Welt verlor, statt Genaueres über die Verhandlungen herauszulassen, platzte dem saarländischen Parteichef Oskar Lafontaine der Kragen: »Die Partei hat ein Recht darauf, informiert zu werden. Niemand regiert von Gottes Gnaden.«

Ihren geballten Frust ließen die rechten Kanalarbeiter dann die Linken spüren: Kein einziger Kandidat, dem auch nur ein linker Hauch anhaftete, schaffte es, in den Vorstand der Fraktion gewählt zu werden. Daraufhin kündigte ich dem Fraktionsvorstand an: »Wenn nicht spätestens in vier Wochen mit der FDP eine befriedigende Mitbestimmungsregelung vorliegt, bringen wir unseren alten Gruppenantrag ein.« Denn vor der Bundestagswahl hatte Wehner einen Gesetzentwurf zur Sicherung der Montan-Mitbestimmung angeregt, den über 200 Abgeordnete unterschrieben hatten. Wehner wußte, was meine Drohung bedeutete, und ließ durchblicken, daß er sich kümmern werde.

Zu jener Zeit breiteten sich »Öffentliche Gelöbnisse« mit dem ganzen Brimborium falscher Traditionen epidemisch aus. Zum Beispiel am 12. November 1980 auf dem Münsterplatz, im Zentrum der Bundeshauptstadt Bonn. Drei Tage vorher organisierten die Jusos, zusammen mit studentischen, kirchlichen und anderen Jugendverbänden, einen Demonstrationsmarsch von der Nordbrücke Bonns zum Münsterplatz. Dort gab es vor fast 1.000 Menschen eine Abschlußkundgebung unter dem Motto »Für Frieden und Abrüstung – gegen Militarismus – für das Recht auf Kriegsdienstverweigerung«. Am Tag des »feierlichen Gelöbnisses« fand zur gleichen Zeit eine Podiumsdiskussion in der Godesberger Stadthalle statt. Als Redner waren der Fraktionskollege Karsten Voigt und ich geladen.

Ich nutzte die Gelegenheit, um ein paar Wahrheiten in Erinnerung zu rufen. Die Bundeswehr feierte im Jahr 1980 immer noch treue Gefolgsleute Hitlers in Kasernennamen, Ehrennischen und Gedenkfeiern, ganz im Sinne der Wehrmachtsgeneräle, die ihre Dienste bei der deutschen Wiederbewaffnung von der Unantastbarkeit der »Ehre« ihrer alten Kameraden abhängig gemacht hatten. Konrad Adenauer hatte das nicht nur zugelassen, sondern offenbar auch so gewollt. Der eher rechte Journalist Mathias Walden hatte dazu geschrieben: »Adenauers Antikommunismus war primitiv, wirksam und ehrlich ... Mit füchsischer Gelassenheit überließ er alten Generälen, die vor Hitler salutiert hatten, neue Kommandoposten in der Bundeswehr.« Gelöbnis, Eid und Zapfenstreich, einschließlich pseudoreligiösem Schmonzes, tradieren demokratiefeindliche militärische Gesinnungen – nicht zuletzt, um die unzähligen Wehrmachtsverbrechen an unbewaffneten Zivilisten überall in Europa vergessen zu machen.[44] In der anschließenden Diskussion war in manchen Beiträgen zu spüren, wie sehr der Protest sich bereits zur Wut gesteigert hatte.

Das Jahr 1981 stand unter keinem guten Stern. Gleich zu Beginn hatte Willy Brandt selbst für einige Risse im Podest gesorgt, auf dem er so gern posierte. Er hatte als Vorsitzender der Nord-Süd-Kommission »Wege aufgezeigt zu einer gerechteren Wirtschaftsordnung«, wie es in einem der programmatischen Papiere hieß. Dann aber lieferte er einen schlagenden Beweis dafür, daß es in der beharrenden Natur von Wegweisern liegt, den von ihnen gewiesenen Weg nicht selbst zu gehen. Manche hindern sogar noch andere daran, auch nur den kleinsten Schritt in die aufgezeigte Richtung zu tun.

Am 26. Januar übermittelten 24 Abgeordnete der SPD-Fraktion Herbert Wehner einen Änderungsantrag zum Haushaltsplan für 1981: »Der Einzelplan 14 (Verteidigung) wird um eine Milliarde gekürzt. Der Einzelplan 23 (Entwicklungshilfe) um eine Milliarde erhöht.« In der Begründung hieß es unter anderem: »Wir sehen vor und um uns eine Welt mit riesigen Gebieten, in denen Armut und Hunger herrschen; eine Welt, in der Rohstoffe ohne Rücksicht darauf verschwendet werden, ob sie ›nachwachsen‹, in der mehr Waffen produziert und verkauft werden als jemals zuvor; wo eine Zerstörungskraft angehäuft worden ist, die ausreicht, unseren Planeten gleich mehrmals in die Luft zu jagen ...« Es wurden auch Beispiele vorgerechnet: für ein Kampfflugzeug 40.000 Dorfapotheken; für einen Panzer 1.000 Klassenräume; für ein Prozent der jährlichen Rüstungsausgaben die Selbstversorgung der ärmsten Länder mit Nahrungsmitteln.

Als wir in der stundenlangen hitzigen Fraktionsdebatte enthüllten, daß die Begründung Wort für Wort dem 1979 von Willy Brandt unterschriebenen Bericht der

---

44 Der »Kameradschaftskreis der Gebirgstruppe e.V.« veranstaltet seit 1957 ein Pfingsttreffen in Mittenwald, Standort der Bundeswehr-Gebirgsjäger, um ihrer Vorgänger in der Wehrmacht zu gedenken. Teilnehmer sind aktive und ehemalige Soldaten, aber auch ehemalige, mit Hakenkreuzorden dekorierte Gebirgsjäger der Wehrmacht, die besonders in Griechenland und Italien Frauen und Kinder ermordet und ganze Dörfer angezündet hatten. Darunter war der Leutnant Josef Scheungraber, wegen seiner Beteiligung am Massaker in Falzano di Cortona vom August 1944 in Italien zu lebenslanger Haft verurteilt, später Ehrenbürger der Gemeinde Ottobrunn.

Internationalen Kommission für Entwicklungshilfe samt seinem flammenden »Appell an die Verantwortlichen in aller Welt« entstammte, sah sich der Parteivorsitzende Brandt genötigt, Stellung zu beziehen – gegen den Antrag der 24: Man möge das alles nicht so wörtlich nehmen, das sei doch eine Sache von Jahrzehnten. Unser Antrag wurde abgelehnt und uns Befürwortern in der Haushaltsdebatte des Bundestags das Rederecht beschnitten. Ergo: Der Unterschied zwischen Helmut Schmidt, der zwanghaft den Achtundsechzigern die Schuld an allem Elend dieser Welt anlastet, und Willy Brandt war so groß nicht.

Armut und Hunger in der Welt sind seitdem Jahr für Jahr größer geworden. Die Rüstungshaushalte auch. Heute, über 30 Jahre nach der internationalen Selbstverpflichtung der Industrienationen, 0,7 Prozent ihres Bruttosozialprodukts für Entwicklungshilfe auszugeben, liegt der deutsche Anteil gerade mal bei schäbigen 0,27 Prozent. Dagegen sind die Rüstungsausgaben weiter gestiegen. Denn die Bundeswehr hat ihre »Verteidigungs«-Aufgaben ja bedeutend erweitert: Sie soll Deutschland weltweit den Zugang zu »Rohstoffen und Märkten« sichern, eine Verteidigungslinie, die im Grundgesetz nicht vorgesehen ist.

Am 27. Januar 1981 ging es dann los: Der Pressedienst DPA hatte meinen für die Februar-Ausgabe von »Konkret« geschriebenen Artikel vorab veröffentlicht – willkommener Anlaß für die rechten Rechthaber in Fraktion und Partei, endlich ihrem aufgestauten Ärger über »Dissidenten« im allgemeinen und über den »Störenfried« Hansen im besonderen freien Lauf zu lassen. Allerdings in einem äußerst restringierten Sprachcode, leider auch bei denen, die mein Quousque tandem? sehr wohl verstanden hatten. Herbert Wehner ließ sofort eine Kopie des Artikels an alle Fraktionsmitglieder verteilen und ordnete eine Sondersitzung der Fraktion an, die – ohne mich angehört zu haben – mit 155 Stimmen, (m)einer Gegenstimme und elf Enthaltungen die »Angriffe und Unterstellungen von Karl-Heinz Hansen« mißbilligte.

*Hansen in »Konkret« 2/81*

# Kündigt den »Nachrüstungsbeschluß«!

### VON KARL-HEINZ HANSEN

WIE lange noch will die Sozialdemokratische Partei ohnmächtig zusehen, wie ihr stellvertretender Vorsitzender, alias Bundeskanzler Schmidt, fortgesetzt gegen proklamiertes Selbstverständnis und programmierte Zielsetzung seiner Partei handelt?

Wie groß muß die Zahl der politisch bewußten Demokraten werden, die sich nach dem 5. Oktober 1980 durch die Praxis der mit ihrer Hilfe wieder regierenden Sozialdemokraten getäuscht sehen, damit was geschieht?

Hat die Fixierung auf parlamentarische

sen. Wir wären nicht mehr nur mitschuldig für die Hungertoten in der Sahelzone, sondern direkt mitverantwortlich für die mit deutschen Waffen Getöteten.

Wer die Untergrenze der Selbstachtung als Mitglied der Sozialdemokratischen Partei und Bundestagsfraktion nicht unterschreiten will, muß über seinen klaren prinzipiellen Widerspruch zu einer derart parteifremden Politik hinaus konkreten Widerstand leisten. Der muß den Kanzler beim Wort nehmen und fragen, ob wir unser Einkommen und Auskommen gegen anderer Leben und Tod aufrechnen wollen. Der muß

Am 2. Februar faßt der Vorstand meines Unterbezirks Düsseldorf einstimmig einen Beschluß, in dem er das Präsidium der Gesamtpartei »dringend« bittet, die »Auffassungen der Düsseldorfer SPD zu berücksichtigen«, die »ein Ausschlußverfahren für den falschen Weg« hält, »weil es zur Polarisierung in der Partei führt und eine politische Klärung verhindert«. Am 3. Februar versende ich eine Presseerklärung, in der unter anderem zu lesen ist:

*Ist es die Ausdrucksweise in dem von mir verfaßten Artikel für das Februarheft von ›Konkret‹ über Rüstung und Waffenexporte? Wer, wie ein Fraktionsteil der SPD, mir den Tod bei Glatteis wünscht, mit Stuhlbeinen und Zuchthaus droht, meinen Gesundheitszustand bezweifelt und in einer einfachsten demokratischen Spielregeln widersprechenden Weise Mißbilligungen verhängt, kann mit mir über Stil und Form nicht mehr streiten. ... (Es) ist daran zu erinnern, was der Bezirk Niederrhein ... im November 1977 dem Bundesparteitag der SPD in Hamburg – anscheinend folgenlos – zu bedenken gab: ... Notwendig ist das offene Aussprechen, was ist, um bei aller Vielfalt im Denken zur Einheit im Handeln zurückzufinden.*

Und im Südwestfunk äußert sich der Tübinger Professor Walter Jens: *Da behauptet Herr Fran-ke, er frage sich, ob Hansen noch im Vollbesitz seiner Gesundheit sei. Und da muß ich dem Minister Franke in seiner erbarmungswürdigen Borniertheit mit dem Blick auf Hansen, mit dem Blick auf das, was heute in Amerika artikuliert wird, doch zurufen: Wer über gewisse Dinge den Verstand nicht verliert, der hat keinen zu verlieren. Ich glaube, heute ist es angesichts dessen, was wir da hören aus dem Umkreis des Weißen Hauses, ehrenwerter, mit Hansen den Verstand zu verlieren, als ihn mit Franke zu behalten.*

Am 6. Februar tagt der SPD-Bezirksvorstand im Düsseldorfer Landtagsgebäude. Ich bin zum Verhör vorgeladen. Die mehrstündige Diskussion verläuft in gewohnter Lebendigkeit, durchsetzt mit Wortklaubereien, Zuspitzungen und hier und da Anzeichen geringerer persönlicher Wertschätzung. Der Vorsitzende Bäumer findet mich »ignorant, sogar arrogant«. Dabei habe ich schon bedauert, daß unser Kanzler sich seit 1978 (BBC-Kommentar) von mir beleidigt fühlt. Aber es gibt auch die Meinung, daß mein Artikel »lediglich Auslöser für eine notwendige innerparteiliche Diskussion« sei. Die erregten Reaktionen könnten ein Indiz dafür sein, daß »sich die Partei in einer Identitätskrise befinde«.

Angestachelt vom Vorsitzenden Bäumer – seinerzeit Minister für Ernährung, Landwirtschaft und Forsten in der Landesregierung von Johannes Rau – entscheidet sich der SPD-Bezirksvorstand Niederrhein dann einstimmig:

1. Das Verhalten des Abgeordneten Karl-Heinz Hansen wird schärfstens nach Form und Inhalt mißbilligt.

2. Im Wiederholungsfall wird der Bezirksvorstand unverzüglich Sofortmaßnahmen mit dem Ziel des Parteiausschlusses bei der Bezirkskommission beantragen.

3. Der Bezirksvorstand fordert Karl-Heinz Hansen auf, sein Mandat zur Verfügung zu stellen (dies wird bereits in der Sitzung von Hansen abgelehnt).

4. Der Bezirksvorstand Niederrhein bekräftigt seinen Willen, die Politik des Bundeskanzlers und der sozialdemokratisch geführten Bundesregierung weiterhin

mit allen Kräften zu unterstützen, und legt Wert auf die Feststellung, daß Helmut Schmidt sich auf seine Genossen am Niederrhein verlassen kann.

Im Gespräch mit einem Journalisten ernennt Hans Otto Bäumer sich schließlich zum Schiedsrichter über den »Wiederholungsfall«: »Beim nächsten Mal gibt's die rote Karte.« Nur vorauseilender Gehorsam oder schon die Ausführung eines Befehls von oben? Die Zeiten sind nämlich voller Verunsicherungen für Vorsitzende und Schmidtbestimmer, die trotzig an ihrer Nachrüstungspolitik festhalten. Der rapide wachsende Widerstand der Friedensbewegung gegen den Nato-Doppelbeschluß, der für mich immer ein »Aufrüstungsbeschluß mit Fußnote« war, verhärtet zunehmend die Fronten. Auch in meinem Fall: Angesichts der zahlreichen Sympathiekundgebungen von Wählern, Parteimitgliedern und Ortsvereinen sowie den sich häufenden Parteiaustritten mit Verweis auf meine Argumente, kursiert im engeren Kreis der Parteilenker bereits die Parole »Hansen muß weg!«. Und hinter den Kulissen wird emsig daran gearbeitet.[45]

Indes sind viele Menschen in und außerhalb der Partei ganz und gar dagegen. In meinem Büro stapeln sich Briefe mit Solidaritätserklärungen von Ortsvereinen, Unterbezirken und Bezirken aus allen Gegenden der Republik (am 1. Februar schon fast 300) sowie Kopien von Schreiben an Willy Brandt, Herbert Wehner und Helmut Schmidt, voller Sorge und Wut über deren Umgang mit einem »ehrlichen« Genossen. In einigen Zuschriften wird an die unselige Praxis der Partei seit Beginn der Republik bis in die jüngsten Jahre erinnert, Kontroversen mit »linken Abweichlern« durch Parteiausschluß zu erledigen und sich so selbst zu schädigen.

In der Tat: Seit die Partei die Geschäftsgrundlage der Bundesrepublik, den Antikommunismus, zu ihrer eigenen gemacht hatte, genügte schon das Gerücht einer Nähe zu Personen und Vereinigungen im »Vorfeld« des Kommunismus, um aus der Partei zu fliegen. Die Liste der Betroffenen ist so lang, daß hier nur einige wenige Beispiele aufgeführt werden sollen: 1958 traf es den Wirtschaftstheoretiker Victor Agartz wegen seiner Kontakte zur DDR-Gewerkschaft FDGB. 1960 war der Sozialistische Deutsche Studentenbund (SDS)[46] dran – wegen Zusammenarbeit mit dem Bund Freiheit der Wissenschaft. Er war eines der ersten Opfer von »Unvereinbarkeitsbeschlüssen«,[47] die festlegten, welche Gruppen und Organisationen mit der Mitgliedschaft in der SPD unvereinbar waren, und somit den Rausschmiß von linken Kritikern automatisierten. 1961 folgte Professor Wolfgang Abendroth wegen Gründung der Fördergesellschaft des SDS. 1969 flog der Jungsozialist Rudolf Karl

---

45 Hans Apel, evangelischer Pfadfinder, Vertrauter Helmut Schmidts, Verteidigungsminister und Freund »Öffentlicher Gelöbnisse«: »Natürlich hat sich der Bundeskanzler mit seinen Plänen, deutsche Panzer nach Saudi-Arabien zu liefern und dem U-Boot-Export nach Chile in unnötige Schwierigkeiten gebracht. Der Widerstand gegen diese Vorhaben ist so groß, daß sie aufgegeben werden müssen. Wenn es aber dem Bundesvorstand nicht gelingt, den Bundestagsabgeordneten Hansen auszuschließen, der Schmidt ›politische Schweinereien‹ und ›Geheimdiplomatie‹ gegen das eigene Volk‹ vorwirft, dann werden alle Schleusen geöffnet.« (*Der Abstieg*, 1990).
46 Dessen Vorsitzender von 1947 bis 1948 war Helmut Schmidt.
47 Es gibt die Unvereinbarkeit mit der Vereinigung der Verfolgten des Naziregimes (VVN). Die gleichzeitige Mitgliedschaft in der SPD und in der Hilfsgemeinschaft auf Gegenseitigkeit der Waffen-SS (HIAG) ist kein Problem.

Schmidt, weil er einen SED-Historiker zu einer Versammlung eingeladen hatte. 1971 war es Franz Josef Degenhardt, der ausgeschlossen wurde, weil er zur Wahl der DKP bei den Landtagswahlen in Schleswig-Holstein aufgerufen hatte. 1977 wurde der Juso-Bundesvorsitzende Klaus-Uwe Benneter rausgeworfen – wegen »parteischädigender Kritik« an der Führungsspitze der Partei. 1978 flog Professor Gerhard Stuby raus – wegen Zusammenarbeit mit Kommunisten in der Friedensbewegung. Die »Partei der Freiheit des Geistes« (»Godesberger Programm«) hat noch viele andere Menschen ausgeschlossen, auch weil sie nur mit Ausgeschlossenen sympathisiert hatten.

Vielleicht hätte Helmut Schmidt nicht ganz so lauthals nach Sühne für meine »Beleidigungen« gerufen, wenn er sich seiner markigen Sprüche besonnen hätte, die er als ungestümer 40jähriger im Deutschen Bundestag und anderswo von sich gegeben hatte. »Konkret« hat die Sprüche seiner wilden Jahre vor dem Vergessen bewahrt: Ausschnitte eines Interviews mit Helmut Schmidt im Jahr 1958, als sich die SPD der Bewegung »Kampf dem Atomtod« gegen die atomare Aufrüstung der Bundeswehr zugesellt hatte:

*KONKRET: Nun sind zum ersten Mal auch zwei Stichworte gefallen: Volksbefragung und Generalstreik. Halten Sie die Anwendung beider Kampfmittel für legitim?*

*SCHMIDT: Die Frage möchte ich uneingeschränkt mit Ja beantworten. Vor diesen beiden aber sollte man vielleicht noch den Begriff des »nationalen Notstandes« erörtern, der hier eine große Rolle spielt und der am Anfang der weitergehenden Überlegungen stand. Manche Menschen wollen sich nicht so recht mit diesem Wort befreunden. Offensichtlich deshalb, weil die atomare Bewaffnung der Bundeswehr nicht gleichzeitig zu Leichen auf den deutschen Straßen und Plätzen geführt hat. Wenn draußen schon die Leichen herumliegen würden auf den Straßen, die eines Tages aus dieser Geschichte entstehen könnten ...*

*KONKRET: Muß man nicht zu dem Schluß kommen, daß die SPD und alle Kräfte, die die Aktion gegen den Atomtod sonst noch tragen und verstärken sollen, vielleicht die Aufgabe hätten, einmal offensiv den Antibolschewismus als Zweckpropaganda zu entlarven und ihm entgegenzutreten?*

*SCHMIDT: Ja. Da aber die antibolschewistischen Ressentiments zweifellos vorhanden sind, ist es nicht ganz leicht, den Antibolschewismus, soweit er als Ideologie in Deutschland auftritt, als Ideologie und als Weltanschauung zu entlarven, als ein Instrument, das dazu da ist, das politische Denken auszuschalten und zu überwälzen durch gefühlsmäßige Assoziationen.*

Während ich in den folgenden Wochen fast täglich unterwegs bin, um wenigstens einem Teil der zahlreichen Einladungen zu Versammlungen, Interviews und Gastkommentaren in Zeitungen, Funk und Fernsehen nachzukommen, mehren sich die Forderungen der rechten Kanalarbeiter vor Ort, mich ohne »Faxen« auf der Stelle rauszuschmeißen – ermuntert von ihrem Vorbild »Canale Grande« Egon Franke, der offenbar glaubt, er könne über die »Bildzeitung« auch noch die Massen der lesenden Analphabeten gegen den »Herrn« Hansen in Stellung bringen.

Am 8. Mai 1981, dem »Tag der Befreiung«, laden mich die niederrheinischen Jungsozialisten zu einer Tagung über »Frieden und Abrüstung« ein. In freier Rede fordere ich mehr Transparenz und eine offenere Diskussion über Inhalt und Folgen des »Nachrüstungsbeschlusses«. Ich stelle fest, daß »die Medien insgesamt mehr Desinformation als Information betreiben«, und fahre fort: »Aber auf der anderen Seite muß man genauso die Regierung kritisieren. In dieser Frage auf Leben und Tod kann man auch nicht weiter in Fragen Sicherheitspolitik, Verteidigungspolitik eine Art Geheimdiplomatie gegen das eigene Volk betreiben. Dies geht auch nicht weiter. Da hat man auch mehr Recht auf Information« (laut Mitschnitt des WDR). In einem Bericht der »Frankfurter Rundschau« (13. Mai 1981) über die Juso-Konferenz vereinfacht der Korrespondent meine Aussage zu der Formulierung: »Der Kanzler betreibt nämlich in den Augen seines Kritikers Hansen in Sachen Nachrüstung eine Geheimdiplomatie gegen das eigene Volk.«

Hans Otto Bäumer befindet: Das ist der »Wiederholungsfall«! Er kündigt ohne Rückfrage ein Ausschlußverfahren an und startet in der ihm eigenen Diktion eine vorbereitende Kampagne, obwohl der Landesvorsitzende Johannes Rau, der Bundesgeschäftsführer Peter Glotz und der stellvertretende SPD-Parteivorsitzende Hans-Jürgen Wischnewski ihm dringend davon abgeraten hatten: »Jetzt spuckt er uns ins Gesicht. Hansen ist nicht mehr zu retten« (DPA, 14. Mai); »Hansen hat sich selbst ins Abseits gebracht« (WDR II, 14. Mai); »Kaum vermeidbar, daß ein Sofortausschluß betrieben werden muß« (WDR-TV, 14. Mai); »Hansen spielt sich auf, als sei er die Gallionsfigur der Entspannungspolitik« (DLF, 15. Mai); »Er folgt nicht mal einem kurzfristigen taktischen Kalkül, sondern geht nach einem kaltschnäuzig, skrupellos ausgetüftelten und strategisch angelegten Konzept vor« (»Frankfurter Rundschau«, 15. Mai).

Dagegen fordern 20 SPD-Abgeordnete des Bundestags den Bezirksvorstand der SPD-Niederrhein auf, »Schaden von der Partei fernzuhalten und kein Parteiordnungsverfahren einzuleiten«. Begründung: »Wir sehen in diesen Bemühungen den Versuch, einen sachkundigen Kritiker der Rüstungspolitik mundtot zu machen. Die politischen Meinungen und Sachaussagen von Karl-Heinz Hansen haben in der SPD ihren Platz. Voreilige Verurteilungen aufgrund von Einzeläußerungen dienen dazu, diese gezielt massenhaft zu verbreiten, helfen aber nicht einer gebotenen sachlichen innerparteilichen Willensbildung. Es ist notwendig, daß die Position von Karl-Heinz Hansen ohne Streit um einzelne Formulierungen weiterhin diskutiert wird« (15. Mai).[48]

Am 15. Mai tagt der Bezirksvorstand Niederrhein. Vor Betreten des Sitzungssaals erklärt der Vorsitzende Bäumer den wartenden Journalisten, es komme darauf an, »die Linie zu zeigen, wo der Rand der SPD sich beendet zeigt«. Es müsse demonstriert werden, »daß es da keine Fransen mehr gibt, daß es kein faules Fleisch mehr

48 Unterzeichnet von Otmar Schreiner, Peter Conradi, Ernst Walthemate, Karl Weinhofer, Renate Schmidt, Freimut Duve, Konrad Gilges, Norbert Gansel, Gerhard Schröder, Klaus Thüsing, Erich Meinike, Günter Jansen, Lieselotte Blunck, Kurt Leuschner, Günther Heyenn, Horst Peter, Gert Wartenberg, Peter Struck, Klaus-Dieter Kühlbacher, Horst Jungmann.

geben darf«. Ich werde in der stundenlangen Diskussion nur kurz angehört. Dann beschließt der Bezirksvorstand mit elf gegen zwei Stimmen das sofortige Ruhen aller Rechte und ein Parteiordnungsverfahren mit dem Ziel des Ausschlusses gegen Karl-Heinz Hansen. Darüber muß jetzt die Schiedskommission entscheiden.

Am Tag darauf äußert sich Bäumer im Westdeutschen Fernsehen über die Sitzung: »Ich habe ein ganz schlimmes Bild, eine sehr bildhafte Darstellung bevorzugt, um klarzumachen, was geht und was nicht geht. Wenn mir das dritte Mal jemand ans Hosenbein pinkelt, und ich sage ihm beim dritten Mal, jetzt ist Feierabend, du kriegst etwas hinter die Löffel, dann hat der beim vierten Mal damit zu rechnen, daß ihm der Kopf von den Schultern fällt. Und das halte ich für normal.«

Es gibt zahlreiche, zum Teil heftige Proteste dagegen. Der Unterbezirk der Düsseldorfer SPD hat sich in einer Sondersitzung am Sonnabend, dem 16. Mai 1981, mit dem Beschluß des Bezirksvorstands der SPD Niederrhein befaßt, ein Parteiordnungsverfahren gegen ihren Bundestagsabgeordneten Hansen einzuleiten, und gibt dazu folgende Erklärung ab:

*Nach Prüfung der Originaltexte und Umstände ist der Unterbezirksvorstand zu der Auffassung gelangt, daß die Sofortmaßnahme (Ruhen aller Rechte aus der Mitgliedschaft) und das Parteiordnungsverfahren gegen Karl-Heinz Hansen eine unangemessene Reaktion darstellt, die durch das Herausgreifen einer einzelnen Äußerung aus dem Zusammenhang einer mehrstündigen Rede und Diskussion nicht zu rechtfertigen ist. Dies ist ein ungeeigneter Versuch, Bundeskanzler Schmidt in einer innerparteilichen Auseinandersetzung zu unterstützen. Es muß vielmehr befürchtet werden, daß diese Entscheidung der SPD weiteren Schaden zufügen wird.*

Der Vorsitzende der Jungsozialisten im Bezirk Niederrhein, Ditmar Gatzmaga, schließt einen vorwurfsvollen Brief an Hans Otto Bäumer so: »Karl-Heinz Hansen ist Sozialdemokrat. Er muß SPD-Mitglied bleiben. Mit seinem Ausschluß soll eine ganze kritische Gruppe von Parteimitgliedern diszipliniert werden. Das werden wir jedem Parteimitglied klarmachen.« Willy Piecyk, der amtierende Bundesvorsitzende der Jungsozialisten, erklärt sich solidarisch:

*Wer versucht, die Diskussion über den Nato-Rüstungsbeschluß zu personalisieren und durch Parteiordnungsverfahren zu steuern, der ist blind dafür, daß die Ortsvereine und Unterbezirke der Sozialdemokratischen Partei auf breiter Front aufgestanden sind, um bis 1983 zu verhindern, daß die Bundesrepublik die Abschußrampe für atomare Raketen der USA wird, die nach Auffassung sachkundiger Wissenschaftler Erstschlagswaffen sind. Gerade die Einleitung des Parteiordnungsverfahrens ist für die Jusos Anlaß, daran zu erinnern, was Karl-Heinz Hansen seit Jahren für andere so unbequem gemacht hat: seine Kritik am stetigen Anstieg der Rüstungsausgaben. Wäre die Bundesregierung vor Jahren Hansens Hinweisen zum Tornado-Projekt gefolgt, hätten Milliarden Steuergelder sinnvoller ausgegeben werden können. Die Solidarität der Jungsozialisten gehört schon deshalb dem Sozialdemokraten Karl-Heinz Hansen. Die Jusos rechnen mit einer breiten Protestwelle in der SPD gegen den Beschluß des Bezirksvorstandes.*

Die Jungsozilisten in allen Bundesländern sind der gleichen Auffassung und wollen »alles tun, um mit Karl-Heinz Hansen für seinen Verbleib in der Partei zu kämpfen«.

Am 26. Mai versuche ich im Deutschen Bundestag noch einmal deutlich zu machen, worum es beim Nato-Beschluß geht und warum sich immer mehr Menschen gegen die Stationierung neuer Raketen auf deutschem Boden wehren, von dem ja nie wieder ein Krieg ausgehen sollte. Und so endet laut Protokoll mein Redebeitrag:

*Das ist es, wovor sich viele Menschen in der Bundesrepublik und in anderen Teilen Europas zu Recht fürchten: nicht daß die USA oder die Sowjetunion bewußt einen Krieg herbeiführen wollen, aber daß sie Situationen herstellen, in denen es dazu kommen kann. Deswegen rufen sie in einer immer stärker werdenden Friedensbewegung zum Widerstand gegen die Zumutung eines möglichen Stellvertreterkrieges der Supermächte auf. Sie wehren sich gegen die Ausweglosigkeit eines militärischen Verteidigungskonzeptes, das die mögliche eigene Vernichtung bedeutet. Hier kann ich nur anmerken: Freiheit gibt es eben nur als Freiheiten für Lebendige und nicht als abstraktes Gut. Deshalb – und damit bin ich am Ende, ohne meine Redezeit ganz auszuschöpfen – – –*
*(Demonstrativer Beifall bei der CDU/CSU)*
*Ja, meine Herren von der Opposition, ich rede auch für Menschen Ihrer Partei oder solche, die sich Ihnen nahe fühlen,*
*(Lebhafter Widerspruch bei der CDU/CSU)*
*weil sie auf Ihren Krolloper-Parteitagen nicht zu Wort kommen. Deshalb kann ich mit einigen Kollegen einer Entschließung, die die Absicht der Stationierung neuer Atomraketen auf dem dicht besiedelten Boden der Bundesrepublik festschreibt, nicht zustimmen. Denn gerade für uns Europäer – und dies wiederhole ich bewußt – gibt es keine wichtigeren Dinge, als bloß Frieden zu haben. – Ich danke ihnen.*

Am 28. Mai 1981 veranstalten die niederrheinischen Jungsozialisten unter der Parole »Keine neuen Atomwaffen in Europa« eine Kundgebung im Düsseldorfer Restaurant Alte Messe, das nicht zufällig in meinem Wahlkreis liegt. Mehr als 1.500 Besucher wollen dabeisein. Die Feuerpolizei muß schließlich die Türen schließen, so daß über 100 Menschen nur draußen demonstrieren können. Drinnen werde ich so überschwenglich begrüßt und beklatscht, daß mir angst und bange wird, weil ich immer mehr zur »Symbolfigur für eine kompromißlose Friedenspolitik« werde, wie Freunde sich ausdrücken. Die »Frankfurter Rundschau« schreibt am Tag danach, daß mein Name an den Wänden »prangte«, der »für die Versammlung das Synonym für Wahrheit und Klarheit, für Frieden und Abrüstung, für persönlichen Mut und sozialdemokratische Prinzipientreue« stehe.

Derart hohen Ansprüchen kann kein Mensch gerecht werden, und um das für mich Selbstverständliche zu tun, braucht es keinen Mut, wohl aber die Solidarität möglichst vieler Mitstreiter, damit das Notwendige Wirklichkeit wird. Es freut mich, daß die Jungsozialisten so einmütig und mit aller Kraft daran mitwirken wollen, wie ihr Bundesvorsitzender Piecyk noch einmal nachdrücklich versichert. Seine Rede wird »teilweise frenetisch gefeiert«, wie die erzkonservative »Rheinische Post« vermerkt. Großen Beifall findet auch der Beitrag meines Fraktionskollegen Dieter

Lattmann, der als Schriftsteller zugleich für viele seines Gewerbes spricht. Norbert Gansel, linker Abgeordneter aus Kiel, mahnt die Versammlung, bei aller Euphorie die Mühsal nicht zu unterschätzen, die es kosten wird, bis in die Mitte der Partei stabile Mehrheiten gegen den Nato-Aufrüstungsbeschluß zu erkämpfen. Am 27. Juni werde ich auf dem Bundeskongreß der Jungsozialisten wiederum mit großem Beifall als Gast begrüßt. Der Kongreß beschließt einmütig einen Antrag zu Frieden und Abrüstung, der im wesentlichen mit meiner Position zum Thema übereinstimmt.

*Soli-Aufruf der Jusos, 28.5.1981*

---

# Keine neuen Atomwaffen in Europa

*„Durch immer mehr Rüstung wird die Welt nicht sicherer, sondern ärmer. Wenn das nicht in den 80er Jahren unter Kontrolle kommt, wird die Menschheit in Gefahr geraten, sich buchstäblich zu Tode rüsten."*

Willy Brandt, SPD-Vorsitzender

*„Die Fortsetzung des Wettrüstens birgt die Gefahr in sich, daß ein Krieg alles menschliche Leben auslöscht – nicht nur in Europa."*

Heinz O. Vetter, DGB-Vorsitzender

Der sozialdemokratische Bundeskanzler Willy Brandt hat Anfang der 70er Jahre die Entspannungspolitik in Europa eingeleitet. Heute zu Beginn der 80er Jahre steht die Entspannung auf dem Spiel. Viele Sozialdemokraten sind der Auffassung, daß mit der Stationierung neuer Atomwaffen in Europa der Frieden nicht sicherer, sondern ein Krieg wahrscheinlicher wird. Deshalb lehnen wir die Stationierung neuer atomarer Mittelstreckenwaffen ab. Karl-Heinz Hansen ist einer von uns.
Gegen Karl-Heinz Hansen ist eine Sofortmaßnahme mit dem Ziel verhängt worden, ihn aus der SPD zu entfernen. Wer sich von dieser Maßnahme versprochen hat, alle Aufrüstungs- und Atomwaffengegner in der SPD einzuschüchtern, oder gar aus der SPD hinausdrängen zu können, wird kräftig hinzulernen müssen.
Wir lassen uns nicht mundtot machen und werden innerhalb der SPD weiter darum kämpfen, daß eine erneute atomare Aufrüstung durch Stationierung von Pershing II und Cruise Missile durch Verhandlungen überflüssig gemacht und verhindert wird. Wir kämpfen dafür, daß Karl-Heinz Hansen weiterhin diese Position innerhalb der SPD vertreten kann.

**Karl-Heinz Hansen ist Sozialdemokrat!**
**Er muß SPD-Mitglied bleiben!**

## Wir rufen auf zu einer Solidaritätskundgebung

> # am: 28. Mai, 15⁰⁰ Uhr
> # im: Restaurant Alte Messe

### Für eine offensive Friedens- und Abrüstungspolitik.
# Solidarität mit Karl-Heinz Hansen

 ## Jungsozialisten in der SPD

Verantwortlich: Ditmar Gatzmaga, Kavalleriestraße 22, 4000 Düsseldorf 1

118

Während der Sitzung der Bezirksschiedskommission am 29. Juni wird klar, daß die Solidarität der Jusos und die Zustimmung von beachtlichen Teilen der Gesamtpartei zu meiner Position für den Genossen Bäumer nur ein Grund sind, meinen Ausschluß noch konsequenter zu betreiben: »Der oder ich!« Dabei will ihn der Genosse Dr. Friedhelm Farthmann, Minister für Arbeit, Gesundheit und Soziales im Kabinett von Johannes Rau, mit aller Kraft unterstützen. Beide sind Freunde und wetteifern darum, mich nach ihren Regeln der Kunst als langjährigen »Parteischädling« anzuprangern und niederzumachen.

Meine Verteidiger sind die Genossen Rechtsanwalt Gerhard Schröder, MdB seit 1980, und Rechtsanwalt Dr. Werner Holtfort, stellvertretender Bundesvorsitzender der Arbeitsgemeinschaft sozialdemokratischer Juristen (AsJ). Nach deren noch heute lesenswerten Plädoyers und der Anhörung meiner Parteifreunde Jürgen Büssow und Volker Jung, Mitglieder des beigeladenen Vorstands des Unterbezirks Düsseldorf, hätte jedes normale Gericht die Akten sofort geschlossen. Statt dessen verkünden meine richtenden Genossen, Horst Richter, Dr. Beck und Prof. Dr. Hochmuth, am 20. Juli 1981 das Urteil:

*1. Der Antragsgegner, der Bundestagsabgeordnete Karl-Heinz Hansen, wird aus der Sozialdemokratischen Partei Deutschlands ausgeschlossen.*

*2. Die mit Beschluß der erkennenden Schiedskommission vom 23. Juni 1981 aufrechterhaltenen Sofortmaßnahmen – Ruhen aller Rechte aus der Mitgliedschaft – werden erneut angeordnet.*

Selbstverständlich legen meine Anwälte gegen das Urteil bei der Bundesschiedskommission Berufung ein, in Anbetracht von dessen rechtsgeneigter Besetzung ohne große Erwartungen, zumal sich Ende November auch der Parteivorstand der SPD gegen fünf Stimmen für den Ausschluß entschieden hatte. Am 11. Dezember 1981 bestätigt die Bundesschiedskommission das Urteil der Bezirksschiedskommission rückwirkend zum 20. Juli 1981. Ich bin also seit einem halben Jahr nicht mehr Mitglied der Sozialdemokratischen Partei Deutschlands.

Es war vollbracht: Ein selbsternannter Chefankläger – zusammen mit willfährigen Schiedskommissionen – hatte unter den Augen einer schweigenden Mehrheit einen kritischen Parteigenossen wegen »unsolidarischen« Verhaltens zur Strecke gebracht. Daß dessen Kritik solide auf der Basis von Grundwerten und Parteitagsbeschlüssen fußte, hatte sie überhaupt nicht interessiert. In zynischer Mißachtung aller Gebote innerparteilicher Demokratie instrumentalisierten sie das große Wort Solidarität, um in blindem Gehorsam die »Wünsche« einer Handvoll regierender und präsidierender Genossen durchzusetzen. Was da passiert war, diagnostizierte der Direktor der Psychiatrischen Klinik Hannover, Erich Wulff, auf seine Weise:

*Jetzt wissen wir es also: Wer gegen die Steuerbegünstigung rechtsextremer Organisationen, z.B. der »Aktion Widerstand« sowie »Kulturwerk europäischen Geistes«, protestiert, wer die Stillegung der CIA-Sender »Radio Free Europe« und »Radio Liberty« fordert, wer der Entlassung von Generälen das Wort redet, die faschistische Kriegshelden wie Rudel in die Kasernen der Bundeswehr einladen, wen solche Einladungen an der demokratischen Zuverlässigkeit*

*der Bundeswehr zweifeln lassen, wer sich weigert, »15.000 Vermögensmillionären ein Ge-*
*schenk zu machen«, und gegen die Senkung der Vermögenssteuer stimmt, wer durch das*
*sogenannte Kontaktsperregesetz die Rechtsstaatlichkeit der Bundesrepublik gefährdet sieht,*
*wer geplante oder erfolgte Waffenlieferungen der Bundesrepublik an faschistische Militär-*
*diktaturen (U-Boote an Indonesien und Chile) sowie Stellvertretermächte der USA im Nahen*
*Osten (Leopard-Panzer für Saudi-Arabien) »pragmatischen Zynismus« und »Schweinereien«*
*nennt, wer schließlich dazu aufruft, den »Nach«-Rüstungsbeschluß der Nato zu kündigen,*
*und auf die zunehmende Kriegsgefahr durch das Wettrüsten aufmerksam macht - der ist ein*
*»Wirrkopf« (Helmut Schmidt), »geisteskrank« (Egon Franke), »bis zum Narzißmus unge-*
*recht« (»Spiegel«), »rechthaberisch« und »unberechenbar« (»Spiegel«), ein »Querulant«, der*
*nicht mehr in den Kreis »der Vernünftigen in allen Parteien« (Theo Sommer) gehört und dem*
*es »mehr um seine eigene Selbstdarstellung geht ... als darum, das Thema zu fördern« (SPD-*
*Bezirksvorsitzender Hans Otto Bäumer). Wenn solche Typen in der SPD und dazu noch im*
*Bundestag ihr Unwesen treiben, dann muß schleunigst »die Spreu vom Weizen« (Bäumer)*
*geschieden werden. Solch einem müßte man »ein Stuhlbein über den Kopf hauen«, und es ist*
*nur zu bedauern, daß der »noch kein Zuchthaus von innen gesehen« hat (Fraktionskollege).*
*Wenn der Angeschuldigte rückfällig wird, spätestens beim »vierten Mal«, hat er damit zu*
*rechnen, »daß ihm der Kopf von den Schultern fällt«. Dies hält Hans Otto Bäumer »für nor-*
*mal«. Nicht erst seit gestern werden politische Gegner, unbequeme Zeitgenossen und, wo es*
*sich machen läßt, auch Querköpfe, die profitablen Geschäften entgegenstehen, für verrückt*
*erklärt ... Die rechte SPD versucht, um die inhaltliche Auseinandersetzung mit seinen Auf-*
*fassungen herumzukommen, indem sie diese psychologisiert und ihren Träger psychiatrisiert.*
(»Konkret« 9/1981)

Aber wie vergeblich es war, einen Sündenbock in die Wüste zu jagen, um »eine Spal-
tung der Partei« zu verhindern, sollte sich bald zeigen. Jedenfalls früher als erwartet.
Erste Anzeichen dafür gab es bereits Wochen vor der für den 10. Oktober 1981 geplanten ersten Großdemonstration der Friedensbewegung unter dem Motto »Gegen die
atomare Bedrohung gemeinsam vorgehen«. Über 600 Organisationen hatten dazu
aufgerufen. Als Helmut Schmidt erfuhr, daß neben Pfarrer Heinrich Albertz (SPD)
und dem Vorstandsmitglied der IG-Metall Georg Benz (SPD) dort auch Erhard Eppler als Redner auftreten wollte, geriet er in Rage über den »Spinner«. Eppler hatte
sich – zugleich mit Oskar Lafontaine – schon Wochen vorher in viel schärferem Ton
als ich vom Nato-Aufrüstungsbeschluß abgewendet. Beide waren aber als Kader der
Partei gegen Attacken der Führungsspitze gefeit. Andere Abtrünnige wagten es vermutlich noch nicht, sich offen zu bekennen. Man weiß ja nie, wer freiwillig mit dem
Strom schwimmt und wer nur Abgetriebener ist. Der Kanzler forderte Willy Brandt
schriftlich auf, Eppler die Teilnahme an der Demonstration zu verbieten. Eppler
dachte gar nicht daran zu gehorchen. Schmidt sah darin einen gegen ihn gerichteten
feindlichen Akt und äußerte sich entsprechend rüde vor der Fraktion. Daraufhin unterschrieben etwa 50 Abgeordnete eine Erklärung, in der sie die geplante Großveran-
staltung ausdrücklich begrüßten.

Der »Spiegel« berichtete am 21. September 1981 über die Spannung zwischen Kanzler Schmidt und den Kritikern seiner Sicherheitspolitik:

*Nach dem Krach mit Schmidt im Vorstand machte Eppler deutlich, daß er seinerseits auf Kurs bleibt: »Wenn die in Bonn so weitermachen, bringen wir 1984 sowieso ein Berliner Wahlergebnis (SPD: 38,3 Prozent). Dann ist es auch egal, ob die Koalition ein halbes Jahr früher oder später aufhört. Das ist nicht mein Problem.« Er gehe davon aus, daß eine fünfstellige Zahl von Sozialdemokraten am 10. Oktober nach Bonn reisen werde. Eppler: »Diese Friedensdemonstration wird die Landschaft ziemlich erleuchten.« ... Im Vorstand forderte SPD-Präside Hans-Jochen Vogel am Montag letzter Woche, die Partei müsse »ein Versäumnis nachholen und sich in breiter Front um den politikfähigen Teil« der Friedensbewegung kümmern. So sieht es auch Willy Brandt. Der SPD-Vorsitzende erwägt sogar eine öffentliche Demonstration: Er will möglicherweise bei der Bonner Kundgebung am 10. Oktober auftreten – selbst auf die Gefahr hin, aus der SPD ausgeschlossen zu werden.*

Am 10. Oktober 1981 zogen katholische und evangelische Christen, Kommunisten, Sozialisten, Sozialdemokraten und Gewerkschafter mit Spruchbändern, Raketenattrappen, Friedenssymbolen und Protestparolen über die Rheinbrücke auf die Bonner Hofgartenwiese. Andere kamen in Zügen aus allen Gegenden Deutschlands im Hauptbahnhof an und überschwemmten die Straßen der Innenstadt. Besonders gefeiert wurden die Vertreter amerikanischer, australischer, britischer, dänischer, französischer und norwegischer Friedensgruppen. Selbst die auf Untertreibung dressierte Polizei schätzte die Zahl der im Hofgarten schließlich versammelten Menschen auf mindestens 300.000.

Die fast fünfstündige Kundgebung wurde von Heinrich Albertz eröffnet. Nach den Gästen aus Holland, Italien und den USA sprachen, in dieser Reihenfolge: Georg Benz, Erhard Eppler, Wilhelm Borm (FDP), Thomas Heubeck, Robert Jungk, Helmut Ridder, Petra Kelly, Gert Bastian, Uta Ranke-Heinemann und Heinrich Böll. Heinrich Albertz fragte: »Wann hat es jemals in Deutschland so etwas gegeben? Die jungen Menschen wollen keine fremden Länder mehr besetzen – höchstens mal ein rechtswidrig leerstehendes Haus.« Heinrich Böll, als Hauptredner, war begeistert von der »Hollanditis, dieser wunderbaren Krankheit«.[49] Erhard Eppler nannte die Friedensbewegung »das Bündnis derer, die nichts mehr von Rüstung wissen wollen, mit denen, die zuviel davon wissen«, und einen Zusammenschluß »der Mutigen, nicht der Ängstlichen, der Diskutierenden, nicht der Schreienden, der Selbstkritischen, nicht der Arroganten, der einfallsreich Agierenden, nicht der stumpf Parierenden, der Friedlichen, nicht der Gewalttätigen, der Fröhlichen, nicht der Fanatischen, der Liebenden, nicht der Hassenden«. Und er mahnte: »Friedensbewegung wird nur mehrheitsfähig, wenn sie nicht ausgrenzt, sondern sich öffnet. Zu ihr gehört jeder, der zu ihr gehören will. Friedensbewegung wird nur mehrheitsfähig, wenn sie zusammenwirkt mit der organisierten Arbeiterbewegung. Und schließlich wird sie mehrheitsfähig, wenn Frieden ansteckend ist.«

---

49 In Holland hatten im Mai die Aufrüstungsgegner zum ersten Mal in einem europäischen Parlament die Mehrheit gewonnen.

Ansteckend waren auch die Begeisterung und Fröhlichkeit. Denn für Stimmung sorgten Harry Belafonte, Franz Josef Degenhardt, Fasia Jansen und Hannes Wader sowie die holländische Band Bots, die in den folgenden Jahren viele Aktionen der Friedensbewegung begleitete und bald Kult wurde. Herzlich gelacht wurde über ein Kleinflugzeug, das über uns kreiste, mit einem Banner im Schlepp: »Und wer demonstriert in Moskau?«[50] Die großartige Bonner Demonstration war nur der Auftakt für viele weitere im In- und Ausland, vor und nach der Raketenstationierung. Die erste nur zehn Tage danach in Brüssel.

Die SPD brauchte erst einen Kanzlersturz, noch mehr Streit zwischen den Flügeln in den eigenen Reihen, mehrere Parteitage zum Thema, ausgiebige Diskussionen zwischen der Friedensbewegung und Linken, einen bedrohlichen Anstieg der Austritte, bis sie endlich auf ihrem außerordentlichen Parteitag in Köln 19. November 1983 ein klares Nein zum Nato-Doppelbeschluß und zur Raketenstationierung auf deutschem Boden mit nur 14 Gegenstimmen zuwege brachte.

Als die Bundesschiedskommission am 11. Dezember 1981 meinen rückwirkenden Ausschluß öffentlich verkündete, konnte ich mich nicht sofort darüber grämen: Ich war – dem Zufall sei Dank – in den USA. SANE, *A Citizens' Organization for a Sane World*, ansässig in Washington D.C., hatte Petra Kelly von den Grünen, den aus Protest gegen die Nachrüstungspolitik der Regierung zurückgetretenen General Gert Bastian und mich, als Linken in der SPD, erkoren, den Friedensbewegten in den USA unsere Arbeit als Rüstungs- und Nachrüstungsgegner in der westdeutschen Friedensbewegung vorzustellen und zu erklären. Unmittelbarer Anlaß war Präsident Reagans offizielle Bekanntmachung seiner Anordnung zum Bau von amerikanischen Neutronenwaffen am 6. August 1981 – dem Jahrestag des Abwurfs einer amerikanischen Atombombe auf Hiroshima! Seit 1957 war SANE eine wichtige Organisation in der amerikanischen Friedensbewegung, die mit dem World Peace Council kooperierte und über ein enges Netzwerk von Mitarbeitern und Freunden in den USA verfügte. Die SANE-Leute hatten ein bis in jedes Detail ausgefeiltes Programm für unseren Einsatz quer durch die Staaten, von der atlantischen Küste bis zum Strand von Santa Monica, ausgetüftelt, das uns eine Woche lang ganz schön auf Trab hielt.

Unsere Tour begann in Washington mit Gesprächen im Repräsentantenhaus. Mich hat dabei besonders gefreut, den schwarzen Congressman Ron Dellums persönlich kennenzulernen, der mir schon einmal mit Hintergrundinformationen über die Absichten seiner Regierung in Sachen des Berlin Document Center sehr geholfen hatte. Ich bestaunte neidisch die großzügige Ausstattung der Büros und das halbe Dutzend Assistenten, die jedem Kongreßmitglied zur Verfügung stehen. Gemessen daran waren wir als bundesrepublikanische Abgeordnete arm dran: ein kleines Büro

---

50 Später stellte sich heraus, daß dieser »Luftangriff« direkt von der Rüstungsindustrie gesponsert war, unter anderem von der in meinem Wahlkreis angesiedelten Firma Rheinmetall.

und nur eine Schreibkraft. Dafür leisten sich die Vereinigten Staaten aber auch nur 435 Kongreßabgeordnete plus 100 Senatoren auf 320 Millionen Einwohner.

Ab dem folgenden Tag hatten die beiden Grünen und ich je ein eigenes Programm auf getrennten Wegen abzuarbeiten. Meine Route führte mich nach New York zum Besuch der Universitäten Columbia und Princeton. Von dort ging es weiter über Salt Lake City nach Santa Monica/Los Angeles und zurück nach Washington. An jedem Ort wartete ein Betreuer, der mich zu den verschiedenen lokalen Terminen begleitete. In Princeton stand ich den Alumni und Professores eines Historischen Seminars Rede und Antwort – gewissermaßen als aboriginaler Europäer. Außerdem gab ich den Moderatoren des Campus-Rundfunks ein halbstündiges Interview. In der Columbia University habe ich mich an den besonders lebhaften und klugen Diskussionen erfreut.

Ich war gespannt auf Salt Lake City, die Hauptstadt von Utah, und auf seine mormonischen Bürger, über die ich so gut wie nichts wußte. Vom Flughafen fuhr mich mein örtlicher Begleiter direkt zum Capitol, dem Amtssitz des Senats. Unterwegs hatte er versucht, meine blamable Ahnungslosigkeit etwas zu mildern: Nur die Hälfte der ungefähr 160.000 hauptstädtischen Einwohner waren gläubige Mormonen, während ihr Anteil auf dem umgebenden Land 80 bis 90 Prozent betrug. Salt Lake City war als politische Insel seit zehn Jahren fest in den Händen der Partei der Demokraten. Im Capitol erwartete mich der Senator Frances Farley, ein sehr offener, direkter Mensch. Wir mochten uns auf Anhieb. Er hat mir sogleich seine Sorge offenbart, daß Utah Atommüllhalde für ganz Amerika zu werden drohte, und ich versprach, ihn mit genaueren Informationen zum Stand der kritischen Debatte über die deutsche Variante der Atommüllendlagerung zu versorgen. Später wurde daraus ein reger Briefwechsel zum gegenseitigen Nutzen. Am Abend redete ich eine halbe Stunde auf einer Versammlung sehr aufmerksamer Zuhörer, um anschließend mehr als eine Stunde lang Fragen zu beantworten.

Die nächste Station, Santa Monica und Los Angeles, sollte sich als persönlicher Höhepunkt meines Polittourismus erweisen. Am frühen Abend stand ich bei einer großen Rundfunkanstalt in Los Angeles, die angeblich eine Million Hörer erreichte, mit einem »Streitgespräch« von 45 Minuten im Programm. Mein Sparringspartner war der Physiker Edward Teller, ein Berater des Präsidenten Ronald Reagan. Teller, der schon die Wasserstoffbombe mitentwickelt hatte, galt mittlerweile als »Vater der Neutronenwaffe«, über die in Europa seit fünf Jahren gestritten wurde. Reagans Entscheidung für die Serienproduktion der Waffe war vor allem in der Bundesrepublik auf heftigen Widerstand gestoßen; in den Großstädten kam es zu wütenden Demonstrationen. Ich wollte Teller klarmachen, warum die Neutronenwaffe bei uns als ein »Symbol der Perversion des Denkens« (Egon Bahr) verdammt wurde. Eine Waffe, die mit gigantisch verstärkter atomarer Strahlung Menschen »versaftet«, aber Gebäude und Geräte nahezu unbeschädigt läßt, kann man nur ächten. Und weil die dazugehörige Trägerrakete Lance lediglich eine Reichweite von 120 Kilometern habe, sagte ich, werde der deutsche Bündnispartner automatisch gezwungen, diese Waffen an seiner Ostgrenze zu stationieren und den DDR-Bürgern jenseits der Grenze mit ihrer Vernichtung zu drohen, um den gesamten Block kommunistischer Erzfeinde von einem Angriff »abzuschrecken«. Dafür gebe es nur ein treffendes Wort: verächtlich. Treffend auch für den gebürtigen Ungarn Edward Teller, der kaltschnäuzig kaum verhehlte, daß ihn wenig scherte, was die Europäer im Ernstfall erwartete. Für ihn war alles gut, was für Amerika gut war; der Rest der Welt hatte sich nun mal danach zu richten.

Dann kamen die Zuhörer zu Wort. Einige sehr direkt, denn das Studio war vom Bürgersteig draußen nur durch eine Glaswand getrennt. Man konnte den Vorübergehenden ins Auge sehen, wenn sie ihre Meinung in das vorgehaltene Mikrofon sprachen. Andere lieferten ihre Kritik übers Telefon ins Studio. Ungefähr die Hälfte äußerte Mißmut über meine Ansichten. Aber in Maßen, denn das Äußerste an Beschimpfung war »Fucking German Peacenik«. Die andere Hälfte gab sich mindestens so patriotisch wie Herr Teller. Mittendrin stoppte der Moderator das Ganze: »Und nun zur Werbung: Heute für Hüttenkäse.« Und zu mir: »Do you have cottage cheese in Germany, too?« – «Of course we have, especially in Bavaria. And I like it as much as I detest Teller and his neutron-bombe!«

**B**ack home ... Ach was ... Zurück in der Bundesrepublik, wartete die Frage »Was tun?« auf existentielle Antworten. Ich war jetzt partei- und fraktionslos, aber noch Mitglied im Deutschen Bundestag. Im Jahr 1981 hatten sich mindestens 20.000 Sozialdemokraten[51] von der Partei getrennt und zum Teil neu formiert. Zum Beispiel in Duisburg als neue Gruppierung, in Hessen als Unabhängige Sozialdemokraten (USD), in Schleswig-Holstein als Demokraten '84, und in Bayern wollte der Vorsitzende der Gewerkschaft Erziehung und Wissenschaft, Rolf Eckar, eine neue Partei gründen. Rechnet man die vielen unterschiedlichen Spektren der immer noch wachsenden Friedensbewegung hinzu, so lag der Schluß nahe, daß viele Menschen für eine organisierte Alternative zu den etablierten Parteien zu haben waren.

Im Januar 1982 verabschiedete sich mit Manfred Coppik mein »politischer Zwillingsbruder« aus eigenem Entschluß von der Partei. In einem Brief an den »lieben Willy Brandt« hat er seinen Schritt ausführlich begründet. Ein Ausschnitt:

*Nach zwanzigjähriger Mitgliedschaft erkläre ich meinen Austritt aus der Sozialdemokratischen Partei Deutschlands. Ich sehe mich außerstande, weiterhin die gegenwärtige von der SPD-Führung gestützte Regierungspolitik mitzutragen und mitzuverantworten ... Ich habe die Hoffnung aufgegeben, innerparteilich zu einer Änderung des gegenwärtigen Regierungskurses beitragen zu können. Ich weiß zwar, daß an der Basis der SPD eine große Zahl von Mitgliedern die gleichen politischen Zielvorstellungen hat wie ich. Das habe ich auf vielen Veranstaltungen erlebt. Aber die Willensbildung von unten nach oben wurde in der SPD längst durch Regierungshandeln, Kanzlerweisung und Parteinachvollzug ersetzt. Du hast auch*

---

51 Es waren wahrscheinlich sehr viel mehr. Die tatsächliche Zahl behielt die Partei natürlich für sich. Aber sie versuchte, die Austrittswelle zu stoppen, und schickte Abtrünnigen ihre Parteibücher zurück. Schlußsatz des Anschreibens: »Ich bitte Dich, Deinen Austritt noch einmal zu überdenken.« Anlage: Parteibuch.

kaum etwas dagegen unternommen. Ich erinnere an meinen Vorschlag, die Mitglieder der SPD-Fraktion rechenschaftspflichtig für ihr Verhalten in der Fraktion zu machen, damit sich niemand hinter anonymen, selbst herbeigeführten Mehrheitsbeschlüssen verstecken kann. Mehr Transparenz in der innerparteilichen Willensbildung, da war man schnell dagegen. Die einzige glaubwürdige Form des Protestes, die schließlich verblieb, war die abweichende Abstimmung im Plenum. Nur, wie lange ist es glaubwürdig, alle paar Wochen anders abzustimmen als die Fraktion, der man angehört? Wie lange ist es auch für beide Seiten erträglich?

Ich will kein linkes Alibi mehr sein, und es liegt vielleicht auch im Interesse der SPD, wenn ihr wirkliches Bild nicht durch Leute wie mich verzeichnet wird. Die SPD wird ohne konsequent linke Einsprengsel glaubwürdiger sein. Sie wird als eine zwar nicht linke, aber für die demokratische Entwicklung in der Bundesrepublik langfristig wichtige politische Kraft der Mitte agieren können. Wenn sich links davon eine relevante Alternative entwickelt, wird die SPD befürchten müssen, Stimmen dorthin zu verlieren. Das kann für den politischen Kurs der SPD nur positiv sein. Wenn ich durch meinen Austritt dazu beitragen kann, dann ist das mehr, als ich zur Zeit durch akrobatische Verrenkungen noch in der SPD leisten kann.

Dieser Schritt fällt mir nicht leicht, aber nach der ganzen Entwicklung erscheint er mir unausweichlich. Das Parteibuch füge ich bei.

Mit freundlichen Grüßen – Manfred Coppik

Manfred Coppik, Karl Heinz Hansen

Das war das Stichwort: »links von der Partei eine relevante Alternative« entwikkeln. Es war an der Zeit, das wachsende Protestpotential mit dem Ziel größerer politischer Wirksamkeit erfolgreich zusammenzufassen. Also luden Coppik und ich, gemeinsam mit Persönlichkeiten aus dem gewerkschaftlichen, wissenschaftlichen und kulturellen Spektrum der Gesellschaft, zu einem »Forum Demokratische Sozialisten« am 20. März 1982 in Recklinghausen ein. In der Einladung hieß es:

*Weil wir überzeugt sind,*
*daß der Frieden nicht durch weitere Aufrüstung gesichert werden kann,*
*daß soziale Gerechtigkeit nicht durch sozialen Abbau verwirklicht wird,*
*daß Arbeitslosigkeit nicht durch Geschenke an die Unternehmer beseitigt wird,*
*daß die Erhaltung der natürlichen Lebensgrundlagen wichtiger ist als die Gewinninteressen*
*der Wirtschaft,*
*daß die Völker der Dritten Welt berechtigten Anspruch auf unsere Solidarität haben,*
*daß eine Änderung der gegenwärtigen bundesdeutschen Politik nur durch Zusammenarbeit*
*aller Kräfte der demokratischen Opposition erreicht werden kann,*
*rufen wir die demokratischen Sozialisten in der Bundesrepublik auf, gemeinsam nach neu*
*en programmatischen und organisatorischen Antworten auf die Herausforderungen unserer*
*Zeit zu suchen und den politischen Kampf gegen den herrschenden Block von CDU/CSU/SPD/*
*FDP anzutreten.*

Unterzeichnet war der Aufruf von 118 Menschen: von ausgeschlossenen, ausgetretenen und Noch-Mitgliedern der SPD, Vertretern anderer Strömungen links von der SPD und unabhängigen Linken. Gekommen waren Menschen aller politischen Segmente, Sedimente und Richtungen der bundesrepublikanischen Opposition – weit mehr als die Halle mit 1.500 Plätzen verkraften konnte, so daß sich spontan ein temporärer Wechsel von drinnen und draußen entwickelte. Einleitende Referate hielten Manfred Coppik, die Professoren Gerald Grünewald und Uta Ranke-Heinemann, die Gewerkschafter und Betriebsräte Harald Gabbe, Brigitte Kiechle und Günter Waschkuhn sowie Karl-Heinz Hansen. Nach einem ganzen Tag voller Reden und Gegenreden verabschiedete der Kongreß die »Recklinghausener Thesen« zu den Themen Sozialstaat, Wirtschaftssystem, Rechtsstaat, Frieden und Abrüstung. Nahezu einstimmig wurde beschlossen, die Gründung einer Partei mit dem Namen Demokratische Sozialisten (DS) einzuleiten.

In den folgenden Monaten formierten sich von Flensburg bis München und von Köln bis Braunschweig immer mehr lokale Ableger der Initiative Demokratische Sozialisten. Schon nach wenigen Wochen zählten wir mehr als 2.000 Mitglieder und Unterstützer. Unsere Veranstaltungen fanden Interesse und großen Zulauf. So kamen beispielsweise in Bielefeld 800 Menschen, um mich reden zu hören. Unterstützung fand unsere Initiative auch an der Basis der Gewerkschaften und bei Betriebsräten wichtiger Großunternehmen.

Beim Deutschen Gewerkschaftsbund sah das anders aus. Als die DS zu einer bundesweiten Demonstration am 23. Oktober 1982 in Gelsenkirchen gegen Sozialabbau und Arbeitsplatzvernichtung aufriefen, beschloß der DGB-Vorstand Nordrhein-Westfalen für denselben Tag eine eigene Großkundgebung im Bochumer Ruhrstadion. Der DGB-Bundesvorsitzende forderte brieflich alle Bundestagsabgeordneten auf, sich dem Sparkurs der SPD/FDP-Regierung zu widersetzen. Manfred Coppik und ich antworteten ihm postwendend, daß der Sozialabbau wahrscheinlich gar nicht erst in Gang gekommen wäre, wenn die Spitzen der Gewerkschaften sich von Anfang an laut und deutlich zu Wort gemeldet hätten. Was besonders für die Gewerkschaftsfunktionäre im Bundestag gelte, denen aber die Loyalität zur SPD wichtiger sei als die Solidarität mit den Forderungen ihrer Kollegen. Wir seien nämlich überzeugt, daß nur die Kraft der Gewerkschaften selbst den Sozialabbau stoppen könne. Und fuhren fort: »Nur wird diese Kraft nicht durch Appelle an Bundestagabgeordnete wirksam, sondern durch die Mobilisierung der eigenen Mitgliedschaft. Zu lange hat der DGB die Auffassung übernommen, solche ›Sparmaßnahmen‹ seien eigentlich notwendig, nur so schlimm dürfe es nicht sein; eine Position, die auch in Ihrem Brief durchklingt und die in Anbetracht des Entwicklungsstandes der Produktivkräfte eine unverständliche Defensivposition ist, die die inhumane Scheinrationalität der kapitalistischen Wirtschaftsordnung akzeptiert.« Und abschließend erinnerten wir daran, »daß die FDP mit brutaler Offenheit dargelegt hat, welche Rolle die SPD im Regierungsbündnis zu spielen hat: die Gewerkschaften zum Stillhalten zu bringen. Wenn die Krise aber so groß wird, daß die SPD das nicht mehr schafft, dann ist ihre Regierungsbeteiligung aus der Sicht der Kapitalinteressen sinnlos und wird beendet.«

Wenige Tage später war es soweit: Am 1. Oktober 1982 wechselte die FDP den Regierungspartner und regierte fortan mit der CDU/CSU. Helmut Kohl wurde Bundeskanzler, die SPD landete in der Opposition, der Bundestag wurde vorzeitig aufgelöst.

Erst zwei Monate danach, am 28. November, wurde die Partei Demokratische Sozialisten in Münster gegründet und ihr Bundesvorstand gewählt (Brigitte Kiechle, Herwart Achterberg, Manfred Coppik und Karl-Heinz Hansen). Die SPD in der Opposition aber bedeutete, daß der Zulauf von SPD-Mitgliedern zu uns schlagartig abbrach. Einige kehrten zu ihr zurück, andere, die nicht an eine Regeneration in der Opposition glaubten, resignierten. Denn wir waren finanziell und organisatorisch noch nicht imstande, an den vorgezogenen Neuwahlen teilzunehmen. Aber die Grünen kamen knapp über die Fünf-Prozent-Hürde. Um sie drehte sich jetzt die öffentliche Diskussion. Coppik und ich hatten auf reguläre Neuwahlen im Jahr 1984 gesetzt und gehofft, bis dahin als Abgeordnete[52] der Demokratischen Sozialisten durch unsere Wortmeldungen im Plenum zu wichtigen Entscheidungen das öffentliche Interesse für die DS wachhalten zu können.

Aber uns Fraktionslosen wurde selten das Wort erteilt. Um als einzelne Abgeordnete nicht völlig rechtlos dazustehen, stritten wir mit dem jeweils amtierenden Präsidenten um jede Redeminute.[53] Manchmal mußten wir den Umweg über eine Meldung »zur Geschäftsordnung« nehmen, um überhaupt zu Wort zu kommen. Trotzdem ist es uns meist gelungen, unser Nein zu zweifelhaften Beschlüssen deutlich zu begründen. Zum Beispiel im Fall der Ablehnung des »Beschäftigungsförderungsgesetzes«, mit dem massiver Sozialabbau betrieben wurde:

*Hauptleidtragende dieser Umverteilung – nämlich der privaten Aneignung von gesellschaftlich Erarbeitetem – sind die vielen, die nichts außer dem Zwang haben, ihre Arbeitskraft verkaufen zu müssen, um überhaupt leben zu können ... Also: den wenigen der Mehrwert, den vielen die Mehrwertsteuer ... Angesichts von Sozialdemokraten, die zum blinden Glauben an die Selbstheilungskräfte der Marktwirtschaft konvertiert sind, ist jede Hoffnung auf die Selbstheilungskräfte der Sozialdemokratie zur Illusion geworden. (26. März 1982)*

Dann kam unser oberster Kriegsherr Ronald Reagan zu Besuch, von Bundeskanzler Schmidt freudig erwartet: »Ich mag diesen Mann. Er ist ein Kerl!« Nach dem Plan des Ältestenrats sollte der Kerl am 9. Juni 1982 dem Bundestag eine Rede vorlesen – ohne Zeitbegrenzung und anschließende Aussprache.[54] Das paßte Manfred Coppik und mir ganz und gar nicht. Also haben wir vor Eintritt in die Tagesordnung den Antrag gestellt, nach der Rede eine Aussprache darüber zu veranstalten. Auszüge:

*Präsident Stücklen: Zur Begründung dieses Antrags erteile ich dem Abgeordneten Hansen das Wort. Hierzu, Herr Abgeordneter Hansen, steht nach § 29 Abs. 4 unserer Geschäftsordnung*

---

52 Im *Datenhandbuch zur Geschichte des Deutschen Bundestages 1983–1984*, S. 54, heißt es in einer ziemlich genauen Darstellung der DS, daß die Demokratischen Sozialisten »im Bundestag der 9. Wahlperiode zwischen 1982 und 1983 durch die fraktionslosen Abgeordneten Manfred Coppik und Karl-Heinz Hansen vertreten« waren.

53 Ich hatte erwogen, die wahrscheinlich verfassungswidrigen Beschränkungen der Redezeit für den einzelnen Abgeordneten vom Verfassungsgericht prüfen zu lassen, aber wegen der Wahrscheinlichkeit eines jahrelangen Verfahrens darauf verzichtet. Um so verachtenswerter ist die Selbstkastration einer zunehmenden Zahl von Parlamentariern, die ihren Redebeitrag zu Protokoll geben, statt ihn vorzutragen.

54 Schmidts Adlatus Lahnstein hatte von der Partei gefordert, am 10. Juni 1982 eine Pro-Reagan-Demonstration zu organisieren, war damit jedoch bei der Parteiführung gescheitert.

*eine Redezeit von höchstens fünf Minuten zur Verfügung. Ich möchte Sie, Herr Abgeordneter Hansen, bitten, sich ausschließlich auf die Begründung Ihres Geschäftsordnungsantrages zu beschränken. Sie haben das Wort.*

*Hansen (fraktionslos): Herr Präsident! Meine Damen und Herren! Ich freue mich darüber, daß ich wenigstens den für den heutigen Tagesablauf verantwortlichen Mitgliedern dieses Hauses meine Bedenken kundtun kann. Dieses Parlament erhebt den Anspruch, eine Volksvertretung zu sein. In einer Volksvertretung werden politische Fragen in Rede und Gegenrede diskutiert und manchmal sogar entschieden. Heute verzichtet das Parlament auf dieses verpflichtende Recht, und das in einem alle Bürger betreffenden Streit um überlebenswichtige politische Fragen. Das ist ein gespenstischer und beschämender Vorgang. Daß demokratisch gewählte Regierungen selbstherrlich so tun, als gäbe es keine Parlamente, ist angesichts deren Entwicklungen zu Notariaten der Exekutive nicht verwunderlich. Daß aber der Deutsche Bundestag selbst so tut, als gäbe es ihn nicht, ist ein Skandal für die Demokratie.*

*(Zurufe von der CDU/CSU)*

*Während mehr als 30 Kongreßabgeordnete in den USA ihren Präsidenten vor dem Obersten Gericht wegen seiner El-Salvador-Politik anklagen, während Millionen Menschen in der Bundesrepublik sich mit Recht darüber empören, einen Staatsgast höflich, stumm und ehrerbietig begrüßen zu sollen, der offensichtlich hierher gebeten worden ist, um die potentiellen Opfer auf dem potentiellen Schlachtfeld seiner Kriegführungsstrategie noch einmal lebend zu besichtigen, -*

*(Zuruf von der CDU/CSU: Unglaublich! - Unruhe - Pfui-Rufe von der CDU/CSU)*

*Präsident Stücklen: Herr Abgeordneter Hansen, beschränken Sie sich ausschließlich auf die Begründung Ihres Antrags! Nach einer zweimaligen Mahnung entziehe ich Ihnen das Wort.*

*(Zustimmung bei Abgeordneten der CDU/CSU)*

*Hansen (fraktionslos): Gut. - Während also Hunderttausende draußen demonstrieren,*

*(Klein [München] [CDU/CSU]: Wo denn?)*[55]

*haben sich alle Fraktionen des Deutschen Bundestages, vor dem Volk durch die Bannmeile geschützt, einmütig eine Vergatterung durch den obersten Kriegsherrn im Westen im eigenen Hause verordnet.*

*(Rawe [CDU/CSU]: Eine Beleidigung des Parlaments! - Zurufe von der CDU/CSU: Unerhört! - Das ist das Letzte! - Weitere Zurufe)*

*Präsident Stücklen: Herr Abgeordneter Hansen, ich ermahne Sie zum zweiten Mal!*

*Hansen (fraktionslos): Die besorgten Fragen von Millionen Menschen, ihre Sorgen um die Erhaltung des Friedens, dürfen in Anwesenheit des Präsidenten der USA im frei gewählten Parlament dieser Republik nicht laut werden. (...) Ich will diese Herabstufung des Parlaments zum Befehlsempfänger und zur Marionette*

*(Fortgesetzte Zurufe von der CSU/CDU)*

*nicht widerspruchslos hinnehmen. Deshalb ist unser Antrag auf eine Aussprache im Deutschen Bundestag nach der Erklärung des Präsidenten der Vereinigten Staaten ein Antrag auf Wiedereinsetzung des Parlaments in den Stand einer Volksvertretung, die diesen Namen verdient.*

*(Lachen bei der CDU/CSU und der SPD - Zuruf von der CDU/CSU: Unglaublich!)*

---

55 500.000 Menschen, ausgesperrt am rechten Rheinufer (siehe Foto).

Deshalb bitten wir Sie – Sie sind ja frei – das, was Ihre Oberen im Ältestenrat beschlossen haben, hier heute durch die Annahme des Antrags zu ändern, auch um Ihrer Selbstachtung willen.

(Klein [München] [CDU/CSU]: Herr Hansen, das war nicht fair!)

Ich danke ihnen für Ihre Aufmerksamkeit.

(Dr. Marx [CDU/CSU]: Das war keine Erklärung, sondern ein ganz polemischer Beitrag! – Weitere Zurufe)

*Demo am Rheinufer, 9.6.1982*

Unser Antrag wurde natürlich unter Beifall aller Fraktionen abgelehnt. Was geschah, nachdem Präsident Stücklen Ronald Reagan untertänigst begrüßt (»Geben Sie uns die Ehre Ihres Worts«) und ans Rednerpult gebeten hatte, ist von Stücklen selbst dokumentiert worden:

DER PRÄSIDENT
DES DEUTSCHEN BUNDESTAGES

5300 BONN 1,den 16. Juni 1982

Herrn
Karl-Heinz Hansen MdB

im H a u s e

Sehr geehrter Herr Kollege Hansen,

in der Plenarsitzung am Mittwoch, dem 9. Juni 1982, trugen
Sie zusammen mit Ihrem fraktionslosen Kollegen Coppik, während
der Rede des Präsidenten der Vereinigten Staaten von Amerika,
Ronald Reagan, zwei Hocker in den Plenarsaal und nahmen auf
diesen in der Verlängerung der ersten Abgeordnetensitzreihe
Platz. Noch während der Rede des Gastes trugen Sie die Hocker
wieder zurück. Im folgenden begleiteten Sie beide von Ihren
Abgeordnetenplätzen aus die Beifallskundgebungen des Hauses
mit lautem Pfeifen auf Trillerpfeifen.

Mit diesem Verhalten haben Sie bewußt und gewollt die parlamentarische Ordnung gröblich verletzt. Nach der Geschäftsordnung des Deutschen Bundestages hätte ich Sie daher zur
Ordnung rufen und auch von der Sitzung ausschließen können.
Nur die Rücksicht auf unseren von allen Fraktionen eingela-
denen Gast und mein Bestreben, die ansonsten würdig verlau-
fende Sitzung nicht zu unterbrechen, haben mich davon absehen
lassen, die an sich fälligen Ordnungsmaßnahmen zu ergreifen.

Für Ihr Verhalten spreche ich Ihnen jedoch nachträglich meine
schärfste Mißbilligung aus.

Mit freundlichen Grüßen

*Schreiben des Bundestagspräsidenten Stücklen*

132

In meiner letzten Rede im deutschen Bundestag, am 16. Dezember 1982, begründete ich, warum die beabsichtigte Verlängerung des Zivildienstes um vier Monate über den durchschnittlichen Wehrdienst von 16 Monaten hinaus verfassungswidrig sei.[56] Und erhielt Beifall von ehemals linken Parteifreunden der SPD, wie schon öfter, seit ihre Partei am 1. Oktober in die Opposition geschickt worden war. Manfred Coppik hielt seine letzte Bundestagsrede einen Tag nach mir. Er kritisierte Kanzler Kohls manipulierte Vertrauensfrage, die zur Auflösung des Bundestags und zu Neuwahlen führte.

Die Bundestagswahl am 6. März 1983 endete mit einer schweren Klatsche für die SPD: 4,7 Prozent weniger als 1980. Die neue Rechtskoalition von CDU/CSU und FDP erreichte 5,8 Prozent mehr als die absolute Mehrheit. Die Grünen hüpften über die Fünf-Prozent-Hürde und begannen ihre Lernzeit in parlamentarischer Opposition. Es dauerte 15 Jahre, bis die SPD mit Gerhard Schröder wieder einen Bundeskanzler stellte.

Für die Demokratischen Sozialisten, die noch bis 1985 um ein verbindliches Programm rangen, waren alle Versuche, sich neben der parlamentarischen Opposition von SPD und Grünen zu behaupten, zum Scheitern verurteilt. Abgesehen von unseren Zeitschriften (»Bonner Extradienst«, 1983 umbenannt in »Linker Extradienst«, und »Linke Zeitung«, bis 1990) fehlten dazu die organisatorischen wie finanziellen Voraussetzungen. Zwar zogen Demokratische Sozialisten hier und da in kommunale Parlamente ein, aber bundesweit ist die Partei nie allein zu Wahlen angetreten. Zur Europawahl 1984 kandidierten die DS als Teil der »Friedensliste«, einem Personenbündnis, das sich zu eben diesem Zweck am 18. März 1984 in Bad Godesberg als »Sonstige Politische Vereinigung« gegründet hatte. Beteiligt an der Friedensliste waren neben den Demokratischen Sozialisten die Deutsche Friedensunion (DFU), die Deutsche Kommunistische Partei (DKP) sowie viele bekannte Menschen aus der Friedensbewegung und ihrem Umfeld: Christen, Liberale, Sozialisten und Kommunisten, einzelne Sozialdemokraten und Grüne sowie mehrheitlich Parteilose. Sprecher des Bundesvorstands waren von 1984 bis 1986: Manfred Coppik, Mechtild Jansen, Uwe Knickrehm, Hans Mausbach und Horst Trapp. Und ab 1986: Hans-Willem Confurius, Helga Genrich, Karl-Heinz Hansen, Uwe Knickrehm und Horst Trapp.

Zur zweiten Direktwahl zum Europaparlament am 17. Juni 1984 kandidierten für die Friedensliste – angeführt von der gemeinsamen Spitzenmannschaft (Uta Ranke-Heinemann, Mechtild Jansen, Manfred Coppik und Karl-Heinz Hansen) – zahlreiche Personen mit bekannten Namen, etwa Horst Bethge, Hans Mausbach, Marie Veit, Dietrich Kittner, Dagmar Scherf, Frank Deppe, Hannelis Schulte, Emil Carlebach, Harald Gabbe, Friedrich-Martin Balzer, Jörg Huffschmid, Gerhard Kade, Ernst Busche, Rudi Hechler, Henning Zierock, Gisela Elsner, Reinhard Kühnl und Hans-Jürgen Krysmanski. Auch Wolfgang Abendroth rief öffentlich zur Wahl der Friedens-

---

56 In den Schuldienst kehrte ich nicht zurück: Weil der SPD-Kultusminister Jürgen Girgensohn keinen linken »Radikalen« als Leiter eines Gymnasiums haben wollte, wurde ich vorzeitig in den Ruhestand verabschiedet.

liste auf. Aus dem Stand erzielte das Bündnis bundesweit ein beachtliches Ergebnis: 313.108 Stimmen gleich 1,3 Prozent. Immerhin stand auch die FDP mit 4,8 Prozent draußen vor der Tür.

An den Landtagswahlen in Nordrhein-Westfalen (12. Mai 1985) nahm die Friedensliste NRW als politische Partei teil und kam auf 0,7 Prozent der Stimmen. Zur Bundestagswahl am 25. Januar 1987 nominierte die Friedensliste in 245 von 248 Wahlkreisen Direktkandidaten, unter anderem Uta Ranke-Heinemann, Theodor Weißenborn, Helga Genrich, Renate Berghäuser, Gretel Gärtner, Uwe Knickrehm und Hans-Willem Confurius. Unter den 143 Erstunterzeichnern des Aufrufs zur Wahl der Friedensliste fanden sich zahlreiche bekannte Frauen und Männer, darunter Senta Berger, Ewald Lienen, Hanns Dieter Hüsch, Hannes Wader, Renan Demirkan, Jörg Huffschmid, Gisela Kessler, Peggy Parnass, Ernst Fürbringer, Frank Deppe, Franz Josef Degenhardt, Max von der Grün, Bernd Greiner, Gerd Fuchs, Gisela Elsner, Ingrid Kurz, Klaus Hübotter, Elfriede Jelinek, Dieter Süverkrüp, Doris Pollmann-Wallraff ... Im Aufruf wurde erklärt, warum die Friedensliste sich nur um die Erststimme bewarb: »Mit der Erststimme für die Kandidatinnen und Kandidaten der Friedensliste kann auch am Wahltag demonstriert werden: Für den Erhalt des Friedens und die Forderungen der Friedensbewegung! Für Abrüstung zugunsten von Arbeit, Umwelt, sozialen Rechten und Hilfe für die ›Dritte Welt‹. Für die Unterstützung der außerparlamentarischen Bewegungen; für gemeinsames Handeln im Bündnis – auch bei Wahlen! Wir wollen dazu beitragen, daß die Raketenbefürworter parlamentarisch geschwächt werden, daß SPD und Grüne mehr Zweitstimmen bekommen.« Das Ergebnis für die Friedensliste war leider bescheiden: nur noch 0,5 Prozent der Stimmen.

Angesichts der offenkundigen Perspektivlosigkeit verließen viele ehemalige Sozialdemokraten die Partei. Manche kehrten zurück in die SPD, andere gingen zu den Grünen. Auch Manfred Coppik (1985) und ich (1988) gaben auf. Meine persönlichen Aktionen setzte ich aber in der Friedensliste fort. Formal wurde die Auflösung der DS auf einem Parteitag (am 19. Januar 1991) mit anschließender Urwahl beschlossen. In einer Schlußerklärung wurde festgestellt:

*Die Gründungsidee einer Sammlungsbewegung links von der Sozialdemokratie war 1982 ebenso richtig, wie sie es auch heute ist: Sie gehört zur Geschichte der Linken und wird ihre Aufgabe bleiben, denn ohne diese organisierte Alternative ist eine Systemveränderung kaum denkbar. Nicht ohne eine gewisse Euphorie beteiligten sich Linke aus diversen sozialistischen und kommunistischen Organisationen an den DS-Initiativen. Eine Linksabspaltung – und diesen Charakter hatte die DS nun mal – führt nur selten zu Projekten, die der SPD längerfristig Konkurrenz machen können ...«*

Trotzdem gilt: »Es ist nicht alles schlecht, was scheitert.«

**M**ein Abschied vom Mandat und seinen alltäglichen Verpflichtungen war nicht so einschneidend wie der Übergang vom Lehrer zum Beruf des Abgeordneten. Ich blieb ja bei der Sache. Aber jetzt, als ungebundener demokratisch-sozialistischer Rigorist, war ich frei in der Wahl meiner persönlichen Aktionen und Einsatzorte für den Frieden, für die Schonung der Umwelt und gegen Sozialabbau. An der Gestaltung meiner Abende hatte sich nichts geändert: fast jeden Abend eine Veranstaltung an irgendeinem Ort der Republik.

Seit Januar 1983 gehörte ich als Vertreter der Demokratischen Sozialisten dem »Koordinationsausschuß der Friedensbewegung« (KA) an. Der Ausschuß hat die Großdemonstrationen und Aktionen des Widerstands gegen den Nato-Aufrüstungsbeschluß in Stadt und Land, vor Botschaften, Kasernen und Raketenbasen, im »heißen Herbst« 1983 und danach, vorbereitet und organisiert. Nie wieder sind so viele Millionen Menschen in Deutschland zum gewaltlosen Widerstand gegen eine menschenfeindliche Politik auf die Straße gegangen.

Mutlangen, ein Dorf auf der Ostalb in der Nähe von Schwäbisch-Gmünd, wurde 1983 weltbekannt als Symbol des Widerstands gegen Atomwaffen in Deutschland. Hunderte Menschen hockten ständig vor den Toren des amerikanischen »Airfield Mutlangen«, wo 36 Pershing-2-Raketen stationiert werden sollten. Zur Mobilisierung beigetragen haben sicherlich auch die Sit-ins der von der »Pressehütte Mutlangen« veranstalteten »Prominenten-Blockade«, die am 1. September begannen und drei Tage dauern sollten. Zunächst reagierten die jungen Dauerblockierer mit Skepsis. Auch ich teilte Heinrich Bölls Abneigung gegen den Begriff »Promi-Blockade«; er war uns peinlich. Aber das änderte sich schnell angesichts des unerwartet starken Echos in allen überregionalen Medien. Die »Promis« wurden auf die bestehenden Blockade-Trupps verteilt, und der eine hörte vom Nobelpreisträger Böll, warum die »Nachrüstung« Wahnsinn ist, der andere ließ sich von Günter Grass erklären, warum der Friede nicht alles, aber ohne Frieden alles nichts ist.

Walter Jens und ich hockten zusammen in einem Kreis von sehr jungen Frauen und Männern. Was sich dort abspielte, erinnerte an das unausrottbare universelle Humanum. Jens holte ein Exemplar seiner gerade erschienenen Adaption der Troerinnen des Euripides mit dem Titel *Der Untergang* aus der Tasche und begann, aus der Tragödie vorzulesen. Die Redensart von Menschen, die an den Lippen eines Vorlesers hängen, wurde in der gespannten Aufmerksamkeit der jungen Blockierer wahr. Die ausweglose Verzweiflung der gefangenen Frauen vor dem brennenden Troja ist eine historische Anklage gegen jeden Krieg und jede Form von Gewalt. Und sie läßt keinen ungerührt. Als Jens geendet hatte, herrschte minutenlange Stille. Und keiner schämte sich seiner Tränen. Auch ich war bewegt. Denn ich hatte soeben erlebt, wie Euripides' künstlerisches Abbild menschlichen Leidens in einem 2.400 Jahre alten Text die Jugend der »Moderne« genauso tief betroffen machte wie seinerzeit die Besucher der Aufführung seiner Tragödien.

Auch die reine Aktion kam zu ihrem Recht. Ich gesellte mich tags darauf zu den Blockierern, die dabei waren, den Asphalt der Zufahrtsstraßen zum »Airfield« aufzubrechen und unbefahrbar zu machen. Unaufgefordert legte ich mit Hand an, nahm Meißel und Hammer und hackte los, die Maske mit dem Gesicht unseres wenig geschätzten Bundesinnenministers Friedrich Zimmerman in den Nacken geschoben. Der Altnazi hieß inzwischen bundesweit »Old Schwurhand«, weil er einen Meineid geleistet hatte, aber nur aus Versehen, denn er war angeblich zur Tatzeit »unterzukkert«, also nicht zurechnungsfähig – und wurde tatsächlich freigesprochen. Nicht freigesprochen, sondern vom örtlichen Gericht wegen Nötigung zu Geldstrafen verurteilt wurden alle Blockierer, deren Namen die Polizei ermitteln konnte (3.000 Verfahren bis 1990). Das Bundesverfassungsgericht hat erst 1995 Sitzblockaden straffrei gestellt: »Die körperliche Anwesenheit an einer Stelle, die ein anderer einnehmen oder passieren möchte«, gilt strafrechtlich nicht mehr als Gewalt.

*Mutlangen, September 1983*

Die bis heute größte aller Demonstrationen in Deutschland ereignete sich am 22. Oktober 1983: In Bonn umzingelten 150.000 Menschen das Regierungsviertel. Etwa 500.000 bildeten einen Menschenstern um die Botschaften der fünf Atommächte. Im Hofgarten richtete Willy Brandt vorsichtige Worte gegen den Nato-Doppelbeschluß in Richtung Helmut Schmidt: »Wir brauchen in Deutschland nicht mehr Mittel zur Massenvernichtung, wir brauchen weniger.« Das beflügelte die Wende in der SPD, auch wenn der erboste Schmidt nach wie vor der Meinung ist, man solle »solchen Figuren«, nämlich den mitdemonstrierenden Genossen, nicht hinterherlaufen. Am selben Tag überschwemmten 400.000 Bürger das Rathausviertel in Hamburg. Und zwischen Neu-Ulm und Stuttgart reichten sich 250.000 Protestierende die Hände zu einer 150 Kilometer langen Menschenkette. Drei Wochen später, am 19. November 1983, sagte die Mehrheit der Genossen auf ihrem Sonderparteitag in der Kölner Messehalle endlich ein klares Nein zum Nato-Aufrüstungsbeschluß.

Als Historiker hatte ich zwar durchschnittliches Wissen über die Geschichte Roms, aber von der Geschichte der Kolonisation durch die europäischen Großmächte hatte ich nur geringe Kenntnisse. Das änderte sich gründlich nach dem 17. Januar 1961. An diesem Tag wurden Patrice Lumumba, der erste demokratisch gewählte Premierminister des Kongo, und zwei seiner Anhänger von belgischen Soldaten gefoltert und auf bestialische Weise ermordet; wie es von der CIA geplant, vom US-Präsidenten Eisenhower gebilligt und von der belgischen Regierung befohlen worden war. Ihre Leichen wurden zersägt, zerstückelt und in einem Faß mit Säure aufgelöst, die restlichen Knochen verbrannt und die Asche zerstreut.[57] Lumumbas Fehler: Er hatte die »Entlassung in die Unabhängigkeit« ernstgenommen. Man kann nicht sagen, daß die Chancen für die Entwicklung von demokratischen und sozialen Strukturen in ganz Afrika sich seither gebessert hätten.

Seitdem weiß ich mehr über die Geschichte der Kolonialisierungen, vom Sklavenhandel bis zur heute noch betriebenen Entrechtung, Unterdrückung und Ausbeutung in der sogenannten Dritten Welt. Es ist kaum zu übersehen: Die USA führen sich bis heute als Kolonialherren über Mittel- und Lateinamerika auf. Sie betrachten die Karibik als ihr Binnenmeer und alles, was südlich davon liegt, als ihren Hinterhof, den sie sauber und frei von Schmutz und Ungeziefer halten wollen, vor allem von revolutionären Anwandlungen und deren kommunistischen Anstiftern. Ein herausragendes Beispiel für diesen Imperialismus ist Chile.

Am 4. November 1970 wurde Salvador Allende als Kandidat der linken Unidad Popular in demokratischer Wahl Präsident Chiles. Der Versuch der USA, die Wahl mit Intrigen und Millionen Dollars zu verhindern, war vorerst gescheitert. Sofort begann Allende, sein sozialrevolutionäres Programm umzusetzen. Erste Priorität für eine

---

57 Notiz der »Süddeutschen Zeitung« am 14. Dezember 2012: »Mehr als 50 Jahre nach dem Mord an dem afrikanischen Freiheitsidol Patrice Lumumba hat Belgiens Justiz strafrechtliche Ermittlungen zugelassen. Ein Brüsseler Gericht urteilte am Mittwoch, daß die Generalanwaltschaft den Fall neu aufrollen dürfe ...«

sozialistische Gesellschaft hatte in Chile die entschädigungslose Verstaatlichung der Kupferminengesellschaften, an denen auch US-Bürger Anteile besaßen.[58] Kein Wunder, daß der Experte für Staatsstreiche, Henry Kissinger, sich herausgefordert fühlte, mit Hilfe der CIA die Regierungszeit Allendes möglichst zu verkürzen. Kissinger war zu jener Zeit Sicherheitsberater von US-Präsident Richard Nixon und ist noch immer Helmut Schmidts ziemlich bester Freund. Aber schließlich half doch wieder nur ein Putsch.[59] Als Ausführender fungierte der Oberbefehlshaber der chilenischen Streitkräfte, General Augusto Pinochet. Der beendete am 11. September 1973 Allendes Bemühungen um ein demokratisches und sozialistisches Chile. Eine Militärjunta riß die Regierungsgewalt an sich. Allende erwartete mit ein paar Getreuen die anrückenden Truppen im Präsidentenpalast Moneda. Nachdem er ein Angebot der Putschisten, das Land mit seiner Familie zu verlassen, abgelehnt hatte, bombardierten am Mittag zwei Flugzeuge die Moneda. Während die aufständischen Truppen den Palast stürmten, beging Allende Selbstmord.

Ein Welle von Verhaftungen überrollte das Land. Stadien, Schulen und Kongreßhallen wurden zu Konzentrationslagern. Allein im Estadio Nacional waren 40.000 Gefangene zusammengepfercht. Tausende wurden gefoltert und ermordet, viele aus Flugzeugen ins Meer geworfen. Insgesamt gab es etwa 4.000 Tote. 20.000 Menschen konnten ins Ausland fliehen. 6.000 davon hat die DDR aufgenommen, 3.000 die Bundesrepublik Deutschland.

Nach dem Putsch begrüßten als erste die Deutschen, die ihr Kapital in Chile angelegt hatten, die »wiederhergestellte Freiheit«: Ihr Geld konnte dort wieder ungestört »arbeiten«. Sie hielten Ausschau nach weiteren Investitionsmöglichkeiten und vertrauten auf Heinrich Gewandt (CDU/CSU), der 1973 nach einem Besuch bei General Pinochet versichert hatte, das Land sei jetzt »wieder kreditwürdig«. Die CDU/CSU bedauerte zwar offiziell die blutigen Kollateralschäden des Umsturzes. Aber einzelne Mitglieder hielten mit ihrer wahren Meinung nicht hinter dem Berg. So fand der christdemokratische Bundestagsabgeordnete Bruno Heck nach seiner Besichtigung der Gefangenen im Estadio Nacional »das Leben im Stadion bei sonnigem Frühlingswetter recht angenehm«. Die reaktionäre deutsche »Gemeinde« beschirmte viele ehemalige Nazis. Deshalb verwundert es kaum, daß sie über den gelungenen Putsch »sehr glücklich« war und dies auch den Sieger Pinochet wissen ließ – wahrscheinlich über den deutschen Botschafter in Chile, Kurt Luedde-Neurath, ein frühes Mitglied der NSDAP und SA, also genau der richtige Mann auf diesem Posten.

Grausige Einzelheiten über die blutige Rache der Militärs an Unterstützern und Sympathisanten Allendes erfuhr ich von den ungefähr 30 chilenischen Flüchtlingen,

---

58 Edward Korry, US-Botschafter in Chile, nach der Wahl Allendes: »Not a nut or bold shall reach Chile under Allende. Once Allende comes to power we shall do all within our power to condemn Chile and all Chileans to utmost deprivation and poverty.«

59 Kissinger hatte das chilenische Volk vor der Wahl Allendes gewarnt: »I don't see why we need to stand by and watch a country go communist due to the irresponsibility of its own people. The issues are much too important for Chilean voters to be left to decide for themselves.« (National Security Council der USA, 27. Juni 1970)

um die sich die Düsseldorfer SPD kümmerte und die in meinem Wahlkreis Unterschlupf gefunden hatten. Details berichtete mir auch Helmut Frenz, der als Pfarrer nach Chile gegangen war, um der »Dritten Welt« nützlich zu sein. 1975 aus Chile ausgewiesen, legte er sich zugunsten der aus Chile Verjagten mit den Hütern brisanter Akten im Auswärtigen Amt an und wurde 1976 Generalsekretär der deutschen Sektion von Amnesty International.

Und nun zu Nicaragua. Wenige Tage nachdem die Befreiungsfront Frente Sandinista de Liberación Nacional (FSLN) den letzten Diktator des von den USA installierten Somoza-Clans aus dem Land gejagt hatte (19. Juli 1979), trat ein revolutionär neues Grundgesetz (Estatutos sobre Derechos y Garantías de los Nicaragüenses) in Kraft. Erstmals garantierte diese Verfassung jedem einzelnen Mitglied des Vier-Millionen-Volks das Recht auf Leben, körperliche Unversehrtheit, Rechtssicherheit, Meinungsfreiheit, Schutz vor Sklaverei, Gewissens- und Religionsfreiheit, das Recht auf Arbeit und das Streikrecht. Folter und Todesstrafe wurden abgeschafft. Im gleichen Jahr ratifizierte die Regierung die Amerikanische Menschenrechtskonvention und im März 1980 den Internationalen Pakt über bürgerliche und politische Rechte.

Sofort begannen die Sandinisten mit ihren grundstürzenden Reformen. Mit einer Landreform wurde Großgrundbesitz aufgelöst und an selbständige Kleinbauern und Gemeinschaftsfarmen verteilt. Monokulturen wurden durch den Anbau von Mais, Reis und Bohnen ersetzt. Der Getreideanbau wurde mit Subventionen gefördert. Die Produktion von Kaffee für den Export blieb unverändert. Die Regierung verfügte die Schulpflicht für Kinder von sechs bis 13 Jahren. Eine landesweite Alphabetisierungskampagne senkte in wenigen Jahren die Analphabetenrate von 50 auf zwölf Prozent. Und die europäische Linke diesseits und jenseits des Eisernen Vorhangs zeigte sich begeistert. Sie solidarisierte sich mit der FSLN und steigerte die Entwicklungshilfe für Nicaragua. Sowohl der Deutsche Entwicklungsdienst (DED) als auch die Ebert-Stiftung der SPD waren in Managua mit Rat und Tat präsent. Dieser revolutionäre Eifer durfte keinen Erfolg haben, sonst drohte Ansteckungsgefahr für die anderen Länder Lateinamerikas. Dem mußte schleunigst ein Riegel vorgeschoben werden. Also leisteten die USA den in Honduras basierten »Contras« militärische und finanzielle Hilfe. Die unter dieser Bezeichnung vereinten konterrevolutionären Nationalgardisten des gestürzten Diktators Somoza und andere Guerilla-Gruppen – von der CIA angeleitet und bewaffnet – hatten seit 1981 nur ein einziges gemeinsames Ziel: von Honduras aus die sozialistische Regierung Nicaraguas zu liquidieren. Und das mit allen Mitteln: Entführung, Folter, Ermordung von Zivilisten, Vergewaltigungen und Brandschatzungen.

Ab Mitte 1983 mehrten sich die Anzeichen für einen konzertierten Angriff der Contras im Norden Nicaraguas. Das beunruhigte nicht nur die im Land arbeitenden deutschen Helfer, sondern auch die Großgemeinde der Dritte-Welt-Gruppen in der Bundesrepublik. Jetzt galt es, der Welt aktiv unsere Solidarität zu beweisen. In vielen Diskussionen und Einzelgesprächen entstand der Plan, Arbeitsbrigaden unmittelbar an der Grenze zu Honduras zu postieren, um unseren unbewaffneten Widerstand zu demonstrieren. Dazu sollten einige »Promis« eingeladen werden, um die öffentliche Resonanz zu verstärken.

Die Geschichte der kurzen Epoche des lateinamerikanischen Widerstands gegen die imperiale Übermachtausübung der USA im Hinterkopf, nahm auch ich die Gefahr einer konterrevolutionären Liquidation der sandinistischen Revolution in Nicaragua sehr ernst. Also war ich spontan mit dabei. Und steckte rasch mitten in den Reisevorbereitungen: Wer hat schon Feldflasche, Kochgeschirr, Brotbeutel und Regenponcho griffbereit zu Hause liegen? Oder Arbeitskleidung fürs Kaffeepflücken bei tropischen Temperaturen im Schrank? Das Visum für die Einreise war von dem mir vertrauten, in der Bundesrepublik akkreditierten Geschaftsträger der »Junta de Gobierno de Reconstrucíon Nacional« Nicaraguas, Willibald Fredersdorff, schnell besorgt. Zum Abreisetag wurde der 20. Dezember 1983 bestimmt.

Am Vortag treffen sich die etwa 145 Freiwilligen, zumeist junge Frauen und Männer, der ersten internationalen Arbeitsbrigade zum gegenseitigen Kennenlernen im Bonner Gasthof Harmonie. Die Diskussionen über unser Selbstverständnis und das, was uns in Nicaragua erwartet, münden in eine nicht immer harmonische Debatte über den Namen unserer Truppe, denn die Linke braucht Schlagwörter und Symbole. Autonome schlagen verschiedene symbolische Orte vergangener Straßenschlachten vor. Leute aus den Nicaragua-Komitees versteifen sich auf »Grenada libre« oder »Salvador Allende«. Schließlich kommt es doch noch zu einem Kompromiß: »Todos Juntos Venceremos«. Gestritten wird auch darüber, ob »Promis« und Journalisten mitkommen dürfen. Neben mir hatten Interesse bekundet: der Bremer Senator Henning Scherf, der Tübinger Theologie-Professor und Befürworter der Befreiungstheologie, Norbert Greinacher, sowie eine freie Mitarbeiterin des »Spiegel« und zwei Reporter des »Stern«. Der Senator, der Theologe und die Frau vom »Spiegel« sind an diesem Abend abwesend. Entschieden wird, daß sie mitfliegen dürfen, aber Kaffeepflücken müssen wie alle anderen auch.

Am Tag danach um 11 Uhr Pressekonferenz. Pikante Frage des Korrespondenten Koch von der »FAZ«: »Welche Sicherheitsgarantien können Sie den jungen Leuten geben?« Antwort: »Es wissen alle, daß die Interventionen der von den USA unterstützten Contras die Republik Nicaragua unterminieren sollen und daß der Schutz durch die Soldaten der FSLN nicht total sein kann, also auch ein Risiko für Leib und Leben besteht. Wir fahren nicht als Söldner, sondern um unsere Solidarität öffentlich zu bekunden.«

Um 13.30 Uhr versammeln sich die Brigadisten und Menschen, die ihre Sympathie für die Aktion zeigen wollen, auf dem Kaiserplatz im Zentrum der Stadt. Eine Hundertschaft der Polizei verabschiedet uns auf ihre Weise: Als die zweite Aufforderung des Einsatzleiters, die nicht genehmigte Kundgebung aufzulösen und den Platz zu räumen, unbeachtet bleibt, befiehlt er, alle Fahnen und Transparente zu beschlagnahmen und im Fall von Widerstand die Personalien aller Beteiligten festzustellen. Als die Polizisten zur Exekution ausschwärmen, kommt es sehr schnell zu Handgreiflichkeiten, die zumeist von den jungen Beamten ausgehen, wie mir die mitgehörte

Aufforderung bestätigt: »Los! Komm! Den da kenne ich. Den schnappen wir uns!«
Dann rennen sie los und zerren drei Jugendliche zur grünen Minna. Ein anderer steht
mit verheultem, knallrotem Gesicht vor mir, eher niedergeschlagen als anklagend:
»Aus einem Meter Abstand hat ein Polizist mir ins Gesicht gespritzt! Ich glaub', das
war 'ne chemische Keule.« Ich war richtig wütend, sagte das auch dem WDR-Reporter
von »Hier und Heute« in die Kamera: »Außerdem geschahen die meisten ›Zugriffe‹
nach der Entfernung der Transparente, also ohne gesetzliche Grundlage.« Als ich den
Einsatzleiter fragte, wer den Einsatz befohlen habe, antwortete der, höhnisch grinsend: »Das können sie vom Pressereferat erfahren.« Und weg war er.

Wir stiegen in die Busse nach Luxemburg. Um 22.30 Abflug mit der Cubana nach
Shannon und von da über Havanna nach Nicaragua. Ankunft am 21. Dezember um
11 Uhr. Der Flughafen: Flakstellungen, Kleinflugzeuge und das Transparent »Bien-
venido a la Patria de Sandino«. Noch während des Flugs hatten wir unser Arsenal
von Parolen und starken Sprüchen durch ein weiteres Stück ergänzt: »Los hijos de
Marx saludan a los hijos de Sandino« – Mit diesem Meisterstück vorneweg und einem zweiten Plakat mit der Aufschrift »Solo hay un internacionalismo: la acción!«
stiegen wir die Gangway runter und bauten uns vor dem Empfangskomitee der Nicas auf. Ernesto Cardenal, der Kultusminister, begrüßte jeden einzelnen von uns mit
Handschlag. Dann ging es mit Bussen zu unserem ersten Quartier, gegenüber vom
Flughafen. Vorbei an Kampfparolen vor Skeletten ehemaliger Werkstätten und an einem »FSLN« in Riesenbuchstaben auf einer Bergkuppe – so horizontfüllend wie das
riesige »HOLLYWOOD« bei Los Angeles. Die Unterkunft: eine schöne, luftige Stroh-
dachhalle, dekoriert mit Fahnen und Abbildungen von Sandino, Carlos Fonseca und
anderen Helden der Revolution.

## Donnerstag, 22. Dezember 1983

Um 5.00 Uhr Wecken. Waschen – nach Anstehen und Kampf um das Rinnsal eines Wasserhahns. Frühstück: Kaffee, Weißbrot, Margarine.

Um 9.00 Uhr Zusammenstellung eines Konvois von Bussen. Abfahrt zu den verschiedenen Fincas für die einzelnen Gruppen. Unsere Teilbrigade hat das Ziel San Isidor, nördlich von Matagalpa. Die Fahrt geht quer durch Managua. Links und rechts der Straße die Relikte eines jetzt 50 Jahre dauernden Kapitalismus: »Bayer Succursale y Bodega«, ESSO, TEXACO, FIRESTONE. Auf der Panamericana, die Alaska mit Feuerland verbindet, geht es weiter ichtung Norden. In der Mittagspause kaufen wir von Bauern Tomaten und Grapefruit. Fruchtsaft wird in Plastikbeuteln angeboten. Aber wir sind gewarnt – Vorsicht: Mikroben! Ein Volk, das sichtbar das Leben liebt, führt leicht das Wort Tod im Munde. Deshalb allerorten, vorwiegend auf Plakaten an der Straße, Parolen wie diese: »Con el FSLN hacer la vencer o la muerte«.

Um 13.30 Uhr Ankunft in Matagalpa. Versammlung im Lyzeum. Ansprache des Verantwortlichen in der Region. Große Gesten zu wiederholten Texten: »Somos Sandinistas por que somos internacionalistas – somos internacionalistas por que somos Sandinistas.« Danach Aufteilung in Arbeitseinheiten für die Kaffee-Ernte. Es kommt zur Neuauflage des Streits über die Journalisten. Weil von drei Journalisten in einer

Gruppe nach Ansicht einer knappen Mehrheit einer zu viel ist, wird die Kollegin vom »Spiegel« ausgruppiert. Die beiden Reporter vom »Stern« dürfen bleiben. Mir mißfällt, daß bei einigen Basisdemokraten offensichtlich Radikalität vor Menschlichkeit rangiert.

Abfahrt in die Berge. Links und rechts des Wegs freilaufende Schweine, Hühner, Pferde mit ihren Gauchos. Die Landschaft erinnert mich an Vietnam. Bei Las Tapas sehe ich zum ersten Mal Kaffee zum Trocknen auf den Feldern ausgebreitet. Wir werden umgeladen auf Lkws und Jeeps. Die letzte Strecke weiter zu Fuß. Dann sind wir auf unserer Finca.

Mit mir ziehen 17 Brigadisten in den ehemaligen Hühnerstall. Die 23 anderen schlafen im angrenzenden Speicher. In den übrigen Zimmern wohnen Familien mit Kindern: ein Feldbett für zwei Kinder, ein Stuhl, ein Fernseher, Dusche kombiniert mit Toilette. Die Ratten und die Flöhe werden wir noch kennenlernen. Gekocht wird in großen Kesseln über offenem Feuer (Holzkohle) und gegessen in einem Großraum, der wie eine verlassene Schmiede anmutet: Bohnen, Eier, Tortillas.

Um 20.30 Uhr ist eine Vollversammlung angesagt. Wir erfahren von den Nicas, daß wir eigentlich für eine andere Finca eingeplant waren und daß morgen noch nicht gearbeitet wird, weil die für unseren Schutz sorgende Miliz noch nicht eingetroffen ist.

**Freitag, 23.12.**
5.45 Uhr. Plötzlich ist es Tag, als ob jemand einen Schalter umgelegt hätte. Schlecht geschlafen: nur eine Decke auf dem Boden – zu hart; nur mit einem Laken bedeckt – zu kühl. Um Mitternacht wach geworden – vom lautmalerischen Bumsen unseres jüngsten Paares.

Um 6.30 Uhr ab in den Urwald zum ersten Arbeitseinsatz. Kurze Einweisung in die Technik des Kaffeepflückens. Es regnet wie am ersten Tag. Sieht ganz so aus, als würde das auch die folgenden Tage so bleiben.

Gegen 11.00 Uhr Auftritt des Sicherheitsbeauftragten und für die Ernte verantwortlichen Sekretärs der Region. Er erklärt, daß dies die sicherste Grenzzone sei, um im gleichen Atemzug mitzuteilen, daß 50 Kilometer von hier heftig gekämpft wurde und es tote Soldaten und Bauern gegeben habe. Außerdem hätten wir gar nicht hierherkommen sollen, der Irrtum werde aber korrigiert durch die Zusammenlegung mit einer anderen Arbeitsbrigade.

Großes Palaver. B., der weibliche Teil des nächtlichen Vollzugs, meldet sich zu Wort: »Ich denke, wir sind hier eigentlich ganz richtig, oder? Wir sind doch glücklich, so untergebracht zu sein wie die Ärmsten der Armen, mit denen wir doch solidarisch wohnen wollen.« So wie die Romantikerin denken nur wenige. Nach kurzem Hin und Her ist die Mehrheit mit der Zusammenlegung einverstanden.

Ich merke, daß die Arbeit mich mehr anstrengt als insgeheim befürchtet: Kreuzschmerzen und matte Glieder. Mich tröstet der Gedanke, daß ich mit meinen 56 Jahren ja auch rund drei Jahrzehnte über dem Durchschnitt unserer Gruppe liege. Trotzdem will ich versuchen, bis zum regulären Ende auszuhalten.

17.30 Uhr Abendessen: Bohnen, Reis, Tortillas und Kaffee, den ich wegen meiner Infarktfolgen nicht trinken darf. 19 Uhr »Plenum«. Unsere drei Betreuer aus Managua sind gekommen. Sie teilen uns mit, daß am Montag oder Dienstag verlegt werden soll. Norbert Greinacher will morgen, am Heiligen Abend, einen ökumenischen Gottesdienst ausrichten. Verschiedenes: Nach dem Arbeitseinsatz sollen wir noch zwei Wochen »Kultur« erleben.

Einzelgespräche: Wer warum wofür hier ist. Ein Konsens entwickelt sich: Wir sind in erster Linie hier, um Solidarität mit dem Volk zu demonstrieren, also symbolisch. Denn ökonomisch gesehen ist unsere Arbeit nicht viel wert. Unsere 2.000 Mark Reisekosten wären als direkte Spende von größerem Nutzen gewesen.

## Samstag, 24.12.

4.30 Uhr Aufstehen, Kaffee, Bohnen, Reis, Tortillas. Im Nieselregen Abmarsch in den Dschungel, vorbei an Bananenstauden, unbekanntem Gestrüpp und hohen Bäumen, zu unseren Kaffeefeldern. Das Pflücken der Beeren ist für Erwachsene keine Schwerstarbeit. Erstaunlich aber, was die sieben- bis zehnjährigen Kinder, Jungen wie Mädchen, leisten, wenn sie die prall gefüllten Säcke auf dem Rücken zur Mühle schleppen. Dort werden die Bohnen entschält, die Schalen mit Wasser von den Bergen weggeschwemmt. Fragt der neben mir pflückende »Stern«-Reporter: »Womit willst du eigentlich zwei Monate lang deine Gedanken beschäftigen, bei dieser geisttötenden Arbeit?« Antwort: »Ich reflektiere, was ich hier rund um mich erlebe. Zum Beispiel, wie leicht die Menschen hier Tod und Leben zusammendenken und diese Gewißheit überall, auf Flaggen, Plakaten und Inschriften in Farbe und Schrift, beschwören: Schwarz für Tod, Rot für die Freiheit: ›Patria libre o morir.‹ Außerdem lese ich, wo immer es geht, in der *Ästhetik des Widerstands* von Peter Weiss oder im ersten Band seiner Notizbücher.« So redend und pflückend, pflückend und redend, vergeht schnell die Zeit.

Am Heiligen Abend sitze ich auf einer Kiste und schaue den Familien nach, die langsam auf dem schlammigen Pfad zum einzigen Steinhaus zwischen den Wellblechbehausungen wandern. Ich sehe gerührt, welch große Mühe sich die Mütter gegeben haben, ihre Kinder feinzumachen mit weißen Kleidchen, das schwarze Haar sorgsam frisiert.

Das Ziegelgebäude, welches auch in einem holländischen Dorf stehen könnte, dient als Kirche. Sie bleibt das Jahr über verschlossen und wird nur an Feiertagen für Gottesdienste geöffnet – wenn ein Priester von irgendwo vorbeikommt. Heute feiert Norbert Greinacher die Messe. Ich bleibe hier draußen, ein eingefleischter Agnostiker hat dort nichts verloren, obwohl der Finca-Vorsteher versucht hat, mir zu verklaren, warum die Ankunft des Herrn so wichtig ist für ihn, für Nicaragua und die Welt. Um Mitternacht gibt es Schweinefleisch, Reis, Bohnen und Kaffee als Weihnachtsessen. Danach gibt's Bier und Rum.

## Sonntag, 25.12.

Erster Weihnachtstag. Ich habe auch ohne Schnaps gut geschlafen und zum ersten Mal nicht gefroren, aber das Kreuz und die Gelenke melden sich mit leisen Schmerzen. Zum

Frühstück gibt es Kekse, die ein Brigadistenpärchen aus einem sechs Kilometer entfernten Dorf besorgt hat. Dazu den unvermeidlichen Kaffee. Mittags fahren die Leute aus der deutschen Gemeinde nach Managua zurück, um den ersten Kranken unserer Gruppe ins Krankenhaus zu bringen, einen ehemaligen Entwicklungshelfer, der schon in Afghanistan Hilfsdienste geleistet hat.

Um 17.00 Uhr marschiere ich mit dem »Stern«-Reporter Peter Sandmeyer und seinem Fotografen[60] ins »Dorf der Kekse«, um einzukaufen. Wir essen Fleisch (schon das zweite Mal), Gemüse, Reis und trinken Ananassaft. Auf dem Rückweg bittet uns der Besitzer einer privaten Finca in sein Haus, vor dem sogar ein Traktor steht. Er möchte den Priester, der gestern auf unserer staatlichen Finca eine Weihnachtsmesse gefeiert hat, bitten, das auch für die Familien auf seinem Hof zu tun. Wir versprechen, uns darum zu kümmern.

Zurückgekehrt erfahre ich, daß es in meiner Schlafgruppe einen weiteren Kranken gibt, mit Durchfall und Übelkeit. Hoffentlich nichts Ansteckendes. Es gibt auch eine für mich zwiespältige Nachricht: Vom 29. Dezember bis zum 4. Januar soll ein Sonderprogramm für die Promis stattfinden. Darf ich hier einfach abhauen? Mal abwarten.

**Montag, 26.12.**
Zweiter Weihnachtstag. Ich hatte eine schlechte Nacht: Koliken, Durchfall, Kreuzschmerzen. Jetzt auch ich? Zweimal irgendwo ein Schußwechsel. Alle Hunde haben gebellt.

5.00 Aufstehen. Statt Frühstück Kohlekompretten. Alle sind besorgt und wollen mir helfen. Um 6.00 Uhr mit den anderen in die Kaffeesträucher. Abends kleiner Kreis auf der Veranda. Mal keine Tagesordnung. Erzählungen aus dem Sosein im Alltag. Über Pläne und Wünsche für die Zukunft kommen die Menschen in den Brigadisten sich sehr schnell näher. Axel, Abiturient, hofft auf einen Studienplatz für das Lehramt, egal wo. Ab dem 31. Dezember wird Martin, Angestellter im Zweigwerk Donauwörth der Firma Messerschmidt-Bölkow-Blohm (der Tornado-Produzent) arbeitslos sein. Erich, Handwerker, ist es schon. Toni, ein Zimmermann auf Wanderschaft, will die Freiheit der Wahl für sein Handwerk behalten, gemäß dem Wahlspruch seiner Bruderschaft »Axt und Kelle«: »Neugier heißt losgehen, ohne ankommen zu wollen.«

**Dienstag, 27.12.**
Eine fast gute Nachricht: Es ist Wasser da, aber die behelfsmäßige Dusche ist noch defekt. Eine schlechtere: Mein Herz hat mich schon zweimal spürbar an mein Defizit erinnert. Für alle Fälle habe ich das Nitro-Spray jetzt Tag und Nacht bei mir. Auf dem Weg zur Arbeit überwältigt die wildwuchernde Natur mit üppiger Pracht: vielfarbene Schmetterlinge, eine Menge Hummeln, grünschillernde große Fliegen, blühende Feigenbäume. Und am stämmigen Ast eines alleinstehenden Baumes ein hängendes Faultier, von uns allen bestaunt.

---

60 Die beiden haben Ende Januar 1984 im »Stern« einen anschaulichen, mit ausgezeichneten Fotos illustrierten Bericht über die deutschen Brigadisten veröffentlicht.

**Mittwoch, 28.12.**

Es regnet wieder. Heute geht es zurück nach Managua zum Promi-Treffen. Koffer, Rucksäcke, Taschen werden in Säcke verstaut und den Mulis aufgeladen. Mir wird ein Pferd zugewiesen. Dann geht es eine Stunde lang über Pisten und Wege bis zur Straße. Mein Pferd hat natürlich von Anfang an gemerkt, daß ich noch nie auf einem Gaul gesessen habe, und immer, wenn der Weg sich zum Hohlweg verengt, versucht es, mich an den seitlichen Erdwällen abzustreifen. An der Straße zwei Stunden warten, neugierig, wie es weitergeht. Es taucht ein kleiner Konvoi von Toyota-Pick-Ups auf. Sie bringen uns, 15 Leute je Wagen, nach Matagalpa. Dann kutschieren Taxis uns bis vor das Hotel Intercontinental in Managua. Im Foyer erweist sich, daß die Einfügung in die Gruppe, die Sozialisierung durch Solidarität, nicht sehr »nachhaltig« war. Das mit dem durch üppigen Mißbrauch sinnentleerte Allerweltswort ist hier ausnahmsweise das einzig treffende. Der »Stern«-Fotograf klagt jedem sein großes Leid: Das Schwimmbad ist geschlossen! In Erwartung eines Zimmers mit Aussicht schaut Peter Sandmeyer gar nicht mehr zur Seite. Hubert und ich bleiben in der Halle sitzen: Wir können das Hotel nicht bezahlen.

*Nicaragua*

Um 20.00 Uhr Treffen der Promis mit Residenten von DED, Friedrich-Ebert-Stiftung und Medico International, ohne Ergebnis. Denn es gibt noch kein Programm. Walter Schütz bietet mir Unterkunft in seinem Haus an. Dankbar sage ich zu. Ich muß mich nicht mit den »Intercontinentalen« gemein machen. Walter Schütz war nach dem Sieg der Sandinisten einer der ersten Helfer aus Deutschland. Er hat, als Koordinator von Medico International, mehr als 30 Jahre seines Leben der Verwirklichung ihrer revolutionären Ziele gewidmet. Er hat, zusammen mit den staatlichen Instanzen, Gesundheitszentren für die Familien der armen Bauern errichtet und unterhalten, getreu der Devise: »Salud es revolución. Salud es bienestar.«[61]

**Donnerstag, 29.12.**
Ich habe wunderbar geschlafen; seit langem mal wieder auf einer weichen Matratze. Frühstück: Butter, Marmelade, Kaffee. Nachricht von Norbert: Ab morgen Programm. Teilnehmen sollen außer mir: Norbert Greinacher, Henning Scherf und ein Vertreter der Grünen.

19.00 Uhr. Anruf vom Dolmetscher, der uns begleiten soll: Ich werde morgen früh um 5.30 Uhr abgeholt. Am Abend hat Walter Schütz zwei langjährige deutsche Helfer eingeladen. Lehrreiche Gespräche. Frage, ob man angesichts der drohenden US-Invasion Nicaragua nicht besser mit Flugzeugen als mit Waffen unterstützen müßte.

**Freitag, 30.12.**
Wieder sehr gut geschlafen auf meiner weichen Matratze.

6.00 Uhr Abfahrt nach Esteli, zum Ministerium für Reform und Entwicklung der Landwirtschaft MINDRA. Unser Begleiter, Dimitrov Pollo Orlando, hat in Berlin studiert (Volkswirtschaft, Soziologie) und sieht im Marxismus »eine Methode, jedes Volk seinen eigenen Weg zum Sozialismus finden zu lassen«. Er erinnert daran, daß »pueblo« (Volk) ursprünglich Dorfgemeinschaft bedeutet, ähnlich dem russischen »Mir« (Friede).

Nach dem Frühstück im Restaurant erläutert der Agrarminister Jaime Wheelock Grundsätze und Entwicklung der sandinistischen Agrarreform. Wheelock ist einer der neun Kommandanten, die das Somoza-Regime stürzten. Er hat mehrere Bücher über den antikolonialistischen Kampf geschrieben, wie zum Beispiel *Imperalismo y Dictadura, Diciembre Victorioso* und *El Desarrollo Económico de Nicaragua*. (1990 hat er an der Harvard University einen Master-Titel im Fach Öffentliche Verwaltung erworben.)

12.00 Uhr: Wir sind zusammen mit Jaime Wheelock in Pueblo Nuevo angekommen. Der Agrarminister übergibt feierlich Besitzurkunden über Landparzellen ehemaliger kolonialer Plantagen an ein paar Bauern. Wir erfahren, daß 52 Prozent der Bauern sich in Kooperativen zusammengeschlossen haben und der Rest auf eigenem Boden wirtschaftete.

---

61 »Noch heute liest sich das Programm der FSLN mit seinen zentralen Ideen von nationaler Souveränität, sozialer Gerechtigkeit und partizipativer Demokratie als Antwort auf die historische Erfahrung von Intervention, Massenarmut und Unterdrückung.« (Walter Schütz, im Rundschreiben 2/2004 von Medico International über den Niedergang der Ideale im heutigen Nicaragua). Walter Schütz lebt bis heute mit seiner nicaraguanischen Frau in Managua.

14.00 Uhr: Zurück in Esteli. Henning Scherf, Sabine Rosenbladt (»Konkret«-Autorin) und ein Journalist der »Taz« stoßen zu unserer Gruppe.

19.00 Uhr: Ankunft im Hotel Intercontinental. Die Nicaraguaner bezahlen unsere Rechnung. Jetzt kosten die Kaffeepflücker auch noch Geld!

Nach dem Abendessen Diskussion zwischen deutschen Entwicklungshelfern und Regierungsvertretern, ob das »angedachte« Projekt »Flugzeuge als humanitäre Hilfe« überhaupt sinnvoll und zweckmäßig ist. Wie wäre das finanziell und technisch zu realisieren? Man bräuchte ein Flugzeug, das auch auf einer Naturpiste starten und landen kann, zum Beispiel auf einem abgeernteten Baumwollfeld.

Die ortsansässigen Entwicklungshelfer – bis auf die der Konrad-Adenauer-Stiftung und der Friedrich-Naumann-Stiftung – beobachten mit großer Sorge, wie sich die Förderung ihrer Projekte zugunsten der Opposition in Nicaragua verschiebt. Einige sind wegen Streichung der Fördermittel bereits ruiniert. Für Jürgen Warnke (CSU), Minister für Entwicklungshilfe der Regierung Kohl, ist das sandinistische Nicaragua eine Dependance Moskaus, ein »zweites Kuba«. Nach dem Überfall der USA auf die Karibik-Insel Grenada erklärte er, daß sich die CDU/CSU mit der Politik des Präsidenten Reagan solidarisiere: »Die Länder der Dritten Welt müssen lernen, daß sie ihre Souveränität nicht ungestraft mißbrauchen können.«

Auch die evangelischen Helfer von »Brot für die Welt« sind erbost, weil Warnke keine Hilfe für Nicaragua mehr bewilligen will. Sie haben deshalb die Zahl ihrer Mitarbeiter bei der ökumenischen Hilfsorganisation »Dienste in Übersee« (DÜ) erhöht. Einer von ihnen ist Ernst Fuchs, früher Chefarzt für Neurochirurgie am Klinikum Steglitz in Berlin. Er hat sich 1978 der sandinistischen Guerilla angeschlossen. Nach dem Sieg der Revolution wurde er Arzt am Lenin-Fonseca-Hospital in Managua. Seinen Kampfnamen »Carlos Vanzetti« hat er behalten. Seit die staatliche GTZ seinen Vertrag in diesem Jahr kündigte, arbeitet er für die »Dienste in Übersee«. Ich hätte ihn gerne getroffen, aber er war telefonisch nicht zu erreichen.

**Samstag, 31.12.**
Heute früh mußte ich zum Nitro-Spray greifen. Hat sofort geholfen. Ich hoffe, für längere Zeit.

8.00 Uhr Abfahrt zum Flughafen. Von dort im Hubschrauber auf die Insel Mancarrón des Archipels Solentiname, im südlichen Teil des Nicaragua-Sees, nahe der Grenze zu Costa Rica. Die tropische Insel ist eine atemraubende Schönheit. Auf ihr leben Bauern und Fischer neben Bildhauern und Malern. Hier hat Ernesto Cardenal, Priester, Poet und seit dem Sieg der Sandinisten Kultusminister, vor 23 Jahren eine urchristliche Kommune gegründet, die noch heute besteht. Die Künstler von Solentiname wurden auch in Europa geschätzt für ihre folkloristisch inspirierte naive Kunst.[62] Cardenal reiste erstmals 1973

---

62 1994 verließ Ernesto Cardenal die FSLN aus Protest gegen den »autoritären Führungsstil« Daniel Ortegas. Er unterstrich gleichzeitig, daß er weiterhin »Sandinist, Marxist und Christ« bleiben werde. Noch 2012 war er auf Lesereise durch deutsche Städte unterwegs.

nach Deutschland, wo auch später zwei seiner Bücher in Übersetzungen erschienen: *Das Evangelium der Bauern von Solentiname* (1977) und *Kubanisches Tagebuch* (1980).

Dieser Ernesto Cardenal hieß nun die Promis auf seiner Insel willkommen. Nach einem Rundgang (Kirche, Gemälde) saßen wir zusammen. Ernesto betonte noch einmal, daß die internationalen Brigaden von Kaffepflückern wirtschaftlich völlig nutzlos seien, aber um so wichtiger sei die Botschaft der internationalen Solidarität mit dem Willen des Volks, weiter für ein Leben in Würde zu kämpfen.

Nachts um null Uhr ein nie gesehenes und gehörtes Geballer von Raketen, Gewehren und Maschinengewehren. Ich habe kaum geschlafen. Und das Herz hat sich wieder gemeldet.

## Sonntag, 1.1.1984, Neujahr

9.00 Uhr Bootsfahrt nach San Carlos, wo der Nicaragua-See durch den Río San Juan ins Karibische Meer ausfließt. In einer Kaserne sind gefangene Contras inhaftiert. Wir sehen eine Molkerei in Arbeit. Armselige Häuser werden saniert, eine Markthalle errichtet. Als der für 16.00 Uhr angekündigte Hubschrauber nicht erscheint, geht es mit dem Boot zurück nach Mancarrón. Ausführliche Gespräche auf der Veranda des Hauses am See mit meinen Gastgebern, der Familie Coronel. Ricardo erzählt aus der Familiengeschichte, wie sein Vater vom Faschisten zum Sandinisten wurde. Und wörtlich: »Die Revolution wurde von Menschen gemacht. Weil Menschen unzulänglich sind, werden wir wieder Fehler machen. Aber wir sind auf dem richtigen Weg.« Er interessiert sich für die Organisation Gehlen, Vorläufer des bundesdeutschen Nachrichtendienstes BND. Ich verspreche, ihm Material zu schicken. Am Abend wird über San Carlos ein Flugzeug von einer Sam-Rakete in der Luft zerfetzt.

*Bei Ernesto Cardenal*

**Montag, 2.1.**

Um 7.00 Uhr: Aufstehen, Frühstück. Danach mit dem Hubschrauber zum Flugplatz Managua. Um 13.00 Uhr zweistündiger Weiterflug mit einer Piper-Aztek nach Puerto Cabezas im Norden an der Miskito-Küste.

Unterkunft bei William Ramirez, Chef der Spezialzone Zelaya Norte des Ministerio de Desarrollo Agropecuario y Reforma Agraria (MINDRA). Von Ramirez erfahre ich fast alles über die Geschichte der Miskitos und ihre vom übrigen Nicaragua sehr unterschiedliche Kultur. Ja, es gibt Probleme an der Atlantikküste, aber nicht erst seit dem Sieg der Revolution am 19. Juli 1979. Als die Sandinisten damals hier ankamen, wußten sie über die Bewohner dieses Landstrichs nicht viel mehr als der durchschnittliche Mitteleuropäer. Damit begann das »Miskito-Problem«. Die Menschen der Atlantikküste und die Menschen an der Küste des Pazifiks hatten jahrhundertelang nebeneinander gelebt, hatten sich gegenseitig kaum zur Kenntnis genommen. Der Westen wurde von spanischen, der Osten von englischen Kolonialherren geprägt: sprachlich, kulturell und wirtschaftlich. Erst 1894 wurde die Provinz Zelaya endgültig in das Land Nicaragua eingegliedert, blieb aber bis 1979 ohne wirkliche Verbindung mit dem »spanischen« Westen.

Zelaya umfaßt 65 Prozent des Territoriums von Nicaragua. Hier wohnen etwa 250.000 Mestizen (Mischlinge zwischen Spaniern und indianischen Ureinwohnern), 27.000 Kreolen, ungefähr 60.000 Miskitos, 8.000 Indios vom Stamm Suma und 500 bis 1.000 vom Stamm Rama. Das Gebiet ist dünn besiedelt: 1,6 Einwohner pro Quadratkilometer (im Landesdurchschnitt 13 pro km²). Die Miskitos leben in den Tiefebenen der Küstenregion, wo sich 90 Prozent der nicaraguanischen Flüsse befinden. Sie erstreckt sich im Norden über den Río Coco (politische Grenze zu Honduras) bis in den Süden von Honduras, der bis 1958 noch zu Nicaragua gehörte, bevor Luis Somoza dieses Gebiet abtrat. Die Miskitos haben die politische Grenze nie akzeptiert. Wirtschaftlich wurde die Region seit dem 19. Jahrhundert von nordamerikanischen Gesellschaften ausgeplündert: Bananen, Langusten, Mahagoni, Zedern, Kautschuk, Kupfer und Gold wurden, zum Teil per Flugzeug, abtransportiert. Den Somoza-Clan und eine kleine Clique von Einheimischen interessierte das Schicksal der Bevölkerung nicht, wenn nur ihr Anteil am Profit gesichert blieb.

Als die US-Gesellschaften ihr ökonomisches Interesse an der Region verloren, hinterließen sie Tausende von Miskitos mit kaputten Lungen, chronischen Krankheiten, Tausende Hektar abgeholzten Landes, abgesoffene Minenschächte, verrostende Maschinen, Armut und Elend. Ideologisch sicherten sich die Kirchen ihren Einfluß: neben der katholischen mit vielen nordamerikanischen Priestern, vorneweg die ursprünglich böhmisch-mährische »Herrenhuter Brüdergemeinde« (Moravian Church), die seit Mitte des 19. Jahrhunderts hier missionierte. In der Provinz Zelaya entstand eine Volkskirche von 150 Gemeinden mit indianischen und mulattischen Pastoren.

Bei ihrer Ankunft an der Atlantikküste stellten die Revolutionäre zu ihrer Bestürzung fest, daß sie von vielen als neue Eroberer angesehen wurden. Nicht nur die kulturelle Abgeschlossenheit, sondern der fast hundertprozentige Analphabetismus ließen die Miskitos zu leichten Opfern der Propaganda gegen die Sandinisten werden. Einige der auf honduranischem Gebiet lebenden Miskitos schlossen sich den von der CIA wieder aufgerüsteten Nationalgardisten Somozas an. Es gab Tote und Verwundete auf beiden Seiten. Anfang 1982 entschloß sich die nicaraguanische Regierung, die Miskito-Bevölkerung aus dem Kriegsgebiet am Río Coco zu evakuieren, um die Menschen vor den Überfällen der Contras zu schützen und den konterrevolutionären Banden die Versorgungsgrundlage zu nehmen. In den neuen Siedlungen gab es nicht nur Initiativen für den Kakao-Anbau, zur Aufforstung und zur Förderung der Fischerei, sondern auch für Schulen und Gesundheitszentren.

### Dienstag, 3.1.

5.00 Uhr: Fahrt nach Sumabila, einer kleinen Siedlung mit großer Kirche neben einer winzigen Sanitätsstation mit dem einzigen Arzt der Region. Angesichts dieses Mißverhältnisses sagt er uns, es schmerze ihn, daß die Moravian Church mit Spenden von »draußen« gepäppelt werde, aber kein Geld da sei für die Gesundheit. Dabei gebe es viele Fälle von Tuberkulose, Durchfallerkrankungen, und 80 Prozent der Bevölkerung seien an Malaria erkrankt.

Wir sprechen mit zwei ehemals Beteiligten an Gewaltaktionen gegen die Sandinisten. Sie waren mit 305 anderen in Puerto Cabezas inhaftiert. Innenminister Tomás Borge hat sie nach einem Besuch im Gefängnis vor vier Wochen amnestiert und alle entlassen. Sie leben jetzt mit ihren Familien in Sumabila. Borge hat uns glaubhaft versichert, daß er alle Aktivitäten fördern wolle, welche die politisch-kulturelle Teilhabe der Miskitos an den Ergebnissen der Revolution zu verwirklichen trachten.

Mir war klargeworden: Das Hauptproblem dieser Region mit ihrem latenten Separatismus der Miskitos sind die praktisch nicht vorhandenen Verkehrsverbindungen zum Rest des Landes. Befestigte Straßen und Wege sind eine der unerläßlichen Bedingungen für eine dauerhafte, fruchtbare Kommunikation mit den anderen Regionen. In Nicaragua existiert nur eine wirklich ausgebaute Straße: das nicaraguanische Teilstück der Panamericana im Westen. Die Miskito-Küste ist derzeit nur durch die Luft zu erreichen.

Wir fahren nach Puerto Cabezas und fliegen mit der Piper-Aztek zurück nach Managua. Unsere Unterkunft ist wieder das Hotel Intercontinental. Es gibt Gerüchte über einen Heimflug am Mittwoch oder am Donnerstag, vielleicht auch erst am Sonntag, oder später.

### Mittwoch, 4.1.

Wieder Schwierigkeiten mit der Hotelrechnung. Wird von Demetrio geregelt. Nachmittags auf dem Markt. Reichhaltiges Angebot. Viele bourgeois anmutende Menschen.

Abends Streit in der Gruppe über das Verhalten der »Spiegel«-Journalistin, die sich an keines ihrer Versprechen gehalten hat, die sie der Brigade in Bonn gegeben hatte, um mitfliegen zu dürfen. Nach ihrer Rückkehr hat sie einen hämischen, in Teilen gehässigen Artikel über die Kaffeepflücker im »Spiegel« veröffentlicht. Sie gehört wohl zu jenen abendländisch verformten und empathiefreien Menschen, die unfähig sind, sich auf die Entwicklungen anderer Ethnien und Kulturen wirklich einzulassen.

**Donnerstag, 5.1.**

13.00 Uhr: Walter Schütz hat mich zum Essen eingeladen. Wir haben ein angeregtes, langes Gespräch. Er berichtet über den Stand seiner Projekte in Sachen Gesundheitszentren. Daraufhin habe ich ihm mein Projekt grob skizziert. Ich bin nämlich mittlerweile entschlossen, auch einen Beitrag zur Entwicklung des Gesundheitswesens in Nicaragua zu leisten, der sowohl den Kooperativen wie den »privaten« Bauern, aber besonders allen Miskitos zugute käme. (Tomás Borge begrüßt das Vorhaben). Sofort nach meiner Rückkehr würde ich beginnen, soviel Spenden einzusammeln, wie nötig sind, um ein Fluggerät zu kaufen, das zum Erste-Hilfe-Einsatz geeignet ist. Vielleicht auch zwei. Ich weiß, wo es so etwas gibt, habe aber noch keine Ahnung, wie man die nach Nicaragua bringt. Walter findet die Idee gut. Er verspricht, mit mir in Kontakt zu bleiben und über Medico International in Bremen Unterstützung zu organisieren.

Später schlendere ich noch einmal über den Markt. Das Angebot ist in der Tat sehr vielfältig, nicht nur an Früchten und Gemüse, sondern erstaunlicherweise auch an Schuhen. An einer Hauswand in Großbuchstaben: EL PUEBLO CONSCIENTE VIGILA AL DELINCUENTE.

Das Museum der Revolution ist wegen Renovierung geschlossen. Davor auf einem Sockel ein lächerlich kleiner Panzer, der Somoza von Mussolini geschenkt worden war. Abends erfahre ich von Ricardo, daß sich bisher noch keiner um einen Flug bemüht hat. Es gebe eine Gelegenheit bis nach Havanna. Von da ginge es aber nur mit Interflug weiter, also nicht direkt in die Bundesrepublik. Jetzt soll sich die Frente darum kümmern. Naja.

**Freitag, 6.1.**

Morgens um 6.00 Uhr aufgestanden. Hoffe immer noch, bald fliegen zu können. Henning Scherf und Norbert Greinacher haben Tickets nach Frankfurt bekommen. Heute nacht wird ein Telex aus der BRD erwartet, das die Buchung für mein Ticket bestätigt.

**Samstag, 7.1.**

Noch kein Telex. Mittags endlich die Nachricht, das Telex sei beim Instituto Histórico eingegangen. Jemand ist beauftragt, es zur Cubana zu befördern.

19.00 Uhr: Einer von der GTZ nimmt mich mit in den Circo Nacional. Erwachsene wie Kinder freuen sich bannig über das Dargebotene: ESTE ALEGRIA EL ENEMIGO EL TEME. Gehe mit der Aussicht ins Bett, daß morgen Reisetag ist. Gewißheiten gibt's hier nicht.

**Sonntag, 8.1.**

Seit 7.00 Uhr spaziere ich reisefertig auf und ab. Wieder nichts: Herbert Meyer von Team-Reisen in Hamburg (Organisator des Transports der Brigade) hat noch kein Geld überwiesen. Auf Nachfrage: nächster möglicher Termin Dienstag.

**Montag, 9.1.**

Vormittags: Auskunft der Leute von der Frente: Mittwoch wird es klappen. In mir macht sich Fatalismus breit. Nachmittags streune ich noch mal über den Mercado im Barrio (Stadtviertel) der bessergestellten Bürger Managuas.

Die Autobus-Zentrale bietet guten Service für das nähere und weitere Umfeld. Ein Schreibwarenstand hat alles, was ein Schreibkundiger (durch die Kampagne gegen den Analphabetismus gibt es immer mehr davon) so braucht. Ein anderer Stand ist dem Thema LA MUJER SOVIÉTICA gewidmet. Direkt daneben ein Alkoven der Herz-Jesu-Verehrung und des Marien-Kults. Und über allem die Fahne der FSLN.

**Dienstag,10.1.**
Habe ein Flugticket für morgen über Havanna und Prag nach Berlin (Ost), Ankunft: Freitag am frühen Abend.

**Mittwoch, 11.1.**
Bin um 8.30 am Flugplatz. Nach einer Stunde wird mitgeteilt, daß die Maschine erst gegen 15.00 Uhr starten wird. Und dann – nicht zu fassen – lande ich tatsächlich gegen 19.00 Uhr in Havanna. Ich bin im Hotel Deauville untergebracht. Nach dem Abendessen Bekanntschaft mit dem Fernsehprogramm in Kuba. Nachrichten, IMAGINES VIA SATELITE. Der Sprecher, anders als in Managua, in Schlips und Kragen, lebhaft und gestenreich. Eingeblendet: Kissinger überreicht Reagan den Bericht einer gemischten Kommission über Zentralamerika. Ein Interview mit Künstlern. Dann ein Spielfilm über den Bauernaufstand in Frankreich.
Leider heute keine Zweistunden-Rede von Fidel Castro.

**Donnerstag, 12.1.**
Lange geschlafen, erst um 8.00 Uhr aufgestanden. Blick aus dem Fenster: verfallende alte spanische Prunkbauten, verschachtelte Hinterhöfe. Das möchte ich von nahem sehen. Mein Rundgang führt mich zu Havannas Uferpromenade Malecón, zwischen Altstadt und dem Meer. Es ist stürmisch, hohe Wellen schlagen über die Kaimauer auf den Gehweg. Die meisten Villen von kolonialer Pracht sind unbewohnt, zerbröckeln allmählich hinter rostigen Gittern. Auf den Höfen unkrautüberwucherte Statuetten. Die Innenräume noch so möbliert, wie die spanischen Besitzer sie verlassen haben: Tische, Rohrstühle, schiefe Holzschränke, zerbrochenes Glas – Relikte aus Hemingways Zeiten. Über den Malécon rückte Fidel Castro an der Spitze seiner Kampfgenossen am 8. Januar 1959 in Havanna ein, bejubelt von Hunderttausenden. Auf den Straßen im Zentrum herrscht ein Durcheinander von uralten amerikanischen Straßenkreuzern, sowjetischen Motorrädern mit Beiwagen, Fahrrädern und Bussen. Im Strom der Passanten ab und zu ein Schwarzgeldhändler auf der Suche nach Dollares.
17.00 Uhr: Am Flughafen vier Stunden gewartet, bis der Flug 470 nach Prag endlich aufgerufen wird. Das wird eine lange Nacht der allmählichen Wiederannäherung an die BRD.

**Freitag, 13.1.**
4.30 Uhr. Es wird hell.
9.00 Uhr. Es geht weiter nach Berlin (Ost).
13.00 Uhr. Ein Bus fährt uns zum Hauptbahnhof Berlin (West).
Ende des symbolischen und solidarischen Kaffeepflückens in den Bergen Nicaraguas.

Nein, dieses Tagebuch habe ich in Wirklichkeit nicht geführt. Ich habe es aus Erinnerungen nachgedichtet.

D er Alltag hatte mich wieder. Schnee und Kälte auch. Alltag hieß, den Rest des Winters lange Tage unterwegs sein, von Schleswig-Holstein bis Bayern, von Aachen bis Helmstedt. Für die Europawahl im Juni und mein Versprechen an Nicaragua – gleichzeitig. Stundenlange Autofahrten zu den Veranstaltungen, während denen ich bestenfalls übers Autoradio das eine oder andere Neue erfuhr, habe ich schon sehr früh als verlorene Lebenszeit betrachtet. Nur selten half eine mentale Notiz zur späteren Vertiefung. Und schon gar nicht half die einsame Selbstkritik an Form und Inhalt der von mir am selben Abend vor wenigen Zuhörern abgesonderten Gewißheiten und Kommentare. Hätte ich hier nicht etwas sanftmütiger mit einem widersprechenden Diskutanten umgehen sollen? Hätte meine Einführung ins Thema nicht etwas ausführlicher und besser gegliedert sein müssen? Bin ich nicht überhaupt zu apodiktisch gewesen? Zu Hause angekommen – oft erst nach Mitternacht – wurden die zweifelnden Fragen von meiner jeweiligen Bettlektüre verdrängt, ohne die ich seit Jahren nicht einschlafen konnte.

Ich trug schon als Junge ein kleines Notizbuch mit mir herum. Sobald ein Erwachsener in meiner Umgebung ein Buch als lesenswert lobte oder gar dringend zu dessen Lektüre riet, schrieb ich es auf, mit Verlag und Erscheinungsjahr. Daraus ist nach all den Jahren ein Verzeichnis ungelesener Texte geworden. Denn es wäre mehr als ein Menschenleben nötig gewesen, um alle Texte meiner Titelsammlung abzuarbeiten. In den siebziger Jahren hatten die *Notizbücher* von Peter Weiss mein besonderes Interesse geweckt. Jetzt freute ich mich über jede freie Stunde, in der ich in seiner *Ästhetik des Widerstands* weiterlesen konnte. Deshalb reiste ich lieber mit dem Zug zu den Veranstaltungsorten – obwohl (oder weil?) es mehr Zeit kostete. Begonnen hatte ich damit schon Mitte 1983. Die dreibändige Ausgabe in einem Paperback-Band des Suhrkamp-Verlags war damals gerade erst auf dem Markt. Fast zur gleichen Zeit erschienen die »Materialien« zur *Ästhetik des Widerstands*, Grundlage für die von »Linken« vielerorts organisierten Arbeitskreise zum intensiven Studium dieses »Romans«. So auch in Düsseldorf und Bonn. Und bis zum Ende der achtziger Jahre gab es eine ganze Reihe nationaler und internationaler Tagungen dazu.

Ich werde nicht den verrückten Versuch unternehmen, das Jahrhundertwerk von Weiss hier mit einem Einsprengsel würdigen zu wollen. Nur soviel: Ich fühle mich ihm sehr nahe, weil ihn 1964, während der Frankfurter Auschwitz-Prozesse, der Große Schrecken anfiel und zu einem neuen politischen Menschen werden ließ, für den der Sozialismus die gültige Wahrheit wurde. Damals nahm er sich vor, künftig alles Private beim Schreiben auszuschließen. Mit sozialistischer Parteilichkeit legte er sich jetzt für die Unterdrückten und Ausgebeuteten der »Dritten Welt« ins Zeug, für Kubaner, Schwarze, Vietnamesen.

Der März-Beschluß der Friedensliste, am 17. Juni 1984 als Personenbündnis an der zweiten Direktwahl zum Europaparlament teilzunehmen, bedeutete für Wochen das

Aus für jede Freizeit – also für »Zeit in Freiheit zur Muße«. Der Wahlkampf durchlief alle von der Volkspartei SPD her bekannten Formate. Nur: Wir konnten nicht mehr so tun, als säßen wir morgen in der Regierung. Die Position war schon von den konkurrierenden Grünen besetzt. Neu war allein meine, jedes Forum abschließende Darstellung des DS-Projekts »Sanitätsflugzeuge für Nicaragua«. Und – nicht zu vergessen – die Bekanntgabe der Nummer unseres Spendenkontos.

Gleich nach meiner Rückkehr hatte ich begonnen, den Markt nach geeigneten Gebrauchtflugzeugen zu durchforsten. Ich wußte, daß die bundeseigene Treuhandgesellschaft zur Verwertung von ausgemustertem Eigentum des Bundes (VEBEG) neben allen möglichen Geräten, Fahrzeugen und Schiffen auch Hubschrauber und Flugzeuge der Bundeswehr versteigerte oder verkaufte. Für die zugedachte Verwendung schien mir das Mehrzweckflugzeug Do 27 der Dornier-Werke besonders gut geeignet. Das einmotorige Flugzeug ist ein Hochdecker mit robustem Fahrwerk und einer sechssitzigen Kabine; nach Ausbau der Sitze geräumig genug, um alle für den Einsatz als Sanitätsflugzeug notwendigen Gerätschaften aufzunehmen, vom Beatmungsgerät bis zur Bahre. Das Flugzeug eignet sich besonders für den Einsatz außerhalb von Landeplätzen mit befestigten Pisten. Es kann auf jedem freien Feld starten und landen, das mindestens 200 Meter lang ist. Mehr braucht es nicht, um eine Flughöhe von 15 Metern zu erreichen. Zur Landung reichen schon 180 Meter.

In den siebziger und achtziger Jahren verkaufte die VEBEG Dutzende Do 27 an private Fliegerklubs, wo sie zum Schleppen von Segelflugzeugen wie auch zum Absetzen von Fallschirmspringern genutzt wurden. Jetzt mußte ich nur noch erkunden, welcher Klub oder Privatmann ein guterhaltenes und möglichst gerade generalüberholtes Exemplar einer Do 27 besaß. Das tat ich über Anzeigen in Fliegerjournalen und überregionalen Zeitungen. Schließlich hatte ich eine Liste von elf privaten Haltern, die ich nacheinander besuchte, um ihre Geräte und die Preisvorstellungen zu begutachten. Das ging nur parallel zu meinen politischen Aktivitäten und dauerte bis Oktober 1984.

Endlich waren zwei Flugzeuge ausgewählt, in Porta Westfalica und Rottweil. Letzteres gehörte einem Fluglehrer, der mir an zwei Tagen im November mit vielen Starts und Landungen die notwendige Typenkenntnis der Do 27 vermittelte. Auf dem Konto der DS addierten sich mittlerweile die kleinen und größeren Spenden von Mitgliedern und Nichtmitgliedern auf etwa 40.000 Deutsche Mark. Zum Kauf und zur Verschiffung beider Flugzeuge fehlten mindestens noch etwa 20.000. Da war der Maler Bruno Bruni, den ich in Hamburg kennengelernt hatte, so großzügig, uns diese 20.000 Mark zu spenden. Damit war der Kauf gesichert.

An dieser Stelle schalte ich das Erinnerungspumpwerk kurz mal aus. Denn heute, am 30. Januar 2013, dem 80. Jahrestag der Machtübergabe an Hitler, kommt der Film »Hannah Arendt« in die Kinos. Den will ich sehen. Der israelische Geheimdienst Mossad hatte Adolf Eichmann, einen für den Holocaust mitverantwortlichen

SS-Führer, 1960 in Argentinien aufgespürt und nach Israel entführt.[63] Seit 1961 wurde gegen ihn in Jerusalem prozessiert. Im Auftrag des »New Yorker« beobachtete Hannah Ahrendt von April bis Juni den Eichmann-Prozeß. Ihre Reportagen spiegeln ihr Entsetzen über den in einem Glaskasten sitzenden Verwalter des Massenmords wider, der nur »seine Pflicht getan« haben wollte, aber auch ihr Bemühen, das Ungeheuerliche zu begreifen. Sie fand dafür den Begriff von der »Banalität des Bösen«. Damit löste sie heftige, ja feindliche Kontroversen aus, die bis heute nicht ausgestanden sind. Der Hauptvorwurf: »Banalität« im Zusammenhang mit Auschwitz sei eine Verunglimpfung der Opfer.

Ich halte mich an Arendts Überlegung, böses Handeln könnte auch mit »Fehlen des Denkens«, also Gedankenlosigkeit, zu tun haben. Und wenn sie dem Verhalten von banalen Menschen wie Eichmann das Attribut »komisch« zuschreibt, so kann ich ihr auch darin folgen. Ich habe in Hitler immer eine einzigartige Verkörperung der Massenseele gesehen, in der sich Menschen wiedererkannten. Charlie Chaplin hat dieses Phänomen im Film »Der Große Diktator« treffend verarbeitet. Abgesehen davon, daß ich mit Arendt der Meinung bin, die »Räterepublik« könnte ein erwägungswertes Modell von Demokratie sein, sympathisiere ich mit ihrem hohen Anspruch an die Sprache urteilender Individuen. Mich erbost, wie hartnäckig sich schludrige Formulierungen trotz aller kritischen Widerlegungen halten: Immer wieder hört und liest man »Machtergreifung« statt »Machterhebung« oder »Machtübergabe«, wird von «Verbrechen gegen die Menschlichkeit« statt von »Verbrechen gegen die Menschheit« geschrieben und geredet, und davon, daß ungeheure Verbrechen »in deutschem Namen geschehen« seien. Nein, sie wurden von uns Deutschen verübt, sind unsere Schuld, aus der sich niemand mit exkulpierenden Euphemismen davonschleichen kann. Denn Menschen haben Geschichte, unabhängig davon, ob sie sich dazu bekennen oder nicht. Und zur berüchtigten Lüge vom »Befehlsnotstand« sage ich mit Hannah Arendt: »Kein Mensch hat das Recht zu gehorchen.«

Der Film von Margarethe von Trotta konzentriert sich auf ungefähr vier Jahre im Leben Hannah Ahrendts: die Zeit ihrer Reportagen über den Eichmann-Prozeß in Jerusalem sowie des Streits um ihre Thesen danach. Er setzt die Kenntnis der geschichtlichen Fakten voraus. Ein großartiger Film.

Zurück zum Orwell-Jahr 1984 und dem Land, in dem die Utopie vom »Überwachungsstaat« mit preußischer Gründlichkeit durch mehr als einen Big Brother längst übererfüllt war. Die Monate November und Dezember gingen drauf mit weiteren Vorbereitungen für meinen Plan, zwei Flugzeuge aus Bundeswehr-Beständen an der Nato vorbei ins »feindliche« Ausland zu schmuggeln. Im Januar 1985 hatte ich auf dem Landeplatz Dahlemer Binz in der Eifel eine Halle gefunden, in der ich die

---

63 Heute weiß man, daß der aus der Organisation »Fremde Heere Ost« hervorgegangene Bundesnachrichtendienst über sein Versteck und das anderer NS-Mörder, die über die »Rattenlinie« nach Argentinien entkommen waren, längst Bescheid wußte – und keiner der Mitwisser »Handlungsbedarf« verspürte.

beiden Maschinen für den Winter preiswert unterstellen konnte. Und am Flugplatz Porta Westfalica war eine Werkstatt zu Sonderkonditionen bereit, die Flugzeuge zu demontieren, fachgerecht für den Transport in zwei Containern zu verstauen und sie in Managua wieder zusammenzubasteln. Die ebenfalls sehr kostengünstige Verschiffung durch ein der DDR nahestehendes Unternehmen in Hamburg war für das Frühjahr 1985 vorgesehen. Aber mitten im Einsatz für die Demokratischen Sozialisten zur Landtagswahl in Nordrhein-Westfalen am 12. Mai 1985 wurde mir klar: Wir müssen die Ausführung unseres Projekts »Sanitätsflugzeuge für Nicaragua« wohl auf den Spätsommer verschieben.

Die Demokratischen Sozialisten traten im Bündnis mit der Friedensliste unter dem Titel »Frieden« an. Wir waren in allen Wahlkreisen mit Erstkandidaten vertreten, an der Spitze Uta Ranke-Heinemann. Auf Platz sechs der Liste kandidierte der über Nordrhein-Westfalen hinaus bekannte Fußballprofi Ewald Lienen, sehr zum Mißvergnügen mancher Offizieller. Aber das ermunterte ihn nur: »Ich kandidiere nicht, damit die Bewegung ein Zugpferd hat. Ich stehe mit meiner ganzen politischen Überzeugung dahinter ... die Friedensfrage ist die Schlüsselfrage, danach kommen Umwelt und Arbeitslosigkeit.«

Bei meinen Auftritten traf ich natürlich vielerorts auf ehemalige Genossinnen und Genossen. Viele sind bis heute wirkliche Freunde geblieben und bedauern noch immer meinen erzwungenen Abgang aus der Genossenschaft in die politische »Wirkungslosigkeit«. Harte Häme ist mir nicht begegnet. Äußerstenfalls gab es spöttische Kommentare über meinen »bedeutungslosen Kleingartenverein« DS. Und sie sahen sich bestätigt: Die SPD Nordrhein-Westfalen erzielte das beste Wahlergebnis ihrer Geschichte: 52,1 Prozent. Damit konnte sie mit Johannes Rau an der Spitze allein weiterregieren. Die Friedensliste erreichte 0,7 Prozent und in der Rangfolge den vierten Platz, gleich nach den Grünen, die mit 2,97 Prozent zum zweiten Mal den Einzug ins Landesparlament nicht schafften. Daran gemessen war unser erster Versuch so schlecht nicht.

Am 16. Juli 1985 starb Heinrich Böll, nach längerer Krankheit. Er wurde nur 67 Jahre alt. Sein Begräbnis auf dem Friedhof in Bornheim-Merten zeigte noch einmal, wie beliebt der unbequeme Bürger, der Dichter und Nobelpreisträger war. Ich lag im Krankenhaus und trauerte allein. Menschen, die Heinrich Böll liebten, schilderten seine Beisetzung:[64] Viele waren gekommen, ihre Verehrung zu bezeugen. Eine Sinti-Kapelle spielte Zigeunermusik, wie es Bölls Wunsch gewesen war. Den Sarg trugen die Söhne René und Vincent, Günter Grass, Lew Kopelew und Günter Wallraff. Dahinter, neben Richard von Weizäcker, Bölls Frau Annemarie, Schriftstellerkollegen und einige Bekannte aus dem öffentlichen Leben, noch mehr Unbekannte aus dem Volk. Obwohl Heinrich Böll aus der katholischen Kirche ausgetreten war, durfte sein Freund, der Pfarrer Falken, ihn mit Genehmigung des Kölner Bistums nach katholischem Ritus beerdigen.

---

64 Hier ist eine Erklärung nötig: »Erinnern« verstehe ich nicht nur reflexiv, also für mich bedeutsame Erfahrungen und Erlebtes aus dem Gedächtnisspeicher abzurufen, bedenkend zu erzählen und zu bewerten. Ich verstehe »erinnern« auch transitiv, nämlich andere anzuregen, sich Ereignisse und Personen ins Bewußtsein zu heben, denen ich zeitgeschichtlich nachhaltige Bedeutung zumesse.

Schon als Student hatte ich mich für den Dichter Böll interessiert. Zunächst, weil er der Literaturgattung Kurzgeschichte im Westen wie im Osten Europas zur Be-Achtung verholfen hat. Dann für seine Beiträge zur »Trümmerliteratur« der Nachkriegszeit. Als Abgeordneter lernte ich Heinrich Böll – wie Günter Grass – als Mitstreiter für den Demokratischen Sozialismus und für Willy Brandt in der Wählerinitiative der SPD endlich persönlich kennen. In den leider nur seltenen Gesprächen mit ihm blieb er bei der Anrede: »Hören Sie, junger Mann ...« Er war ja zehn Jahre älter. In seinen Romanen hat Böll die Fehlentwicklungen des zweiten deutschen Versuchs mit einer Republik unerbittlich kritisch unter die Lupe genommen und die Einlösung des hohen Anspruchs der Verfassung eingefordert. Der Staatsbürger Böll stritt gegen gesellschaftliche Ungerechtigkeiten und die dafür verantwortlichen Politiker, ungebremst von feindseligen Machenschaften des Kloaken-Journalismus von »Bild« und Konsorten.

Als Böll im »Hatz-, Hetz- und Hysteriejahr« in einem Essay den Staatskrieg gegen eine Handvoll Terroristen mit Anmerkungen zum Schicksal von Ulrike Meinhof in Frage stellte, wurde er für das rechte Milieu zum geistigen Sympathisanten. So einer versteckt auch Terroristen. Prompt überfiel ein Trupp von etwa 20 Polizisten am 1. Juni 1972 sein Haus in der Eifel und durchsuchte alle Winkel vom Keller bis zum Dach. Im selben Jahr wurde Böll, als erster Deutscher seit 43 Jahren, mit dem Nobelpreis für Literatur ausgezeichnet.

Im Herbst 1985 erschien Bölls letzter Roman *Frauen vor Flußlandschaft* sowie als Nachruf eine Sonderausgabe der »Zeitschrift für Literatur und Politik L'80«, deren Mitherausgeber er jahrelang gewesen war. Darin würdigten Heinrich Vormweg, Dorothee Sölle, Willy Brandt, Carl Amery, Carola Stern, Gerhard Köpf, Helmut Gollwitzer, Erich Fried den Verstorbenen, jeder auf seine Weise. Auch ich durfte ihm auf einigen Seiten nachtrauern. Dazu nahm ich *Die Frauen vor Flußlandschaft* vorausschauend vor denen in Schutz, die eben noch, die Fahne heuchlerisch auf Halbmast, dem toten Dichter Böll das Prädikat »literarisches Gewissen der Bundesrepublik« zuerkannt hatten, mit dem Akzent auf Gewissen, das Prädikat listig entwertend. So beginnt der Text:

> Seine Feinde sind sich treu geblieben. Die gewitzten Heuchler, die öffentlichen Verleumder haben sich aus Anlaß seines Todes noch einmal die Infamie vergeben, mit der sie Heinrich Böll zeit seines Lebens verfolgten. Mit einem Rest von Anstand hätten sie sich enthalten, hätten wenigstens geschwiegen, die Inhaber politischer und klerikaler Pfründe.
> Sie sind sich treu geblieben: dem »streitbaren, aber redlichen« toten Kritiker öffentlicher und verschleimter Mißstände haben sie klammheimlich politische Inkompetenz nachgerufen: Heinrich Böll war ein Moralist, ein guter Mensch, will sagen *bloß* ein Moralist, eben nur ein guter Mensch. Herablassend-mitleidiges Verständnis und zurechtweisender Vorwurf zugleich.

*Faksimile aus »L'80«, Herbst 1985*

Und so endet mein Versuch, Heinrich Böll beim Wort nehmend, ihm gerecht zu werden:

*Für Heinrich Böll war Schreiben »Einmischung« und »Widerstand«, »gebunden an Zeit- und Genossenschaft, an das von einer Generation Erlebte, Erfahrene, an Geschehenes und Gehörtes«, aufstachelnd zur ständigen »Entfernung von der jeweiligen Truppe«. Und er ist sich und dem Leitthema seines Lebens in seinen Büchern, Reden, Erklärungen und Taten bis zuletzt streitend treu geblieben: moralisch-rigoristisch zu verfolgen, was ihn verfolgte, was bis zur »Stunde Nichts« geschehen war, weiter geschah, als ob nichts gewesen wäre: Die »Reinstallierung des totalen Kapitalismus« und die »Besitzergreifung der alten Kräfte«. Vor allem aber: seine lebenslange Betroffenheit angesichts der republik-alltäglichen Verdrängung, Vertuschung, Verniedlichung des unfaßbarsten Verbrechens, das »menschen- und deutschenmöglich war«.*

*Daher seine Abscheu gegen alle Geschichtsflüchtigen, die sich beharrlich weigern, aus Schaden klug zu werden, sich ein Gewissen daraus zu machen, weil sie nicht wirklich wissen wollen – und gegen die, die noch Profit herausschlagen, gegen das »Gottesgnadentum des Geldes«: »... diese göttliche Materie, die aus Schweiß und Blut, aus Tränen und Scheiße gemacht wird ... wo waren sie denn geblieben, das Geld und die Haare und das Gold vom allerletzten herausgebrochenen Goldzahn, wo war's geblieben? Wer hat für die Seife kassiert, die sie aus den Leichen gemacht haben, und für die Haare, aus denen sie Matratzen machten? Wo waren sie, die Herren mit den feinen Gesichtern und Händen wie zum Spinettspielen? Über welche Konten war denn alles gerutscht?« Da waren ihm, der den Dissidenten Kopelew bei sich aufnahm, die Kommunisten »von der bleischweren deutschen Sorte« doch noch lieber.*

*Alles das ist noch einmal da in der ungebremsten Wut seiner stark-deutschen Real-Groteske, stofflicher Treibsatz für noch mehr Gegenwehr der Seinen gegen die Wucherung vordemokratischer Strukturen in dieser Republik, Bestärkung für alle, die sich weigern, in Sümpfen heimisch zu werden. Heinrich Böll hat sein Werk stets als das ewige Wälzen desselben Steins verrichtet. Zuletzt konnte und wollte er nicht mehr, hat hingeschmissen. Sein trauriges Gesicht vor Augen können wir uns heute Sisyphus nicht länger als »einen glücklichen Menschen vorstellen«, wie der von Böll geschätzte Camus noch glauben durfte.*

*Traurig war er vor seinem Tod, aber nicht ganz ohne Hoffnung. Seine Hoffnung galt den neuen sozialen Bewegungen, vor allem der Friedensbewegung. Denn im beharrlichen Streit mit der herrschenden Politik war er aus Liebe zu den Menschen politisch geworden. Mögen ausgebuffte Kritik-Profis in den Bel-Etagen der Medienhäuser getrost ihren unvermeidlich scheinenden kleinlich-kleinen Streit über die literarischen Stärken und Schwächen seines nachgelassenen Buches in den offenen Spalten der Feuilletons austragen, die Nase, die sie rümpfen, ist bloß ihre eigene.*

*Die Ästhetik des Gesamtwerks von Heinrich Böll läßt sich – seltener Fall – nicht aufs Literarische beschränken, ist eine »Ästhetik des Widerstands«. Jetzt ist es an uns, den Stein aufzunehmen. Wir, die Seinen, dürfen im Einverständnis mit ihm und in seinem Sinn nicht nachlassen, den großen Streit weiterzuführen, gegen Krieg und Gewalt für Frieden und Demokratie. Das sind wir ihm schuldig.*

Ein paar Wochen nach dem Begräbnis von Heinrich Böll besuchte Tschingis Aitmatow die Bundesrepublik. Der Kirgise war zu jener Zeit Chefredakteur der Zeitschrift »Ausländische Literatur«, und der Russe Boris Chlebnikow, sein Stellvertreter, begleitete ihn als Dolmetscher. Sie folgten einer Einladung der Evangelischen Akademie Tutzing zu einer Literaturtagung. Auf dem Weg dahin waren einige politische Begegnungen vorgesehen; deshalb begleitete ich die beiden auf ihrer Tour. Aitmatow war diesseits des »Eisernen Vorhangs« so bekannt und beliebt wie Böll auf der anderen Seite.[65] Aitmatow legte Wert darauf, zuallererst Böll an seinem Grab in Bornheim-Merten die letzte Ehre zu erweisen.

Mehr als grotesk war ein anderer »Nachgang«: Mit Lizenz des Kölner Verlags Kiepenheuer & Witsch erschien 1994 in Spanien eine Taschenbuchausgabe von Heinrich Bölls *Das Brot der frühen Jahre*, in ziemlich hoher Auflage. Das Deckblatt sollte ein Aquarell-Porträt des Dichters zieren. Tatsächlich aber zeigte es mein Gesicht – sehr zum Verdruß des Böll-Sohns René. Wer für diese Verwechslung verantwortlich war, ist ungeklärt. Mir gab sie jedenfalls noch einmal Gelegenheit, meine geistige Nähe zu Heinrich Böll öffentlich zu bekennen.

Am 1. Oktober 1985 Anruf aus Managua: Die Container mit den beiden Flugzeugen liegen am Hafenkai und werden in drei Tagen auf dem Flugplatz Los Brasiles am Managua-See abgeladen. Die beiden bereitstehenden Techniker der Werft in Porta Westfalica bestätigten mir: Ja, ihr Flug über Havanna ist gebucht; planmäßige Ankunft in Managua am siebten Oktober. Es wurde dann der achte. Ich war schon am fünften angekommen und hatte mich bereits in dem kleinen alleinstehenden Klinkerhaus am Rande Managuas eingerichtet, das in den nächsten Wochen die privilegierte Unterkunft für die beiden Techniker und mich sein sollte. Das Innenministerium hatte auch einen Koch und einen Fahrer mit Jeep für uns abgeordnet. Wie im Reiseprospekt für Touristen: »alles inklusive«.

Am 9. Oktober begannen die Techniker mit der Remontage der in einer großen Halle liegenden Teile unserer beiden Do 27. Unterstützt von vier nicaraguanischen Monteuren, die zur Hand gehen und alles über die technische Konstruktion der Maschinen lernen sollten. Hinter der Halle, jenseits des Flugplatzzauns, ragten noch die Skelette von zwei Privatflugzeugen aus Somozas Zeiten aus dem hohen Gras. Die Halle wurde Tag und Nacht von der Miliz bewacht. Am 17. Oktober war die besterhaltene und in zivilem Weißlack prangende Do 27 montiert. Ein ausgedehnter Kontrollflug bestätigte die volle Funktion der gesamten Bordtechnik. Am folgenden Tag um 15 Uhr begann ich mit der Umschulung des ersten der drei dafür vorgesehenen Nica-Piloten. Nach vier Starts, mehreren erweiterten Platzrunden und vier Landungen endete der erste »Schultag« um 17 Uhr.

---

65 Das galt besonders für die DDR. Heinrich Bölls Anteile am Verkauf seiner Werke sammelten sich dort auf einem Sonderkonto. Die Ostmark war aber nicht in die Bundesrepublik übertragbar. Böll war so großzügig, von seinem Konto sämtliche 46 Bände der im Ost-Berliner Dietz Verlag erschienenen Marx-Engels-Werke (MEW) zu kaufen und mir zu schenken.

Heinrich
**Böll**

El pan de los años mozos

Grandes Autores
Biblioteca de Literatura Universal

el Periódico

Nach einigen Tagen stellte sich eine gewisse Routine ein: Frühstück, Fahrt zum Flugplatz, Warten auf den Dolmetscher, Vorbesprechung mit den Monteuren, den Piloten und dem Sprechfunker aus dem Tower. Dann zwei bis drei Stunden Schulungsflüge, Nachbesprechung und gesellige Fragestunde. Mittags gab's mitgebrachte Snacks und Getränke. Ausnahmsweise fand das Ganze auch mal am Nachmittag statt. Die Start- und Landeübungen verlagerten sich allmählich auf die umliegenden abgeernteten Baumwollfelder, um die hervorragenden Kurzstart- und -Lande-Eigenschaften (STOL = Short Takeoff and Landing) des Dornier-Flugzeugs zu demonstrieren und zu trainieren.

Als wir einmal auf einem sehr kleinen Feld gelandet waren und zum Neustart wendeten, raste plötzlich querfeldein ein Jeep auf uns zu. Heraus sprangen drei uniformierte Männer, umringten uns, Maschinenpistolen im Anschlag. Schreiendes Hin und Her zwischen meinem Flugschüler und dem Anführer der Bewaffneten. Dann allseitiges Lachen und Winken. Mein Schrecken legte sich. Diesmal hatte der Dolmetscher nicht hinter uns gesessen, damit ich über ihn mit meinem Flugschüler kommunizieren konnte. So erfuhr ich erst nach der Landung auf Los Brasiles, was geschehen war: Ein Trupp der Miliz hatte in unserem zivil aufgetakelten Flugzeug feindliche Eindringlinge der Contras vermutet. Lautes Gelächter und Schulterklopfen in der Nachbereitungsrunde. Am 21. Oktober war auch die zweite Maschine – noch im düsteren Feldgrau der Bundeswehrmacht – aufgerüstet und getestet. Jetzt nutzten wir beide Flugzeuge abwechselnd für das Training auf der befestigten Piste und den DDT-verseuchten Feldern.

*Flugzeuge für Nicaragua*

Auf Los Brasiles logierte auch eine Staffel von einmotorigen, einsitzigen Sprühflugzeugen mit großem DDT-Tank im Rumpf und Sprühdüsen unter den Flächen. Mangels Funkgerät waren sie vom Tower nicht zu kontrollieren. Also sparten sich ihre Piloten die übliche Platzrunde und zottelten kreuz und quer über den Platz und die Felder. Nicht ganz ungefährlich für die anderen Teilnehmer am Flugverkehr. Damals wurde die Chemikalie DDT noch weltweit in Riesenmengen als Pflanzenschutzmittel in der Landwirtschaft eingesetzt, besonders exzessiv im Baumwollanbau. Die Verwendung als Insektizid im globalen Kampf gegen die Malaria war jahrzehntelang sehr erfolgreich, wenn auch die totale Ausrottung der Krankheit letzten Endes nicht gelang. In Managua regnete es 1985 DDT nicht nur von oben. Es wurde zusätzlich von Hand direkt an die Wände in den Hütten und Häusern gesprüht, wo sich Anopheles-Mücken nach ihren Blutmahlzeiten absetzten. Diese Aktion mußte zweimal im Jahr wiederholt werden, um die chemische Wirkung dauerhaft zu erhalten.

Im Jahr 1962 war der berühmte Bestseller *The Silent Spring* der US-Biologin Rachel Carson erschienen. Ausgehend von einer umfassenden Unterrichtung über »Biocide« imaginierte die Autorin einen Frühling, der still und stumm ist, weil alle Vögel chemisch ermordet wurden. Das löste eine globale Kampagne gegen die Umweltschädlichkeit von DDT aus. Seit 1972 ist die Anwendung in den USA verboten.

In den letzten zwei Flugstunden, am Nachmittag des 28. Oktober 1985, bewiesen alle drei Nica-Piloten in Alleinflügen, daß sie das Fluggerät Do 27 voll und ganz beherrschten. Und ich hatte ungefähr 40 Stunden Flugzeit und 50 Starts und Landungen hinter mir: »Mission accomplished«. In den nächsten Tagen gönnte sich unsere »Flugzeugbrigade« Zeit für Ausflüge in die schöne Umgebung Managuas: Zum Juan Venado Naturreservat bei León; mit der Pferdekutsche durch die pittoresken Straßen Granadas, älteste Kolonialstadt Lateinamerikas; eine Fußwanderung rund um den riesigen Krater des Vulkans Mombacho;[66] Spaziergang über den Markt der Kunsthandwerker von Masaya mit einem bunten Angebot von Souvenirs.

1. November, vormittags, Los Brasiles: Wir stehen neben unseren Flugzeugen auf der Wiese vor dem Hangar, die deutschen Techniker und ihre Gehilfen, die nicaraguanischen Piloten und unser Dolmetscher an meiner Seite, und warten auf unsere Gäste, die nach und nach eintrudeln. Zuerst erscheinen die Leute vom Fernsehen und Rundfunk. Schließlich Tomás Borge mit seinen Bodyguards, seiner Partnerin und Gefolge, Männer und Frauen in Uniform oder Zivil, die ihn verehren. Nicht ohne Grund. Unter Somoza saß der Mitbegründer der FSLN drei Jahre im Gefängnis und wurde gefoltert, bis es ihm endlich gelang, nach Costa Rica zu fliehen. Nach der Revolution wurde er Innenminister. Über seine Folterer sagte er damals: »Ich bestrafe sie, indem ich ihnen vergebe.«

Und nun geht's los: Die förmliche Übergabe des Geschenks der Friedensliste und etlicher Freunde der nicaraguanischen Revolution an die Regierung, vertreten durch den Innenminister. Ich trete vor, überreiche Tomás Borge die buchdicken »Lebens-

---

66 In Nicaragua existieren 40 Vulkane, von denen sieben noch aktiv sind.

laufakten« der beiden Flugzeuge. Dann rede ich von Solidarität und Freundschaft mit dem Volk von Nicaragua. Ich gestehe: etwas zu lang und mit ein klein wenig zuviel Pathos. Er bedankt sich im Namen der Regierung und der Frente. Händeschütteln und Umarmung. Vom Dolmetscher gestützt, klettert Borge in die weiße Do 27 und nimmt neben mir Platz. Auf den Sitzen hinter uns die Bodyguards und der Dolmetscher. Ich schließe die Plastikhaube und rolle an den Start.

*Tomás Borge, Karl-Heinz Hansen*

Wir fliegen eine erweiterte Platzrunde über den Managua-See und die wunderschöne Landschaft ringsum. Borge ist begeistert. Er stellt viele Fragen, die ich gerne und ausführlich beantworte. Nach der Landung rollen wir über die Piste zurück zur Wiese, steigen aus und sind umringt von wütenden, zornesroten Menschen aus Borges Gefolge. Wegen der lauten allseitigen Erregung verstehen wir nichts, bis ein junger Mann in Uniform sich das Wort erobert und erzählt: Als unsere Do zur Landung ansetzte, schob sich ein Sprühflugzeug von der Seite über die Piste unter uns, um das gleiche zu tun. Im letzten Augenblick muß der Pilot unsere Maschine wohl dicht über sich bemerkt haben, denn er flog scharf nach links, weg von der Piste. Ohne diese radikale Wende wäre unsere Maschine punktgenau auf dem Sprühflieger gelandet. Ohne es zu wissen, sind wir haarscharf der Katastrophe entkommen. Die allgemeine Erregung flammt wieder auf. Einer ruft: »Noch eine Sekunde, und ich hätt' ihn abgeschossen!«

Auf dem Weg zum Restaurant, in das uns Tomás Borge zur Feier des Tages eingeladen hat, beruhigen sich die Gemüter allmählich. Beim Verputzen der aufgetischten leckeren und üppigen Vor-, Haupt- und Nachspeisen herrscht wieder gewohnte laute Fröhlichkeit. Die mehrsprachige Geselligkeit dauert bis in den späten Abend. Am Morgen danach sind wir Westdeutsche auf dem Weg nach Hause. Alle vier sehr zufrieden, denn im neuen Jahr werden zwei Sanitätsflugzeuge mit dem Roten Kreuz auf ihren Rümpfen für den Rettungsdienst in Nicaragua allzeit bereit sein.

Im November 1986 bin ich noch einmal in Nicaragua gewesen. Eingeladen von der »Dirección del Frente Sandinista de Liberación Nacional« zur zweitägigen Feier des 25. Jahrestags der Gründung der FSLN sowie zum zehnten Jahresgedenken an den im Kampf gefallenen »Jefe de la Revolución Popular Sandinista, Comandante Carlos Fonseca«, mit Kranzniederlegung an seinem Grabmal.

Heute, am 8. März 2013, beginnt die einwöchige Volkstrauer über den drei Tage zuvor im Alter von nur 58 Jahren an Krebs gestorbenen Präsidenten Venezuelas, Hugo Chávez. Viele Kilometer lang ist die Schlange seiner Verehrer, die den Nachfolger und Vollstrecker Simon Bolivars noch einmal sehen wollen, ehe der Leichnam des Caudillo für immer ins Revolutionsmuseum übergeführt wird. Auf einigen der mitgeführten Transparente ist auch der traditionelle Schlachtruf der Linken zu lesen: »Hasta la victoria siempre, Comandante!«

Und just in diesen Tagen fühle ich mich herausgefordert, Bilanz zu ziehen: Was ist geblieben von der internationalen Begeisterung aller Linken für die Revolution in Nicaragua? Was hat sich gebessert im Leben der unter Unterdrückung und Ausbeutung leidenden Armen in Nicaragua und in ganz Lateinamerika? So oder ähnlich fragen jetzt auch die Gazetten in ihren Hugo Chávez gewidmeten Nachrufen. Und kommen, je nach politischer Tendenz, zu konträren Antworten. Aber niemand kann es, trotz aller antisemitischen Unterströmungen des Chávismus, leugnen: Der charismatische Sozialist Chávez hat – in der Nachfolge von Che Guevara und Salvador Allende – Lateinamerika radikal verändert. Es ist nun nicht länger Hinterhof des amerikanischen Imperialismus. Chávez hat der Bourgeoisie die Verfügungsgewalt über Venezuelas Erdölreichtum entzogen und ihre Gewinne zur Schaffung einer sozialistischen Gesellschaft eingesetzt. Die Arbeitslosigkeit ist von 15 auf 8,7 Prozent gesunken, die Zahl der Armen um die Hälfte reduziert, die medizinische Versorgung ausgebaut und das Bildungssystem für eine bessere Qualifizierung aufgerüstet. Chávez hat überdies andere Staaten Lateinamerikas angeregt, in freier Selbstbestimmung ihre Kräfte zu bündeln und enger zusammenzurücken. Das bekunden die Antiimperialistische Allianz (ABA), die »Union südamerikanischer Nationen« und die in Caracas gegründete »Gemeinschaft der Staaten Lateinamerikas und der Karibik« (CELAC), welch letztere von den Nordamerikanern immer noch als ihr Binnensee angesehen wird, in dem das sozialistische Kuba gewaltig stört. Staatsgäste der lateinamerikanischen Nachbarländer, aber auch aus Europa, sind gekommen, um mit dem Volk von Venezuela zu trauern. Darunter: Dilma Rousseff und Lula da Silva (Brasilien),

Evo Morales (Bolivien), Rafael Correa (Ecuador), Raul Castro (Kuba), Daniel Ortega (Nicaragua) sowie Prinz Felipe (Spanien) und Alexander Lukaschenko (Weißrußland). Und was ist aus Nicaragua geworden? Den von den USA bezahlten, ausgebildeten und angeleiteten Somoza-Gardisten, Mörder von Bauern und Indianern, von Frauen und Kindern, ist es nicht gelungen, die siegreiche sandinistische Revolution zu liquidieren. Die FSLN hat schließlich selbst dafür gesorgt. Die sandinistische Landreform war Vergangenheit, als die aus Miami zurückgekehrten Reichen ihre alten Besitzrechte einforderten und – trotz aller Demonstrationen und Blockaden der Bauern und Kooperativen – auch bekamen. Nur einige unentwegte Entwicklungshelfer versuchen immer noch, die Alphabetisierungskampagne in Teilen des Landes weiterzuführen. Es gibt wieder mehr und noch ärmere Arme. Und die Frente ist zu einem Selbstbedienungsladen für skrupellose Kleptomanen verkommen. Der ehemalige Revolutionär Daniel Ortega, sein Bruder Humberto und Gefolge haben sich an Immobilien, Grundstücken und durch zwielichtige Geschäfte hemmungslos bereichert. Ortegas Familienclan und die Parteizentrale residieren in einem durch Mauern geschützten Komplex mit Hubschrauberlandeplatz und Baseballfeld. Dort veranstaltet Ortegas Frau Rosario Murillo spiritistische Sitzungen und kontrolliert die Machtausübung ihres Gatten. Ernesto Cardenal, der in seinen Memoiren von der »Revolución Perdita« sprach, und Sergio Ramirez, der seine Memoiren *Adiós Muchachos!* betitelte, verließen 1994 die Partei und gründeten mit vielen anderen Enttäuschten die »Bewegung für sandinistische Erneuerung« (MRS), die inzwischen leider zerstritten ist und mit den Neoliberalen paktiert.

Seit Ernesto Cardenals heftiger Kritik[67] an der politischen Kehrtwende in Nicaragua wird er vom Ortega-Clan kriminalisiert und bedroht. Deshalb ist er jetzt wieder öfter auf Lesereise in Deutschlands Städten. Darüber freuen sich seine zahlreichen hiesigen Freunde. Am 6. November 2011 wurde Ortega wieder zum Präsidenten gewählt. Internationale Wahlbeobachter sprachen von Wahlfälschungen und Behinderungen, wie schon bei früheren Wahlen. Tomás Borge, Mitbegründer der FSLN und seit 2007 als nicaraguanischer Botschafter in Peru tätig, starb am 30. April 2012 in seiner Geburtsstadt Managua.

Die große Welle der Solidarität der internationalen Linken mit der sandinistischen Revolution war dennoch nicht vergeblich: Sie bleibt ein geschichtliches Vorbild für die nächste Generation. Und die Sanitätsflugzeuge? Wenn sie nur ein Menschenleben gerettet haben, war das Projekt den Aufwand wert.

Im Sommer 1986 reiste ich das letzte Mal zu einer internationalen Begegnung des Instituts Wilton Park im schönen englischen Herrensitz Wiston House in West Sussex. Das Projekt Wilton Park verdient eine kleine Erläuterung. Es geht auf eine Initiative des Kriegszeit-Premierministers Sir Winston Churchill zurück, der – ganz im

---

67 Cardenal: »Von der Revolution bleibt immense Frustration und großer Schmerz. Es war ein Traum, aus dem wir nicht erwachen wollten. Jetzt sind da nur noch Albträume.«

Sinn der alliierten Kampfparole gegen das Hitler-Regime »to make the world safe for democracy« – schon 1944 seine Landsleute aufgerufen hatte, den Deutschen zu helfen, nach Kriegsende eine gefestigte Demokratie zu errichten. Deutsche Kriegsgefangene konnten sich an den offenen, tabulosen Diskussionen mit bekannten Politikern und Intellektuellen, wie beispielsweise Lord William Beveridge und Bertrand Russell, über demokratische Ideen und Praktiken beteiligen. Von 1946 bis 1948 nutzten etwa 4.000 Gefangene das Angebot der »Prisoners University« (Kingsley Martin im »New Statesman«). So mancher kam als junger Nazi und ging als überzeugter Demokrat. Mehr noch: Einige deutsche Gefangene begannen danach ein Studium an einer der englischen Universitäten. Wie zum Beispiel einer meiner Lehrer-Kollegen am Comenius-Gymnasium, der seine Studien bei dem bekannten Oxforder Historiker Allan J.P. Taylor mit dem Master of Arts in neuerer Geschichte abschließen konnte.

Mitbegründer und Direktor – oft auch Diskussionsleiter – von Wilton Park war bis 1977 der aus Deutschland rechtzeitig geflohene Jude Heinz Koeppler, später zum Sir Heinz geadelt. Nie wieder habe ich jemanden getroffen, der seine »Britishness« britischer als jeder eingeborene Brite so perfekt zur Schau stellte. Ab den fünfziger Jahren wandelte sich Wilton Park zur interessantesten Stätte der Begegnung von Gruppen diesseits und jenseits des »Eisernen Vorhangs«. Mir haben die Diskussionen jedenfalls geholfen, ein besseres Verständnis für Möglichkeiten zur Überwindung der Ost-West-Spaltung zu gewinnen und entsprechend zu verwerten.

Überhaupt: Vor, während und nach meiner Zeit als Berufspolitiker habe ich stets versucht – besonders auf Reisen –, mir auf der Grundlage gesicherter Fakten vor Ort qualifizierte Meinungen zu bilden, um dann um so überzeugender und noch treffsicherer argumentieren zu können. Entsprechend vielseitig waren meine Reiseziele. Den anglophilen Studenten wie den politisch interessierten Lehrer zog es vorwiegend nach Großbritannien und in die USA. Der praktizierende Politiker besuchte – für manchen Zeitgenossen zu oft – Länder des realsozialistischen Blocks. Und folgte so der üblichen, an Kritiker von mißlichen Zuständen im eigenen Land gerichteten Aufforderung: Geh' doch nach drüben! Aber auch Länder in der Nato, in Afrika und rund um das Mittelmeer zählten zu meinen »Erforschungsgebieten«. Ich habe dabei viel gesehen und erlebt, bin außergewöhnlichen Menschen begegnet; es gab komische, aber auch heikle, manchmal sogar gefährliche Momente. Nicht alles ist es wert, erzählt zu werden. Bis auf einige für mich unvergeßliche Erfahrungen. Eine Reise in der Hochblüte meines Abgeordnetendaseins ist nur erwähnenswert als ein Beispiel für die Unermüdlichkeit, mit der Herbert Wehner seine Fraktionskollegen umsorgte.

Die Annäherung der Blöcke Ost und West zeitigte erste Erfolge, als die tschechische Botschaft in Bonn im September 1973 anfragte, ob ich an einer zweitägigen Diskussionsrunde mit Gewerkschaftern in Prag interessiert sei. Da ich bei dieser Gelegenheit zwei alte Bekannte wiedersehen würde, sagte ich zu und informierte, wie üblich, meinen Fraktionsvorsitzenden Herbert Wehner über mein Vorhaben: »Ich will auch mal was für die Entspannung tun.« Er knurrte zurück: «Jaja, wenn's dem Esel zu gut geht, trottelt er übers Eis ...« In Eger überquerte ich im Auto die Grenze zur

CSSR. In Marienbad gönnte ich mir einen zweitägigen Zwischenstopp. Auch während der Veranstaltung im schönen Prag sah ich mich an geschichtlich interessanten Orten um, wie zum Beispiel auf dem Judenfriedhof im Zentrum der Stadt. Nach einer Woche ging es auf dem gleichen Weg zurück nach Bonn. Am Ende der nächsten Fraktionssitzung kommandierte mich Wehner in sein Büro: »Was treibst du dich in Marienbad rum? Du und deine Journalistin! Solche Mätzchen haben schon ganz anderen die Grube gegraben ...« Er genoß es sichtlich, mir klarzumachen, daß er bis ins kleinste Detail über meinen Beitrag zur »Entspannung« im Bilde war. Daß Wehner über seinen Vasallen Nollau – in jenen Tagen Präsident des Bundesamtes für Verfassungsschutz – stets bestens informiert war über die Machenschaften bundesdeutscher Geheimdienste, war ein offenes Geheimnis, nicht nur in Bonn. Daß er sogar fremde geheime Dienste für sich mobilisieren konnte, war mir neu.

Das aufwühlendste Erlebnis im Rahmen meiner Auslandsreisen hatte ich bei einem Besuch von Lidice im März 1987. Das kleine tschechische Dorf westlich von Prag (mit damals 500 Einwohnern und 93 Häusern) ist der Ort eines der bekanntesten Massaker von deutschen Besatzern im Zweiten Weltkrieg. Reinhard Heydrich, SS-Obergruppenführer und General der Polizei, Leiter des Reichssicherheitshauptamtes und Stellvertretender Reichsprotektor in Böhmen und Mähren, war seit 1941 als Leiter der Wannseekonferenz Initiator und technischer Organisator des Holocausts, des industriellen Massenmords an sechs Millionen Juden, und verantwortlich für zahlreiche Kriegsverbrechen der Deutschen. Im Einverständnis mit der tschechoslowakischen Exilregierung unter Eduard Benesch setzte der britische Geheimdienst Ende 1941 das »Unternehmen Anthropoid« zur Ermordung Heydrichs in Gang. Die beiden dafür ausgebildeten ehemaligen Unteroffiziere der tschechoslowakischen Armee, Jozef Gabcik und Jan Kubis, sprangen im Dezember aus einem britischen Transportflugzeug mit dem Fallschirm über Böhmen ab und versteckten sich mit Hilfe des Widerstands in Prag. Nach längeren Vorbereitungen attackierten sie am 27. Mai 1942 an einer Straßenkurve den Wagen Heydrichs und verletzten ihn durch eine Handgranate. An den Folgen der Verletzung ist der »Henker von Prag« am 4. Juni gestorben. Die beiden Attentäter erschossen sich nach einem aussichtslosen Gefecht mit der SS. Der Bischof und drei Priester, die Gabcik und Kubis in ihrer Kirche versteckt hatten, wurden hingerichtet.

Die deutschen Besatzer verhängten den Ausnahmezustand. 3.000 Menschen wurden verhaftet, mehr als 1.300 getötet. Schon das »Gutheißen« des Attentats, das einzige erfolgreiche auf einen höheren Nazi-Funktionär in Europa, wurde mit dem Tod bestraft. Das Rachemassaker in Lidice ist weltweit zum Symbol für die Nazi-Barbarei geworden. In der Nacht zum 10. Juni 1942 hielt eine Lastwagenkolonne mit über 200 Männern der Ordnungspolizei und einer Kompanie Soldaten der Wehrmacht vor dem Dorf. Die Männer saßen ab und trieben die Einwohner zusammen. Knapp 200 Frauen und 100 Kinder wurden mit Bussen zum Nachbarort Kladno gefahren. Die 173 Männer des Dorfes wurden vor einer Ziegelwand, vor die Matratzen plaziert worden waren, in Zehnergruppen erschossen. Anschließend Plünderung und Brandschatzung, Abtransport der Trümmer und der Grabsteine des Friedhofs. Es sollte nichts mehr an das frühere Dorf erinnern. 195 Frauen aus Lidice transportierte die Mörderbande der Polizei in das Konzentrationslager Ravensbrück. Dort wurden 52 von ihnen ermordet. Nach Aussonderung von 13 als »eindeutschungsfähig« eingestuften Kindern wurden die übrigen 85 im Vernichtungslager Chelmo (Kulmhof) vergast. Die 13 ausgesonderten Kinder kamen zu NS-Familien im Deutschen Reich – zur »Germanisierung«. Von ihnen überlebten nur neun den Krieg.[68]

Und jetzt sitze ich, zusammen mit der Dolmetscherin, einer 60jähren Frau gegenüber. Sie ist eine der neun Überlebenden; ihre Eltern und ihr Bruder sind in den ersten Tagen des Rachemassakers der Deutschen vergast worden. Während ihrer »Umerziehung« bei einer deutschen Familie konnte sie kein Wort Tschechisch sprechen, ohne dafür bestraft zu werden. Nach dem Krieg, wieder in Lidice, hat sie nie wieder ein deutsches Wort in den Mund genommen. Sie spricht mit leiser Stimme und vielen Pausen. Die Dolmetscherin übersetzt. Ich höre zu und sehe in den Augen der alten Frau lebenslange Angst aufflackern ... Da überfällt mich die Last deutscher Mordgeschichte mit nie erlebter Wucht, Wut, Scham, Trauer. Ich möchte sie in den Arm nehmen, kann aber nicht, bin doch ein Deutscher, ein Schuldiger ...

Anfang 1988 endete meine Mitgliedschaft bei den Demokratischen Sozialisten sowie der Friedensliste. Wir waren nicht nur organisatorisch gescheitert: Den Wettbewerb um linke Köpfe und die Möglichkeit, Teile eines linken Programms parlamentarisch zu vertreten, hatten die Grünen für sich entschieden. Lediglich in einigen Gemeinderäten saßen noch Jahre später Demokratische Sozialisten. Selbstverständlich bedeutete das Ende des parteipolitischen Laufbands für mich nicht die Abkehr vom politischen Reden und Handeln. Jedoch hat die ständige Aktionsbereitschaft sich mittlerweile in eine beobachtende Teilnahme am Zeitgeschehen mit nur gelegentlichen Ausbrüchen in aktives Tun gewandelt. Politische Reizthemen werden immer öfter zu bloßen Merkposten auf der Agenda, um irgendwann Gegenstand eines Kommentars oder Essays zu werden. Denn »eingreifendes« Schreiben habe ich zeitlebens mit großer Freude betrieben. Eines aber ist unverändert geblieben und wird so bleiben, bis ich ins Nichts entschwinde: meine spontane und rigorose Attacke auf alle, die sich erdreisten, in meiner Gegenwart antisemitische oder faschistische Sprüche von sich zu geben. Bei den dämlichen, unwissenden Nachplapperern regt sich manchmal der ewige Lehrer in mir, der ihnen das mit Aufklärung auszutreiben versucht.

Im Jahr 1988 wurde auch der Liebhaber des Worts, der Philologe in mir, mit neuen Herausforderungen bedacht. Über eine Bonner Freundin hatte ich den Kölner Filmproduzenten, Drehbuchautor und Regisseur Gerhard Schmidt kennengelernt. Der

---

68 Bereits 1943 gab es in den USA einen Spielfilm von Fritz Lang über das Attentat und die Folgen, nach einer Vorlage von Bert Brecht und mit der Filmmusik von Hanns Eisler: »Hangmen Also Die«. Die deutsche Fassung »Auch Henker sterben« wurde erst am 3. April 1958 uraufgeführt. Ich habe sie noch im selben Jahr in Düsseldorf sehen können.

bot mir an, eingesandte fremdsprachige Filmdrehbücher für seine Firma Cologne Film ins Deutsche zu übersetzen. Meine erste Arbeit war ein französisches Projekt mit gesellschaftskritischem Anspruch. Ästhetik und Dramaturgie gehen den Übersetzer ja nichts an. Bei einem Drehbuch konzentriert sich die Arbeit der Übertragung im wesentlichen auf die Dialoge. Da gilt es, Sprachduktus und Wortwahl in Ton und Gefälle der jeweiligen Situation möglichst genau anzupassen. Vollkommen gelingt das nie. Aber man freut sich, wenn schließlich – frei nach meinem Favoriten unter den Satirikern, Jonathan Swift[69] – viele richtige Wörter am richtigen Platz stehen.

Die meisten Filmdrehbücher umfassen durchschnittlich 120 Manuskriptseiten. Eine Übersetzung ist also sehr zeitaufwendig, besonders wenn man die Qwertz-Tastatur nur im Ein-Finger-Suchsystem bedienen kann und wenn man erst kürzlich seine Schreibmaschine gegen einen Commodore-Heimcomputer mit gerade mal 64 Kilobyte-Arbeitsspeicher und einer »Floppy-Disk« als Speicher für die Texte ausgetauscht hat. Mancherlei Ärgernisse waren da programmiert. Einmal hatte ich gerade die Seite 85 beendet und wollte eine Essenspause einlegen, schaltete den Computer aus – und wurde nach ein paar Schritten vom eigenen Wutgebrüll geschockt: Ich hatte vergessen, den Text vorher zu speichern, er war einfach weg, das Ergebnis von drei Wochen konzentrierter Arbeit im Orkus! Es hat ein paar Tage gedauert, bis ich bei Null wieder anfangen konnte. Beim nächsten halben Dutzend Übersetzungen aus dem Spanischen und Englischen hat es solche Unglücksmomente nicht mehr gegeben. Im Gegenteil: Ich durfte am Set erleben, wie ein von mir übersetzter französischer Text sich allmählich in einen »richtigen« Film verwandelte.

Etwa zur gleichen Zeit begann meine Freundschaft mit dem Schauspieler, Autor und Kabarettisten Richard Rogler. Damals 39 Jahre jung, hatte er schon vor fünf Jahren die ersten Preise von vielen weiteren eingesammelt. Ich durfte an Texten für sein öffentliches Auftreten mitarbeiten. Das hat uns viel Spaß gemacht. Besonders, wenn es gelang, die politisch-satirische Polemik und Anprangerung von Mißständen samt Missetätern in Staat und Gesellschaft mit einer Prise Dialektik anzureichern. Auch in dem Bewußtsein, daß in der Masse der Zuschauer und Zuhörer bestimmt der eine oder andere zum Nach-Denken angeregt wurde. Von 1988 bis 1992 moderierte Richard die beliebte Kabarettsendung des WDR, »Mitternachtsspitzen«. Unsere Kooperation hörte damit nicht auf. Denn er tourte mit eigenen Solo-Serien weiter erfolgreich durch Westdeutschland: »Freiheit aushalten«, »Finish«, »Freiheit West«, »Wahnsinn«. »Wahnsinn« hieß auch der »Scheibenwischer« des Freien Senders Berlin im Februar 1990 über die Bescherung der sogenannten Wiedervereinigung. Für mich war dieses Programm eine der herausragenden Veranstaltungen, an denen ich mitgearbeitet habe. Dieter Hildebrandt, Richard Rogler und ich saßen dafür mehrere Tage in München zusammen. Das Zusammengestachelte hat uns viel Vorfreude beschert. Nicht so erfreulich war für mich das, was danach geschah.

---

69 »Proper words in proper places make the true definition of style.«

Die »Wiedervereinigung« begann mit einem Debakel, das ahnen ließ, was noch folgen sollte: Einen Tag nach dem »Mauerfall«, am 10. November 1989, hatte der Berliner Senat zu einer Kundgebung der Freude auf den Platz vor dem Rathaus Schöneberg im ehemaligen West-Berlin geladen. Es kamen 20.000 ehemals Westdeutsche und ehemals Ostdeutsche. Auf dem Balkon des Rathauses versammelte sich eine Schar von Westpolitikern um den Bundeskanzler Helmut Kohl. Darunter Willy Brandt, Hans-Dietrich Genscher und Walter Momper, der Regierende Bürgermeister des rot-grünen Senats. Der Anblick Kohls und seine Rede von der »einen Nation« brachte Bewegung in die Menge: Die einen frohlockten und klatschten, die anderen buhten und pfiffen. Schließlich ging der kakophone Versuch der Politiker West, die dritte Strophe des Deutschlandlieds zu singen, vollends unter im Krach aus Gelächter, Pfiffen und Geschrei der vereinten Volksgenossen.

*Demo gegen Wiedervereinigung, Mai 1990*

Statt das Verfassungsgebot ernst zu nehmen, wurde die DDR durch einen ausgekungelten sogenannten Einigungsvertrag zum »Anschluß« genötigt, der Artikel 146 des Grundgesetzes ersatzlos gestrichen und die Präambel des neuen Grundgesetzes wahrheitswidrig dem »Deutschen Volk« angelastet:

*Im Bewußtsein seiner Verantwortung vor Gott und den Menschen, von dem Willen beseelt, als gleichberechtigtes Glied in einem vereinten Europa dem Frieden der Welt zu dienen, hat sich das Deutsche Volk kraft seiner verfassunggebenden Versammlung dieses Grundgesetz gegeben. Die Deutschen in den Ländern Baden-Württemberg, Bayern, Berlin, Brandenburg, Bremen, Hamburg, Hessen, Mecklenburg-Vorpommern, Niedersachsen, Nordrhein-Westfalen, Rheinland-Pfalz, Saarland, Sachsen, Sachsen-Anhalt, Schleswig-Holstein und Thüringen haben in freier Selbstbestimmung die Einheit und Freiheit Deutschlands vollendet. Damit gilt dieses Grundgesetz für das gesamte Deutsche Volk.*

Es war vollbracht. Ohne tatsächliche Beteiligung des Volks.[70] Für viele, die, wie ich, nicht der Halluzination irgendeines Höheren Wesens anhängen, sondern sich lieber des eigenen Verstands und der Vernunft bedienen, ist auch die Verewigung des Gottesbezugs ein großes Ärgernis. Ich hatte auf eine durch Volksabstimmung erneuerte Verfassung gehofft, die es mir endlich erlaubt, die christliche Kirche als eine »der größten kriminellen Vereinigungen in der Geschichte der Menschheit« zu bezeichnen, überall und jederzeit, ohne mit Bestrafung durch den Staat rechnen zu müssen. Die Trennung von Staat und Kirche findet in der Verfassungswirklichkeit nicht statt. Der Staat bleibt Büttel und Steuereintreiber für eine Sekte, die von ihren undemokratischen Sonderrechten rücksichtslos – auch gegenüber den ihr anvertrauten Menschen – Gebrauch macht.

Angesichts der sabotierten großen Not-Wendigkeiten im neuen Reich aller Deutschen sind einzelne persönliche Erfahrungen nach der »Wende« nur milde Ent-Täuschungen. Davon trug eine den Namen Walter Barthel. Wir hatten uns in den siebziger Jahren angefreundet. In einer der beiden Bonner Szenelokale Hoppegarten und Schumann-Klause, wo Kommunismus-Verdächtige, Linkssozialisten und sogenannte Linksliberale sich gerne mit ihren Lebensabschnittsgefährten versammelten, um sich Vergeblichkeitserlebnisse und offene Niederlagen des Tages von der Seele zu reden oder neue Taten auszuhecken. Walter, der ursprünglich in Berlin tätige Journalist, gab in Bonn den »Extra-Dienst« heraus. 1982 wurde er Mitglied der Demokratischen Sozialisten und hat sich als Redakteur unserer »Linken Zeitung« verdient gemacht.

In der Szene begegnete ich auch Eberhard Rondholz. Er arbeitete als Rundfunkjournalist, unter anderem für das von Linken geschätzte »Kritische Tagebuch« des WDR. Eine Deutschland-Tournee des bekannten und beliebten Musikers Mikis Theodorakis begleitete Eberhard als Dolmetscher. Ich war dabei die politische Zugabe. Wer von uns zuerst auf die Idee gekommen ist, ein Wohngemeinschaftshaus auf dem Lande zu bauen, erinnere ich nicht. Jedenfalls bezogen wir sehr bald den von einem lokalen Maurer nach unseren Plänen errichteten dreigeteilten Backsteinbau am Rande des Eifeldorfs Berg-Freisheim, nur runde zwölf Kilometer von Bonn entfernt.

In unserem Eifeldorf hatten wir zehn Jahre lang viel politischen Besuch, meist von Bekannten und Freunden aus dem »Reich des Bösen« (Reagan). Mit der Öffnung der DDR-Archive setzte in ganz Deutschland ein Strom von öffentlichen Enthüllungen, Denunziationen und Rechtfertigungen ein, kräftig gespeist vom ständigen Zufluß aus den Akten der »Gauck-Behörde«. Tausende Ahnungslose erfuhren, daß der beste Freund, die engste Freundin oder irgendein Verwandter »Erkenntnisse« über

---

70 Nach dem gleichen Muster wurde am 26. Mai 1993 das Asylrecht des Artikels 16 GG durch seine Änderung abgeschafft. In dessen Absatz 2 hieß es knapp und unmißverständlich: »Politisch Verfolgte genießen Asylrecht.« Der Satz wurde zwar in den ersten Absatz eines neuen Artikels 16 a übernommen, aber in den folgenden vier Absätzen faktisch ins Gegenteil verkehrt. Und das in einer verquasten Sprache, gegen die jede Verwaltungsvorschrift reinste Poesie ist. Sprache verrät ja bekanntlich den Lügner, der sie benutzt, um böse Taten zu vertuschen. Das gegen die Stimmen von vielen SPD-Abgeordneten, einigen FDP-Leuten, den Bündnisgrünen und der PDS verabschiedete Gesetz ist nicht nur eine Verletzung des Artikels 19 GG, der verbietet, ein Grundrecht in seinem Wesensgehalt anzutasten, sondern eine bleibende Schande für das gesamtdeutsche Parlament.

ihren banalen Alltag jahrelang mit einem Stasi-Betreuer geteilt hatte. Wir waren ziemlich überrascht, als die Wächter der Akten unseren Freund und Genossen Walter Barthel als Doppelagenten enttarnten. Er hatte seit 1959 für die Staatssicherheit und für den Verfassungsschutz gearbeitet. Das wäre nicht nötig gewesen: Wir und unser Umgang gaben nichts her, was beide Dienste nicht schon wußten. Ob die Mitstreiter der »Novembergesellschaft«, des Republikanischen Clubs, des SDS und der Kampagne »Enteignet Springer«, in denen Walter an vorderster Front aktiv gewesen ist, auch so dachten, weiß ich nicht. Es gab wahrscheinlich Gründe genug, sich Bonner Freunden nicht zu offenbaren.

Aber diese Erfahrung veranlaßte mich, Zweck und Nutzen der Geheimen Dienste näher zu betrachten und zu benoten. Kein Mensch weiß genau, wieviele einfache, doppelte oder mehrfache Agenten, freiwillig oder gepreßt, sich im Dschungel des Tarnens und Täuschens tummeln. Die vom größten bis zum kleinsten Land genannten Zahlen ihrer geheimen Organisationen tragen nichts zur Aufklärung bei – USA: 15; China: 2; Luxemburg: 1 (mit zwölf Agenten). Seit es Geheimdienste gibt, sind sie für alles Schlechte gut: Einbruch, Diebstahl, Lauschangriffe, Bespitzelungen, Kidnapping, Aufruhr, Folter, gezielte Morde, Krieg ... der Katalog ist offen. Abstrakt wie konkret sind sie der antagonistische Widerspruch zu allen Grundwerten von Demokratie und Rechtsstaatlichkeit.

Just in diesen Tagen (Juni/Juli 2013) geht ein Aufschrei durch die Welt: Der größte und geheimste geheime Dienst der USA, die National Security Agency (NSA), hat – natürlich mit Wissen und Hilfe des deutschen Bundesnachrichtendienstes – Hunderte Milliarden Daten aller Art aus dem internationalen Telekommunikationsnetz gefischt und gespeichert. Die Skala der weltweiten Entrüstung reicht, aufsteigend nach dem Grad des Wissenstands, von einfältig-naiv über ahnungsvoll bis zum blanken Zynismus. Derweil sitzt der verdienstvolle Aufklärer dieses jüngsten »Skandals« einer vorausgegangenen langen Reihe, Edward Snowden, Ex-Spion der NSA, samt dreier Festplatten, randvoll mit weiterem Material, vermutlich irgendwo in Moskau und verschickt Asylanträge. Aber bisher wagt keiner der empörten Staaten, den Whistleblower aufzunehmen: Die Amerikaner könnten ja mit ihrer Armee einmarschieren, wie weiland in Mittelamerika, wenn die Arbeiter der United Fruit Company nicht mehr parierten.

Diese Enthüllungen lassen uns Böses in nicht allzu ferner Zukunft erahnen: Die sich selbst akzelerierende Geschwindigkeit der technologischen Entwicklung des Internets im Cyberkrieg der geheimen Dienste wird in einem digitalen Kosmos unbegrenzter Möglichkeiten und Zumutbarkeiten enden, in dem alle alles von allen wissen können und alles »Private«sich auflöst.

Aber reden wir zunächst nicht über fremde Bösewichte wie NSA, MI5, Mossad, Savak, KGB, P2 und so weiter. Reden wir beispielsweise vom Bundesnachrichtendienst. Als der Nationalsozialismus besiegt war, wollten die westlichen Siegermächte gleich in Richtung Osten weitermarschieren, um das »richtige Schwein zu schlachten« (Churchill), am liebsten mit kampferprobten deutschen Soldaten. Deswegen suchten sie nach »politisch wertvollen« Nazis, die sich im Ausrottungskrieg gegen das »jüdisch-bolschewistische Untermenschentum« qualifiziert hatten. Sie wurden schnell fündig. Hauptsächlich unter den ausgewiesenen Fachleuten des weltanschaulichen Vernichtungskriegs gegen die Sowjetunion. Zuhauf dienten sich Generäle und Admiräle den Westalliierten zur weiteren Verwendung an.

General Reinhard Gehlen hatte von 1942 bis 1945 die Wehrmachtsabteilung »Fremde Heere Ost« geleitet. Daher konnte er 1945 den US-Amerikanern »politisch Wertvolles« bieten: zahlreiche Geheimdienstler der Wehrmacht, SS und Gestapo sowie Tausende unter Folter erpreßte Vernehmungsprotokolle. Mit diesem Material aus Menschen und Papier führte die »Organisation Gehlen« im Dienst der USA den jetzt kalten Krieg gegen den altneuen Feind weiter. Sie wurde 1956 umbenannt in Bundesnachrichtendienst (BND) und verbarrikadierte sich in Pullach bei München. Präsident blieb Reinhard Gehlen, den die Bundesrepublik Deutschland erst 1968 in den Ruhestand schickte, nicht ohne ihn vorher mit dem »Großen Bundesverdienstkreuz des Bundesverdienstordens mit Stern und Schulterband« zu dekorieren.

Seither hat der BND ein gehöriges Maß an verfassungswidrigen Delikten angehäuft: Bespitzelung von Journalisten, Schriftstellern und Politikern aller Parteien, Einsatz von Journalisten als Agenten, Waffenlieferungen in sogenannte Spannungsgebiete über eigens dazu gegründete Tarnfirmen, massenweises Öffnen von privaten Briefen, technische Hilfe bei Lauschangriffen gegen kritische Bürger und so weiter. Nichts davon kommt auch nur in die Nähe eines allgemeinen Nutzens. Riesige Summen von Steuergeldern haben die Dienste des Dienstes gekostet und werden weiter sinnlos verschleudert. Zum Beispiel mit dem größenwahnsinnigen Bau des neuen BND-Hauptquartiers in Berlin.

Zusammenarbeit mit Waffenbauern und -händlern gehörte selbstverständlich zum geheimdienstlichen Auftrag. Der BND lieferte ab 1965 über seine Partnerfirma Dobbertin und später über deren Tochterfirma Werkzeug-Außenhandels GmbH – in deren Vorstand der letzte Adjutant Hitlers und Gehlen-Agent General Engel sowie der dafür einige Jahre beurlaubte BND-Regierungsdirektor Hausschildt saßen – »Waffen und Geräte« an Pakistan, das Krieg gegen Indien führte, an Indien, das Krieg gegen Pakistan führte, an Nigeria während des dortigen Bürgerkriegs, in dem zwei Millionen Menschen starben, an Südafrika, als es noch ein international geächteter Apartheidsstaat war, an Griechenland, in dem von 1967 bis 1974 eine von Putschisten installierte Militärdiktatur herrschte, an Saudi-Arabien und an Jordanien.

Bis zur Bildung der sozialliberalen Koalition (1969) betätigte sich der BND besonders emsig, wo es ihm streng verboten war: im Inneren der Bundesrepublik. Neben Verlagen, Journalisten, Schriftstellern und Gewerkschaftern standen 54 Politiker aller Parteien auf der Liste bespitzelter Personen. So auch Wolfgang Abendroth und Sebastian Haffner. Dabei entstandene Dossiers wurden oft zur Nutzung von Kampagnen gegen Linke weitergereicht. Ein Fachmann auf diesem Gebiet war der Inlandsagent Günther Heysing. Von ihm stammt der Aktenvermerk: »Eine Einschränkung der Wirksamkeit von H(affner) kann nur erreicht werden, wenn ihm die publizistische und wirtschaftliche Basis beim ›Stern‹ zerstört wird.«

Im November 2005 machten »ungetreue« Mitarbeiter des BND eine umfassende Observation von etwa 50 Journalisten in den Jahren 1993 bis 1996 öffentlich. Der BND-Kritiker Erich Schmidt-Eenboom, Verfasser eines Buches mit Insider-Informationen über den BND, und alle, die ihn zu Hause besuchten, wurden in allen Lebenslagen überwacht. Bis zu 15 Agenten waren darauf angesetzt. Präsident des BND war damals der ehemalige Geschäftsführer der SPD-Bundestagsfraktion, Konrad Porzner. Anfang 2013 wurde bekannt, daß der ehemalige BND-Präsident August Hanning im Jahr zuvor als Zeuge in einem Zivilprozeß in London für den russischen Oligarchen Deripaska, der sich mit einem anderen Oligarchen um weitere Milliarden aus geraubtem Volksvermögen zankte, aufgetreten und möglicherweise sogar als dessen Anwalt tätig gewesen war.

Im Inland vergeht sich seit Jahrzehnten hauptsächlich der durch vorbildlichen Antikommunismus großgewordene Verfassungsschutz mit etwa 5.000 Beamten und einem Heer von »Vertrauensleuten« an der Verwirklichung unseres zweiten Versuchs mit einer Demokratie. Dieser Inlandsgeheimdienst maßt sich an, mit verfassungswidrigen Praktiken und zwielichtigen Vertrauensleuten für den Schutz der Verfassung nützlich zu sein. Nach vielen Pleiten, Pannen und Skandalen der Vergangenheit lassen die jüngsten Enthüllungen über das, mindestens: totale Versagen im Fall der Mordserie des Nationalsozialistischen Untergrunds (NSU) die Frage lauter werden: Brauchen wir überhaupt geheime Dienste?

Geheimdienste sind natürliche Feinde der Demokratie, deren Existenzgrundlage Transparenz ist. Was die Geheimen in ihrer Sammelwut zusammentragen, bleibt ihr Geheimnis. Kontrolle der Geheimdienste ist ein Widerspruch in sich. Denn sie überlassen den Kontrolleuren von Fall zu Fall nur nutzloses »Spielmaterial«. Die zu Kontrollierenden bestimmen, was ihre Kontrolleure wissen dürfen. Deshalb ist die von allen Parteien im Bundestag beschlossene Einsetzung eines »Parlamentarischen Kontrollgremiums zur Kontrolle der nachrichtendienstlichen Tätigkeit des Bundes« eine reine Farce. Das Gremium hat allenfalls den fragwürdigen Nutzen, der Eitelkeit seiner elf Mitglieder zu schmeicheln. Sie finden Gefallen an dem eingebildeten Statusgewinn durch ihre Geheimnisträgerschaft.[71] Man fühlt sich wichtig.

Warum hat sich noch nie einer dieser parlamentarischen Geheimnisträger entschlossen, aus Gewissensgründen seinen Wissensvorsprung mit der Öffentlichkeit zu teilen? Zum Beispiel, wenn es um Folter geht? In einem Verfassungsstaat gibt es keine Staatsräson außerhalb der Verfassung. Denn: »Jede Spekulation mit einem verfassungslosen Ausnahmezustand wechselt vom normativen Denken der Rechtsstaat-

---

71 In den siebziger Jahren spottete man im Parlament über die Mitglieder im Auswärtigen Ausschuß: »Die lesen solange Zeitung, bis sie sich als Geheimnisträger fühlen.« Im Verteidigungsausschuß wurde allen Mitgliedern schwarz auf weiß bescheinigt, etwas Besonderes zu sein: Sie sollten alles über die geheimen der Nato-Geheimnisse erfahren dürfen, die als COSMIC TOP SECRET eingestuft waren, um dann im US-Hauptquartier in Heidelberg über Vorgänge »aufgeklärt« zu werden, die alle einschlägigen Zeitungen bereits ausführlich dargestellt hatten.

lichkeit hinüber in die alles Recht als Wertesystem auflösende Opportunität des Dezisionismus und trifft die Verfassung nicht minder störend als andere Gegner, die ihre Untergrabung vorbereiten.« Das schrieb einst Adolf Arndt, ein sozialdemokratischer Rechtspolitiker. Geheimdienste sind aber in jedem Rechtsstaat ein permanenter Ausnahmezustand ohne förmlich erklärten Notstand. Ihre Konspirationssucht und kriminelle Energie sind nicht zu bändigen. Selbst ihre Abschaffung wäre nicht zu kontrollieren, weil sie im Unter-Untergrund weiteragieren würden. Also brauchen demokratisch verfaßte Staaten mehr Wikileaks und viele Whistleblower, um das Auseinanderdriften von politischem Anspruch und gesellschaftlicher Wirklichkeit, wenn schon nicht zu stoppen, so doch mindestens zu verlangsamen.

Ihr »Verrat« von geheimen Verbrechen gegen Freiheits- und Menschenrechte ist notwendige Voraussetzung für den Erhalt menschenwürdigen Lebens auf dieser Erde, ist die Fortsetzung des investigativen Journalismus mit andere Mitteln – und genauso ehrenwert. Dagegen ist es eine Schande, wie die USA den 22jährigen Gefreiten und Wikileaks-Informanten Bradley Manning als Landesverräter brandmarken und ihm den Prozeß machen, weil er »dem Feind« geheimes Wissen weitergegeben habe.[72] Er hat zweifelsfrei aus Gewissensnöten gehandelt. Immerhin beteiligen sich seither Zigtausende von Amerikanern an öffentlichen Protesten wie »Free Bradley« und finanzieren mit Spenden die enormen Kosten für seine Verteidigung. Immer mehr Menschen sind inzwischen der Meinung, daß Bradley und Snowden den Friedensnobelpreis viel mehr verdient hätten als Präsident Obama. Auf jeden Fall mehr als Henry Kissinger, der Kriegsverbrechen an Tausenden von Menschen auf dem Gewissen hat: in Vietnam, Griechenland, Osttimor, Argentinien, vor allem in Chile. Dieser Nobelpreisträger hätte schon längst als Angeklagter vor dem Internationalen Strafgerichtshof in Den Haag stehen müssen. Ob ihn sein Busenfreund Helmut Schmidt, der ja für den gesamten Kosmos zuständig ist, mal ins Gebet nimmt?

**M**ich drängt es, noch an einen kleinen, aber bezeichnenden Vorgang im Gefolge der deutsch-deutschen Einswerdung zu erinnern. Zunächst ein Vorspann: Im westelbischen »Altreich« gab und gibt es Orte, in denen Straßen und Plätze nach einstigen deutschen Kolonien und ihren Eroberern benannt sind. Vorneweg das Münchener Viertel Waldtrudering mit 29 Nennungen, von Tsingtau über Usambara bis Waterberg. Auch des kaiserlichen Generalleutnants Lothar von Trotha und des Eroberers von »Deutsch-Ostafrika«, Carl Peters, wird hier gedacht. Was Carl Peters in »Deutsch-Ostafrika« mit Strafexpeditionen begonnen hatte, brachte von Trotha in »Deutsch-Südwest« generalstabsmäßig und mit militärischer Präzision im Krieg gegen die Hereros und Namas zur Vollendung: den ersten deutschen Völkermord.

---

72 2010 hatte Mannings Wikileaks Hunderttausende »Depeschen« zugespielt. Darunter ein Video, das zeigt, wie die Besatzung eines US-Hubschraubers in Bagdad mit sichtlicher »Mordsfreude« irakische Zivilisten erschießt. Das »Collateral Murder« benannte Video wurde aus Youtube 13 Millionen Mal abgerufen und löste weltweit Entsetzen und Empörung aus.

Bei der Neuaufteilung der von europäischen Großmächten eroberten Länder zu spät gekommen, versuchte der deutsche Imperialismus Ende des 19. Jahrhunderts, die letzten in Afrika übriggebliebenen Gebiete an sich zu reißen. Mit besonderer Begierde trachteten Handelsbourgeoisie, Industrie- und Bankkapital danach, den weißen Flecken zwischen Portugiesisch-Angola, dem von Großbritannien dominierten Südafrika und dem ebenfalls britischen Betschuanaland in ihren Besitz zu bringen. Neben riesigen Weideflächen und Viehherden, die der Kaufmann Lüderitz mit Betrug und Gewalt schon eingedeutscht hatte, lockten in dem über 800.000 Quadratkilometer großen Territorium Kupfer, Blei, Zinn und Diamanten.

Gegen die mit barbarischem Terror vorgehende kaiserliche »Schutztruppe« erhoben sich im Januar 1904 die Herero, Nama und andere kleine Stämme. Die von Herrn von Trotha seiner 20.000 Mann starken Kolonialtruppe befohlene Kampfweise war eindeutig: »Gewalt mit krassem Terrorismus und selbst Grausamkeit auszuüben, war und ist meine Politik. Ich vernichte die aufständischen Stämme mit Strömen von Blut ...« Gegen die waffentechnische Überlegenheit der deutschen Truppe hatten die Eingeborenen keine Chance. Nachdem sie im August 1904 in einer zweitägigen Schlacht am Waterberg besiegt waren, ließ der General alle Aufständischen, samt Frauen und Kindern, in die Omaheke treiben, in einen wasserlosen Teil der Sandwüste Kalahari. Den Geschlagenen übermittelte der Herrenmensch von Trotha ihr Todesurteil: »Ich, der große General der deutschen Soldaten, sende diesen Brief an das Volk der Herero. Die Herero sind nicht mehr deutsche Untertanen. Innerhalb der Deutschen Grenzen wird jeder Herero mit und ohne Gewehr, mit oder ohne Vieh erschossen, ich nehme keine Weiber und Kinder mehr auf, treibe sie zu ihrem Volk zurück oder lasse auf sie schießen. Dies sind meine Worte an das Volk der Hereros. Der große General des mächtigen deutschen Kaisers, Trotha, Generalleutnant.«

Viele Männer, Frauen und Kinder der Hereros starben in der Omaheke den qualvollen Tod des Verdurstens. Ausbruchsversuche endeten im Kugelhagel, zu Verhandlungen geladene Häuptlinge wurden erschossen, Frauen und Kinder, die sich Wasserstellen näherten, niedergemetzelt. In den Akten des Reichskolonialamtes heißt es dazu: »Die wasserlose Omaheke sollte vollenden, was die deutschen Waffen begonnen hatten: die Vernichtung des Hererovolkes.« Von 75.000 Hereros überlebten etwa 10.000, von den 20.000 Nama (den »Hottentotten«) knapp die Hälfte. Insgesamt 100.000 Menschen wurden Opfer der preußischen Kriegskünste, der gezielten Schlächtereien, des Erhängens und Erschießens von Männern, Frauen und Kindern, der Folter und Vergewaltigungen und der Vernichtung durch Arbeit in den ersten deutschen Konzentrationslagern. Im kolonialpolitischen Sprecher der sozialdemokratischen Reichstagsfraktion, Gustav Noske, keimte Bewunderung auf. Wilhelm II, der Kaiser von Gottes Gnaden, telegrafierte dem »großen General« seinen »Dank und vollste Anerkennung« und dekorierte ihn mit dem Orden »Pour le Mérite«. Die deutschen Siedler erhielten fünf Millionen Mark »Entschädigung«.

Wiedergutmachung? Nicht für »Buschneger« und »Hottentotten«. Kein Bundeskanzler hat sich bis heute um solche Lappalien gekümmert. Kein Bundespräsident hat sich zum deutschen Völkermord in Afrika geäußert. Bis auf Roman Herzog. Bei einem Besuch Namibias im Jahr 1989 fand er das Verhalten der »Schutztruppe« zwar »nicht in Ordnung«, weigerte sich aber, mit einem Vertreter der Hereros zu sprechen, und lehnte jeden Gedanken an Entschuldigung oder gar Entschädigung ab. Statt dessen freute er sich über das »in Namibia noch lebendige deutsche Erbe«. Lob des SPD-Sprechers Verheugen: »... für die afrikanische Seele in seiner ansprechenden Art sehr gut gemacht«. Weniger ansprechend, dafür hart und klar, die Abfuhr durch Außenminister Joschka Fischer bei einer Stippvisite mit einem Troß von Unternehmern im Oktober 2003: »Wir sind uns unserer geschichtlichen Verantwortung in jeder Hinsicht bewußt, sind aber keine Geiseln der Geschichte. Deshalb wird es eine entschädigungsrelevante Entschuldigung nicht geben.«

Nachdem Deutschlands »Platz an der Sonne« 1918 endgültig verloren war, trafen sich die Offiziere der kaiserlichen »Schutztruppe« – unbehindert vom neuen Reichswehrminister Gustav Noske – in den Freikorps zum Kapp-Putsch wieder, indes der deutsche Generalstab an Plänen für die Eroberung neuen Lebensraums im Osten bastelte. In der Weimarer Republik wurde der »heldenhafte Kampf« um deutsche Kolonien in einer Flut von Romanen, Zeitschriften, Liedern und Filmen abgefeiert. Ab 1926 erlebte Hans Grimms Buch *Volk ohne Raum* höchste Auflagen, wurde Teil bürgerlicher Leitkultur und Kernstück der Nazi-Programmatik.[73] Und natürlich entdeckten deutsche Siedler von Südwestafrika das Hakenkreuz für sich. Daneben blieb die Reichskriegsflagge bis heute ihre liebste Weise, Wind sichtbar zu machen. Denn ihre Nachkommen haben Windhoek, heute Hauptstadt Namibias, zu einer Ruhmeshalle für koloniale »Kultur« ausgebaut.

Nach Hitlers Machtübernahme erreichte die Verklärung des rassestolzen Heldentums der Kolonialkrieger ungeheure Ausmaße. So wurden bis 1942 rund 100 Propagandafilme gedreht und in Schulen und Sondervorstellungen der Lichtspielhäuser unters Volk gebracht. Kolonialismus und Rassismus waren die idealen Themen, um der Jugend soldatische Sekundärtugenden, blinden Fanatismus und Gehorsam für den Kreuzzug gegen das »jüdisch-bolschewistische Untermenschentum« anzuzüchten und sie für den größten Völkermord der Geschichte zu konditionieren. Mir wurde dieser neue »Geist« jener Zeit von meinem Geschichtslehrer am Johann-Konrad-Schlaun-Gymnasium in Münster eingetrichtert, auf daß ich »ein echter deutscher Junge« werde, der danach lechzt, für »Führer, Volk und Vaterland« zu sterben.

Nach diesem etwas längeren Vorwort jetzt zum Hauptstück der Episode am Rande der »Wiedervereinigung«: zu Herrn Dr. Carl Peters, geboren am 27. September 1856 in Neuhaus, einem Dorf am Ostufer der Unterelbe mit zirka 6.000 Einwoh-

---

73 Aus der Pflichtlektüre dieses sprachlich dürftigen Schlagwort-»Romans« ist mir nur ein verunglückter Satz im Gedächtnis hängengeblieben: »Leutnant sein heißt seinen Leuten vorleben, das Vorsterben ist dann wohl mal ein Teil davon.« Hoffentlich, weil aus diesem hochverdichteten Kitsch das Selbstverständnis einer durch und durch militarisierten Gesellschaft sprach, deren Leitfigur der ignorante, arrogante, aber bedingungslos gehorsame preußische Leutnant war.

nern, gestorben am 10. September 1918 in Woltorf bei Peine. Im März 1884 gründete Carl Peters die Gesellschaft für Deutsche Kolonisation (GFDK) und begann, das afrikanische Festland gegenüber der Insel Sansibar bis südlich des Kilimandscharo auf Expeditionen zu kolonisieren. Mit den Herrschern von Usagara, Nguru, Useguha und Ukami schloß er deutschsprachige »Schutzverträge« ab. Kaum anzunehmen, daß die Häuptlinge auch nur annähernd wußten, was sie auf dem »Stück Papier mit Neger-Kreuzen drunter« (Bismarck) preisgegeben hatten.

Im Februar 1885 unterstellte Kaiser Wilhelm II. alle Verträge seiner »Oberhoheit«, die unter anderem besiegelte: »... das alleinige und uneingeschränkte Recht der Ausbeutung von Bergwerken, Flüssen, Forsten, das Recht, Zölle aufzuerlegen, Steuern zu erheben, eigene Justiz und Verwaltung einzurichten, und das Recht, eine bewaffnete Macht zu schaffen«. Stellvertretend sollte Carl Peters diese »Rechte« als Vertreter der Deutsch-Ostafrikanischen Gesellschaft, wie die Gesellschaft für Kolonisation jetzt hieß, ausüben. Der Versuch endete im Aufstand der Einheimischen. Schließlich übernahm das Deutsche Reich das Kommando: Carl Peters wurde Reichskommissar für das Kilimandscharo-Gebiet (1891). Das mußte schiefgehen. Denn der weiße Herrenmensch Peters verfolgte seine Ziele mit äußerster Brutalität: »Leider geht mein Weg über Leichen.« Sein Bild vom »Neger« spiegelte den »Geist« der Epoche wider: »Da dem Neger alles abgeht, was wir Ehrfurcht, Dankbarkeit, Hingebung usw. nennen; da er bei jedem Akt der Milde das Motiv der Furcht, bei Strenge das der bewußten Kraft voraussetzt, ist es klar, daß nur ein männlicher selbstbewußter Wille ihm imponieren kann; wie ja auch die ganze Geschichte des Negertums dies beweist.«

Wie der unverbesserliche Antisemit und menschenverachtende Rassist Peters dachte, so handelte er auch. Auf seinem Kriegszug gegen die Warambo wurde ausgepeitscht und getötet. 17 Dörfer mitsamt Bananenplantagen und Getreidelager gingen in Flammen auf. Immer wenn Peters schwarze Mädchen, die ihm Stammeshäuptlinge »geschenkt« hatten, für seine Triebabfuhr mißbrauchte, war offenbar nur sein »männlicher selbstbewußter Wille« am Werk. Als er im Oktober 1891 seinen schwarzen Diener Mabruk mit seiner Sexsklavin Jagodja nachts in seinem Haus beim Austausch von Zärtlichkeiten überraschte, rächte sich der »Reichskommissar« auf seine Weise. Er ließ Mabruk wegen Einbruchs und Vertrauensbruchs aufhängen. Die flüchtende Jagodja ließ er einfangen, auspeitschen und ebenfalls aufhängen. Die Heimatdörfer der beiden wurden niedergebrannt. Für die kolonialkritische Öffentlichkeit war Carl Peters von da an der »Hänge-Peters«. Ein Kaiserlicher Disziplinarhof sprach ihn schuldig, verfügte seine Entlassung und erkannte ihm Titel und Pensionsanspruch ab. In der Begründung hieß es unter anderem, er habe gegen »Wahrheitsliebe, Anstand und Gerechtigkeit« verstoßen.

Zu Peters' unrühmlichem Ende hatte die Sozialdemokratische Partei und vor allem einer ihrer Abgeordneten im Reichstag, August Bebel, nicht unwesentlich beigetragen. Der »Vorwärts« nannte Peters einen grimmigen Arier, der »alle Juden verjagen will und in Ermangelung von Juden drüben in Afrika Neger totschießt wie Spatzen und zum Vergnügen Negermädchen aufhängt, nachdem sie seinen Lüsten gedient«. Und weiter: »Peters ist der Typus eines renommistischen Scheusals. Seine Schändlichkeiten sind freilich schlimm genug, aber nicht so schlimm, wie er sie selbst reklamehaft übertreibt. Er will vor allem der interessante Überkerl sein, der frei von jedem moralischen Skrupel nur seine große Persönlichkeit auslebt.«

Schließlich vereinnahmten die Nazis diesen präpotenten »Überkerl« als vorbildlichen Helden, dem die Volksgenossen nachzueifern hatten. Adolf Hitler hob durch einen persönlichen Erlaß dessen unehrenhafte kaiserliche Entlassung postum auf. In Großdeutschland vermehrten sich sprunghaft die nach Carl Peters benannten Straßen und Plätze und die Zahl der ihm gewidmeten Denkmäler. 1941 durfte der Hauptdarsteller Hans Albers in dem Propagandafilm »Carl Peters« noch einmal Ostafrika erobern. Natürlich wurde das Ende zurechtgelogen. Die Lichtgestalt Peters fällt einer jüdisch-englischen Verschwörung zum Opfer. Propagandachef Goebbels ließ dafür das Prädikat »Besonders wertvoll« verteilen.

Nach 1945 geriet die von den Alliierten angeregte Entnazifizierung im deutschen Westen bald ins Stocken, um dann trotz der Proteste antifaschistischer Organisationen ganz einzuschlafen. Erst gegen Ende des Jahrhunderts versuchten neue soziale Bewegungen, braune Hinterlassenschaften in den Köpfen, auf Grabsteinen und Denkmälern, Straßen und Plätzen endlich zu tilgen. Doch die Mehrheit der Bundesrepublikaner war nicht gewillt, sich von ihrem Müll zu trennen. Es hieß, man wolle nicht »alte Gräben aufreißen und neuen Streit entfachen«, sondern »in Frieden gelassen werden«. Es dauerte zum Beispiel Jahrzehnte, bis die Stadt Hannover – nach Pro- und Kontra-Resolutionen, Anwohnerbefragungen, Rats- und Gerichtsbeschlüssen – ihren »Karl-Peters-Platz« Anfang 1994 endlich in Bertha-von-Suttner-Platz umtaufte. Der zugehörige Stein mit Afrika-Relief wurde allerdings unter Denkmalschutz gestellt – aber mit einer Mahntafel versehen.

Auch in der Hansestadt Lüneburg, meinem Wohnort von 1990 bis 2005, gab es seit 1937 eine Carl-Peters-Straße. In der Nachkriegszeit bemühte sich die Vereinigung der Verfolgten des Naziregimes (VVN), zusammen mit der DKP und einigen parteiunabhängigen Linken, jahrelang darum, daß der Schandname auf dem Straßenschild durch den Namen eines würdigen Demokraten ersetzt werde. Aber die große Mehrheit – rund 80 Prozent der Anwohner – blieb bei ihrem Nein zu einer Umbenennung: »Kennt keiner mehr, beträchtliche Kosten für die Anlieger.« Schließlich setzten sich die Aufgeklärten doch noch durch: Ein Ratsbeschluß beendete die Ehrung des »Hänge-Peters« auf einem Lüneburger Straßenschild – im Jahr 2008.

Im Osten dagegen hatten die Menschen den nachgelassenen faschistischen Unrat in all seinen Erscheinungsformen fast über Nacht radikal entsorgt. In Neuhaus am Ostufer der Elbe, zum Beispiel, hatten die Nazis zu Ehren des Ostafrika-Eroberers Peters, voller Stolz darüber, daß er hier geboren worden war, ebenfalls einen Gedenkstein aufgestellt. Der wurde nach dem Krieg von Kommunisten abmontiert und im Schlamm des Dorfteichs versenkt. Und was geschah in der Stunde eins der »Wiedervereinigung«? Die angegliederten neuen Bundesbürger hatten nichts Besseres zu tun, als den Gedenkstein aus dem Teich zu hieven, reinzuwaschen und im Ortszentrum wieder aufzustellen, wo er, angestrahlt, auch nachts noch die neuerstandene völkische Gesinnung der Gewendeten bekundete. Damit nicht genug: Neuhaus war zu Zeiten des Arbeiter- und Bauernstaats Sperrgebiet, denn an der Unterelbe gab es weder Mauer noch Grenzstreifen; nur ein Maschendrahtzaun auf dem Deich behinderte Einblicke und Ausblicke zwischen den Republiken. Die unsichtbare Trennlinie zwischen den Systemen verlief genau in der Mitte des Flusses, wo sich die Patrouillenboote des Bundesgrenzschutzes und der DDR-Grenztruppe auf Gesprächsnähe begegneten, die natürlich weder von den einen noch von den anderen je genutzt wurde.

Nach der »Wende« schnitt manch ein Neuhauser Hammer und Sichel aus den DDR-Fahnen und nähte das Niedersachsenroß rein. Denn nicht wenige hatten sich in der Deutschen Demokratischen Republik weiter als Niedersachsen gefühlt – »sturmfest und erdverwachsen«. Eine dieser alt-neuen Fahnen flatterte auch an hohem Mast über dem Hof des CDU-Bürgermeisters Jürgen Elvers, der ein Wappen mit dem weißen Roß auf seinen Briefkasten gepappt hatte. Und wenn man den Klingelknopf daneben drückte, ertönte die erste Strophe des Deutschlandlieds. Er und seine Gefolgschaft wollten mit aller Macht »heim ins Reich«, nicht angegliedert, sondern eingegliedert werden. Sie ist ihnen gelungen, die doppelte Wende, die totale Eingliederung: Das Dorf mit seinen 6.000 Bewohnern wurde der Hansestadt Lüneburg als »Amt Neuhaus« zugeschlagen. Da war zusammengewachsen, was zusammengehörte. Denn die Hansestadt Lüneburg pflegte und hegte nicht nur die steinernen Überreste aus brauner Vergangenheit, sondern hatte ihren historischen Schatz auch noch mit einem Fliegerehrenmal für das »Löwengeschwader« angereichert. Das steinerne Denkmal wurde vor dem Theater in der Lindenstraße aufgestellt, im September 1956 mit pseudoreligiösem Schmonzes eingeweiht und mit gesenkten Reichskriegsfahnen feierlich in die »Obhut« der Stadt übergeben: ein zwei Meter hoher Obelisk, gekrönt mit einem aufliegenden Bronzeadler. Auf der Vorderseite ist von oben nach unten zu lesen: KRIM, NARVIK, NORDSEE, EISMEER, SUEZKANAL, ROTES MEER, MITTELMEER, STALINGRAD, SCHWARZES MEER. Auf der Seite: DEN TOTEN DES KAMPFGESCHWADERS 26.

Ein weltbekannter Tatort fehlte, stellvertretend für Durango, Ellorio, Ermua und viele andere Dörfer und Städte der spanischen Republik: GUERNICA. Es waren Bomberflieger des später so genannten Kampfgeschwaders 26, die in der Legion Condor im Auftrag des Putschisten Franco ab 1936 ihr mörderisches Handwerk an spanischen Dörfern und Städten erprobten, ehe sie es europaweit als »Mittel der obersten Kriegführung« zur Meisterschaft brachten. Am 31. März 1937 griffen deutsche Kampfflugzeuge den kleinen Ort Durango mit Bomben und Maschinengewehren an. 127 wehrlose Männer, Frauen und Kinder starben in den Trümmern. 121 erlagen ihren Verletzungen im Krankenhaus. Die deutsche Luftwaffe erntete den Ruhm des ersten Bombenangriffs auf eine offene, unverteidigte Stadt. Am 26. April 1937, es war Montag und Markttag, ging die baskische Stadt Guernica unter den Bomben der Legion Condor in Flammen auf. Es blieben nur Ruinen übrig. 1.654 Menschen starben, 889 wurden verwundet. Der Name Guernica wurde zum Symbol für Bombenterror gegen eine wehrlose Zivilbevölkerung. Der Chef des Stabes der Legion Condor, Wolfram Freiherr von Richthofen, notierte am 30. April 1937 in seinem Tagebuch:

*Guernica, Stadt von 5.000 Einwohnern, buchstäblich dem Erdboden gleichgemacht. Angriff erfolgte mit 250-kg- und Brandbomben, letztere etwa 1/3. Als die 1. Jus kamen, war überall schon Qualm (von VB, die mit drei Flugzeugen angriffen), keiner konnte mehr Straßen-, Brücken- und Vorstadtziel erkennen und warf nun mitten hinein. Die 250er warfen eine Anzahl Häuser um und zerstörten die Wasserleitung. Die Brandbomben hatten nun Zeit, sich zu entfalten und zu wirken. Die Bauart der Häuser: Ziegeldächer, Holzgalerie und Holzfachwerkhäuser, führte zur völligen Vernichtung. Einwohner waren größtenteils eines Festes wegen außerhalb, Masse des Restes verließ die Stadt gleich zu Beginn. Ein kleiner Teil kam in getroffenen Unterständen um, Bombenlöcher auf Straßen noch zu sehen, einfach toll.*

»Einfach toll« fanden das auch die anderen Offiziere des Stabes. Für die deutschen Legionäre war es »ein voller Erfolg der Luftwaffe« – und blieb es in der Traditionspflege der Bundeswehr. Die obersten Legionäre Wolfram von Richthofen, Hugo Sperrle, Johannes Trautloft und Adolf Galland gehörten zu den Offizieren, welche für ihre Mitwirkung bei der Wiederaufrüstung der Bundesrepublik die »Rehabilitierung des deutschen Soldaten« sowie die »Freilassung der als Kriegsverbrecher verurteilten Deutschen« zur Bedingung gemacht hatten (»Himmeroder Denkschrift«, 1950).

Erst 1998, nach 50 Jahren Heldenverehrung in den nach ihnen benannten Kasernen, beschloß der Deutsche Bundestag, Mitglieder der Legion Condor nicht mehr als Leitbilder für Soldaten der Bundeswehrmacht zu »empfehlen«. Und erst sieben Jahre danach verloren Kaserne und Jagdgeschwader den Namen des hochverehrten Fliegers Werner Mölders. Aber die ehemalige Wannseestraße in Berlin-Zehlendorf, die laut Amtsblatt »anläßlich des Einzugs der aus Spanien zurückkehrenden deutschen Freiwilligen« und zur Erwiderung der »freundschaftlichen Gefühle« Spaniens in »Spanische Allee« umgetauft worden war, heißt immer noch wie zu Nazi-Zeiten.

Im Oktober 1940 war der Führer Adolf Hitler mit SS-Führer Heinrich Himmler beim spanischen Caudillo Francisco Franco zu Besuch. Ende Oktober 1968, fast auf den Tag genau 28 Jahre später, verbeugte sich wieder ein Deutscher persönlich vor dem faschistischen Diktator. Nämlich der von einer Großen Koalition gewählte Bundeskanzler und Altnazi Kurt Georg Kiesinger: vom »besten Willen getragen, unseren beiden Völkern den Frieden und die Freiheit zu erhalten«. Ein Treffen mit der republikanischen Opposition kam nicht in Frage. Von diesem Beispiel ermutigt, glaubten die Spitzenmilitärs, jetzt sei die Zeit gekommen, offen zu sagen und zu zeigen, was sie bisher nur im kleinen Kreis zu flüstern wagten – ihre Sympathie für rechte Antikommunisten und ihre Abneigung gegen die Linken. Zudem fühlte sich die Generalität von Verteidigungsminister Georg Leber, SPD, dazu ermutigt, Politik auf eigene Faust zu treiben, weil der um ihre Gunst buhlte und ihnen eher ein guter »Soldatenvater« als ein strenger Oberbefehlshaber sein wollte. Wo sein Vorgänger Helmut Schmidt die Kandare gestrafft hätte, ließ er die Zügel schleifen.

## Kapitulation der Verwaltungsspitze vor fehlgeleiteten Narren nicht hinnehmen-

## Schmierereien am Denkmal des Löwengeschwaders eine Schande für die Stadt

Die jahrelangen Schmierereien am Denkmal des Löwengeschwaders KG 26 haben jetzt ihren Höhepunkt erreicht. Nun haben Unbekannte den steinernen Adler gestohlen, das Denkmal an im Krieg Gefallene endgültig zerstört und geschändet. Die Stadt plant, das offenbar ein paar geistlose Zeitgenossen „störende" Denkmal nunmehr abzubauen und in der Versenkung verschwinden zu lassen. Das werden wir nicht widerstandslos hinnehmen!

Wo bleibt der Aufstand der Anständigen, wo die Mahnwachen, wenn hier die Generation unserer Väter und Großväter pauschal verurteilt und beleidigt wird?

Wie wir nach verlorenen Kriegen heute mit der Würde der gefallenen Soldaten umgehen, sagt viel über unserer moralische Substanz, über unser Wertefundament und unserer innere Stärke oder Schwäche aus.

Die fanatische Zerstörungswut an diesem Denkmal ist kein Werk des Friedens, sondern ein schlimmes Werk des Unfriedens.

So kam es, daß Heeresinspekteur Generalleutnant Horst Hildebrandt in einem Anfall von Übermut und Frechheit nach Madrid reiste. Eingeladen hatte der Generalstabschef des spanischen Heeres, Generalleutnant Emilio Villaescusa Quilis, der als Hauptmann in der Blauen Division den Deutschen im Vernichtungskrieg gegen die Bolschewisten als williger Helfer gedient hatte und dafür vom Führer mit dem Eisernen Kreuz erster Klasse dekoriert worden war. Dieser Orden, noch mit Hakenkreuz, zierte des Generalleutnants Brust, als er am 25. Mai 1975, Seite an Seite mit Diktator Franco und dem deutschen General, der mit seinem Weltkriegsorden ohne Hakenkreuz dekoriert war, auf der Ehrentribüne stand, um gemeinsam die Militärparade zum 36. Jahrestag des faschistischen Siegs im Spanischen Bürgerkrieg abzunehmen.

Das Ereignis empörte Bundeskanzler Helmut Schmidt. Er sah durch den skandalösen, dumm-dreisten Auftritt des Heeresinspekteurs die sozialdemokratische Solidarität mit den spanischen Republikanern verletzt und riet seinem Verteidigungsminister: »Stauch den mal richtig zusammen.« Besonders wütend war Willy Brandt, der 1937, gerade mal 24 Jahre alt, seinen Genossen von der Sozialistischen Arbeiterpartei (SAP) fünf Monate lang von den Kämpfen im Spanischen Bürgerkrieg nach Oslo berichtet hatte. Er bewunderte die »Seelengröße und Würde des einfachen Mannes, eines kleinen Bauern, einer armen Arbeiterfrau« im »nationalen Kampf gegen die faschistischen Eindringlinge« und bekannte: »Das spanische Volk gewann meine uneingeschränkte Liebe.«[74]

Als Mitglied des Verteidigungsausschusses habe ich seinerzeit öffentlich Zweifel an der Verfassungstreue des Herrn Hildebrandt geäußert und ihn wegen seines Beifalls für das faschistische Folterregime zu Konsequenzen aufgefordert. Vergeblich. Aber vermutlich hat die Forderung nach seinem Rücktritt dazu beigetragen, den geplanten Aufstieg zum Generalinspekteur der gesamten Bundeswehrmacht zu verhindern.

Mit diesen Ansichten und Einsichten im Kopf stand ich, der Neubürger von Lüneburg, an einem Sonntag des Jahres 1991 zum ersten Mal vor dem »Ehrenmal« am Theater – und wußte augenblicklich: Das Ding muß weg! Aber wie? Ich hatte von früheren nächtlichen Versuchen gehört, den Klotz mit einem Traktor abzureißen und verschwinden zu lassen. Aber der steckte wohl zu tief in der Erde. Also kam die berüchtigte Gewalt gegen Sachen – obwohl diese Ruhm und Ehre für Mord und Totschlag reklamierten – nicht mehr in Frage. Indes stand für mich und Mitglieder der VVN und der DKP fest: Wir werden keine Ruhe geben, ehe der Stein des Anstoßes nicht aus dem Stadtbild verschwunden ist. Also demonstrierten wir, verfaßten Flugblätter, mahnten am Volkstrauertag, schrieben offene Briefe und Petitionen. Auch an den Oberbürgermeister der Stadt, Ulrich Mädge, einen aus der Kaserne in den Bürgermeistersessel gehüpften Kanalarbeiter der SPD und unverbesserlichen Anhänger des »Ehrenmals«. Unser Mühen blieb zunächst ohne Erfolg. Aber nie hätten wir gedacht, daß es elf lange Jahre dauern würde, bis der Rat der Stadt, des öffentlichen Diskutierens müde, aber uneinsichtig geblieben, das Schandmal abbrechen und im Keller der Theodor-Körner-Kaserne verschwinden ließ (2002).

Die Verlegung meines Standorts vom Großraum Düsseldorf-Köln-Bonn in die niedersächsische Provinz nach fast zwei Jahrzehnten Berufspolitik veränderte mein tägliches Arbeitspensum so gut wie gar nicht: Auch hier war ich täglich vollbeschäftigt, allerdings mit wachsendem Anteil selbstbestimmter Kür. Ich bin allzeit und überall ein überzeugter, leidenschaftlicher demokratischer Sozialist geblieben und werde es bleiben, auch ohne Rückbindung an eine Partei. Wie meine wirklichen Freunde und Genossinnen und Genossen, die noch wissen, was das Wort im Ur-Sinn bedeutet: »in der Not zusammenstehen«. Und nicht: »mit und gegen andere Ehrgeizlinge sich in Netzwerken nach oben zappeln«. Ländliche Provinzen haben stets politisch engagierte Aufklärer und Aufrührer bitter nötig. Ich hatte selbstverständlich von Anfang an intensiven Kontakt zu den üblichen Verdächtigen in Lüneburg. Unse-

74 Klaus Harpprecht: *Willy Brandt – Porträt und Selbstporträt*, München 1970, S. 104.

re erste Daueraufgabe – den Klotz der Legionäre zu pulverisieren – war der Einstieg in viele weitere Ein- und Aufmischungen.

Die erste Bundestagswahl nach der Wende endete diesseits der Trennlinie des Kalten Krieges mit einem Desaster für die Partei des Demokratischen Sozialismus (PDS). Denn die westlichen Schwestern und Brüder blieben ihren antikommunistischen Reflexen treu: Man wählt keine Kandidaten der umbenannten DDR-Staatspartei SED! Dem wollten wir Linken bei der zweiten Bundestagswahl 1994 entgegenwirken. Also wurden wir als Wählerbündnis für die PDS aktiv. Abschließender Höhepunkt: eine Wahlveranstaltung mit Gregor Gysi im Schützenhof der Stadt. Mir wurde aufgetragen, sie zu leiten. Der Saal war mit mehr als 100 Menschen überfüllt. Was mich besonders freute: ein Auftritt vor größerem Publikum, den ich schon länger vermißt hatte. Auch deshalb ist mir die »Einleitung« wohl etwas zu lang geraten. Trotzdem waren schließlich alle zufrieden.

Im Westen stimmten kärgliche 4,4 Prozent für die PDS. Dagegen kassierte die Partei in Ostdeutschland 19,8 Prozent plus vier Direktmandate und kam auf 30 Sitze im Parlament. Der Schriftsteller Stefan Heym hatte als Parteiloser auf der Liste der PDS sein Direktmandat im Wahlkreis Prenzlauer Berg gewonnen. Am 10. November hielt er als Alterspräsident die Eröffnungsrede. »Steinerne Mienen« hatte Bundeskanzler Kohl seinen Leuten am Tag davor verordnet. »Eine feste Burg ist die Union. Beton. Steif in ihre Sitze gerammt, starren die Christen-Parlamentarier vor sich hin. Viele sehen aus, als sei – am hellen Vormittag im Berliner Reichstagsgebäude – unvermittelt der Leibhaftige zwischen sie gefahren« (so beschrieb Jürgen Leinemann die Rede im »Spiegel«). Die Versteinerten verweigerten demonstrativ jeden Applaus. Bis auf Rita Süssmuth. Schändlich.

Da ein Ehemaliger kaum noch gefragt ist, als Gewesener nicht mehr befragt wird und Verkündigungen in linken Blättern sich im »preaching to the converted« erschöpfen, ich aber in meiner sprichwörtlichen Bescheidenheit vermeinte, ein wesentlicher Teil der Menschheit sei meines Kommentars zum Weltgeschehen dringend bedürftig, setzte ich 1994 – dem allgemeinen Trend folgend – auf das weltweite Netz im Cyberspace, auf meine FÜNFTE KOLUMNE mit den Rubriken: Intro – Text und Kritik – Sichtweisen – Das Allerletzte – Empfehlungen – Kontakt – Blog. Das Ganze war eine Sammlung deftiger Kommentare und einiger interessanter Texte aus Vergangenheit und Gegenwart, letzten Endes aber eine ungeordnete Deponie für Medienmüll und Sekundärrohstoffe der Politik. Ich habe viel Zeit darauf verwendet, die Website zu »pflegen«. Ein Beispiel für die heute übliche Bloggerei ist daraus jedoch nicht geworden. Als das Interesse, nach 17 Jahren abwechslungsreicher Nebenbeschäftigung, deutlich nachließ, habe ich meine Website 2011 eingestellt.

Anlaß für gerechten Zorn gibt es in dieser großdeutschen Republik genug. Ein solcher war das öffentliche Echo auf die Ausstellung »Vernichtungskrieg. Verbrechen der Wehrmacht 1941 bis 1944« des Hamburger Instituts für Sozialforschung unter Jan Philipp Reemtsma. In allen 27 Städten, wo sie in den Jahren 1995 bis 1999 zu besichtigen war, löste sie heftige Kontroversen und Attacken aus. Was längst bekannte Tatsachen, wie Gründung der Bundeswehr durch Nazi-Offiziere, Kasernenbenennungen nach Kriegsverbrechern, deren Teilnahme an Kameradentreffen und von der Wehrmacht liquidierte Zivilisten auf dem Balkan, nicht vermocht hatten: die Lebenslüge von der »sauberen Wehrmacht« war geplatzt, die Wahrheit nicht länger zu leugnen. Viele Soldaten jeden Ranges waren an Kriegsverbrechen in Hitlers Kreuzzug gegen das »jüdisch-bolschewistische-Untermenschentum« aktiv beteiligt gewesen. Nicht alle Opas waren sauber geblieben.

Nach Krawallen in Frankfurt und München meldete sich auch der Deutsche Bundestag zu Wort. Sogar zweimal: im März und April 1997. Abgesehen davon, daß die Kontrahenten sich vorgenommen hatten, einander diesmal wirklich zuzuhören, gab es in der Sitzung am 13. März inhaltlich nichts Neues: keine Begradigung der Fronten. Die verliefen weiter entlang den bekannten emotionalen Sollbruchstellen. Von der rechtsradikalen CSU[75] (laut Titelseite ihres Zentralorgans »Bayernkurier« ist die Ausstellung ein »moralischer Vernichtungsfeldzug gegen das deutsche Volk«) über Alfred Dregger (die Ausstellung sei der Versuch, »die gesamte Kriegsgeneration als Angehörige und Helfershelfer einer Verbrecherbande abzustempeln«) bis zum Grünen Volker Beck, der Herrn Dregger und Konsorten an die Tatsche erinnerte, daß »die Wehrmacht Zivilbevölkerung erschossen, sich selbst am Judenmord beteiligt, Kriegsgefangene verhungern ließ und feige ermordet hat«. Lobenswert aufgefallen an diesem Tag ist der Abgeordnete Otto Schily.[76] Er hat ein ausführliches Zitat aus dem Protokoll verdient:

*... Wer von uns könnte ohne weiteres behaupten, daß er zum Beispiel den Mut eines deutschen Soldaten aufgebracht hätte, der sich der Exekution von wehrlosen Zivilisten verweigerte und sich schweigend in ihre Reihe stellte, um den Tod mit ihnen zu teilen?*

*(Der Redner hält inne)*

*Gestatten Sie mir an dieser Stelle einige persönliche Bemerkungen. Mein Onkel Fritz Schily, ein Mann von lauterem Charakter, war Oberst der Luftwaffe.*

*(Der Redner hält erneut inne)*

*– Entschuldigung. – Zum Ende des Krieges war er Kommandeur eines Fliegerhorstes in der Nähe von Ulm. Er suchte in der Verzweiflung über die Verbrechen des Hitler-Regimes bei einem Tieffliegerbeschuß den Tod.*

*Mein ältester Bruder Peter Schily verweigerte sich der Mitgliedschaft in der Hitler-Jugend und versuchte, ins Ausland zu fliehen. Da ihm das nicht gelang, meldete er sich freiwillig an die Front. Er wurde nach kurzer Ausbildung als Pionier im Rußland-Feldzug eingesetzt, erlitt schwere Verwundungen und verlor ein Auge sowie die Bewegungsfähigkeit eines Arms. Mein Vater, eine herausragende Unternehmerpersönlichkeit, dem ich unendlich viel für mein Leben verdanke, war ein erklärter Gegner des Nazi-Regimes, empfand es aber als Reserveoffizier des*

---

75 Deren Abgeordneter Peter Gauweiler riet Jan Philipp Reemtsma, er solle lieber eine Ausstellung über die Toten und Verletzten, die der Tabak verursacht habe, machen. Dafür hat die NPD ihm die Mitgliedschaft angetragen.
76 Damals war er noch nicht der Innenminister mit dem Ruf, als »anthroposophisches Fallbeil« zu wüten.

*Ersten Weltkriegs als tiefe Demütigung, daß er auf Grund seiner Mitgliedschaft in der von den Nazis verbotenen anthroposophischen Gesellschaft nicht zum Wehrdienst eingezogen wurde. Erst später hat er die Verrücktheit – ich verwende seine eigenen Worte – seiner damaligen Einstellung erkannt. Der Vater meiner Frau, Jindrich Chajmovic, ein ungewöhnlich mutiger und opferbereiter Mensch, hat als jüdischer Partisan in Rußland gegen die deutsche Wehrmacht gekämpft. Nun sage ich einen Satz, der in seiner Härte und Klarheit von mir und uns allen angenommen werden muß: Der einzige von allen vier genannten Personen – der einzige –, der für eine gerechte Sache sein Leben eingesetzt hat, war Jindrich Chajmovic. Denn er kämpfte gegen eine Armee, in deren Rücken sich die Gaskammern befanden, in denen seine Eltern und seine gesamte Familie ermordet wurden. Er kämpfte gegen eine Armee, die einen Ausrottungs- und Vernichtungskrieg führte, die die Massenmorde der berüchtigten Einsatztruppen unterstützte oder diese jedenfalls gewähren ließ. Er kämpfte, damit nicht weiter Tausende von Frauen, Kindern und Greisen auf brutalste Weise umgebracht wurden. Er kämpfte gegen eine deutsche Wehrmacht, die sich zum Vollstrecker des Rassenwahns, der Unmenschlichkeit des Hitler-Regimes erniedrigt und damit ihre Ehre verloren hatte.*

*(Beifall bei der SPD, dem Bündnis 90/DIE GRÜNEN, der PDS sowie bei Abgeordneten der CDU/CSU)*[77]

Als im Juli 1996 bekannt wurde, daß im Sommer 1997 auch Bremen für einige Wochen Gastgeber der Wehrmachtsausstellung sein werde, spaltete sich die Gesellschaft in zwei feindliche Lager. In den folgenden Monaten bekriegten sich Befürworter und Gegner mit unversöhnlicher Leidenschaft, bis zu ihrer Eröffnung am 28. Mai – und danach. Vordergründig ging der politische Streit zunächst um den Standort. Die CDU wollte die Ausstellung auf keinen Fall im Rathaus dulden. Bürgermeister Henning Scherf erging sich in taktischen Spielchen, was in der eigenen Partei für Unmut sorgte und mich zu einem offenen Brief hinriß.[78] Scherf wollte die Koalition mit der CDU erhalten, und die hatte in der Standortfrage bereits mit Aufkündigung gedroht, war dann aber zu einem Kompromiß bereit: Die Aussteller durften bis zum 3. Juli ihre Bilder und Texte im Unteren Rathaussaal öffentlich zeigen. Unter zwei Bedingungen: Am Eingang mußte eine Tafel erklären, daß nicht alle Soldaten an Verbrechen beteiligt waren. Zweitens sollte vorher eine wissenschaftliche Fachtagung über die Ausstellung urteilen. Also berieten am 26. Februar 1997 acht Professoren und fünf Generäle in zwei Arbeitsgruppen ihre vorgestellten Thesen und tauschten sich in einer abschließenden Plenardiskussion darüber aus.[79]

In den beiden verfeindeten Lagern verfestigten sich von Tag zu Tag die vorgefaßten Meinungen. Widergespiegelt in Originalbeiträgen und Leserbriefen in Bremer und überregionalen Zeitungen, Zeitschriften sowie im Rundfunk und ausführlich

---

77 Stenographischer Bericht, 163. Sitzung vom 13. März 1997.
78 Abgedruckt in »Konkret«, Februar 1997, S. 53.
79 Nachlesbar in Hans-Dieter Thiele (Hrsg. im Auftrag der Landeszentrale für politische Bildung Bremen): *Die Wehrmachtsausstellung. Dokumentation einer Kontroverse*, Bremen 1997.

dokumentiert in einem Buch des Donat-Verlags.[80] Schon eine Woche nach der Eröffnungsveranstaltung der Ausstellung im Theater am Goetheplatz, mit Jan Philipp Reemtsma und Michel Friedman vom Zentralrat der Juden in Deutschland, konnte das Buch der Öffentlichkeit vorgestellt werden und war sogleich ein Teil der Kontroverse. Es provozierte nämlich auf dem Umschlag mit der Montage des Fotos einer Erschießung an der Friedhofsmauer von Pancevo (Serbien) in ein Bild des Bremer Rathauses. Neben dem schießenden Heeresoffizier steht als Zuschauer ein höherer Führer der SS. Das Foto ist nur einer der vielen Beweise dafür, daß die Wehrmacht mit den Einsatzgruppen zuweilen Hand in Hand »arbeitete«.

*Buch zur Wehrmachtsdebatte in Bremen, 1997*

---

80 H. Donat / A. Strohmeyer (Hg.): *Befreiung von der Wehrmacht? Dokumentation der Auseinandersetzung über die Ausstellung »Vernichtungskrieg – Verbrechen der Wehrmacht 1941 bis 1944« in Bremen 1996/97,* Bremen 1997

Die Buchvorstellung am 5. Juni in der Bibliothek Neustadt war Teil eines umfassenden Begleitprogramms mit zahlreichen Veranstaltern in den Monaten Mai, Juni, Juli, gemeinsam koordiniert vom Verein »Erinnern für die Zukunft e.V.« und der Bremer Landeszentrale für politische Bildung. Da mir die Einführung zugefallen war, nutzte ich die Gelegenheit, noch einmal die Überreste der »Hitler-Wehrmacht« in der »Bundes-Wehrmacht« und ihrer »Traditionspflege« konzise vorzustellen. Auch mit Hilfe einiger Zitate aus meinem Buchbeitrag »Beleidigung der ›Ehre‹ deutscher Soldaten? Zur Vorgeschichte der Verbrechen der Wehrmacht«. Ist es ein Zeichen des Fortschritts, wenn das Buch – trotz der wütenden Proteste – nicht aus dem Verkehr gezogen wurde, wie es einem anderen 23 Jahre zuvor geschehen war?

Nach dem vom Schmidt-Freund Kissinger geförderten, von General Pinochet ausgeführten Militärputsch gegen den chilenischen Präsidenten Salvador Allende hatten der Chefredakteur der Gewerkschaftszeitung »Metall«, Jakob Moneta, und zwei SPD-Bundestagsabgeordnete, Erwin Horn und Karl-Heinz Hansen, beide Mitglieder des Verteidigungsausschusses, öffentlich die Frage nach der demokratischen Zuverlässigkeit unserer Streitkräfte aufgeworfen. In einem Taschenbuch hatten wir das nicht gerade freundliche öffentliche Echo zusammengefaßt. Das Buch erschien 1974 in der gewerkschaftseigenen Europäischen Verlagsanstalt unter dem Titel *Bundeswehr in der Demokratie. Macht ohne Kontrolle?* Im Vorwort nahm der Historiker Imanuel Geiss den demokratischen Geist der Bundeswehr unter die Lupe. Nach Aufzählung blutiger Spuren »militärischer Repression gegen Demokratie und Verfassung ... in zahlreichen Militärstaatsstreichen in aller Welt seit 1945« fragte er: »Und da soll ausgerechnet in der Bundesrepublik mit ihrer bisher unterentwickelten Tradition der Demokratie die kritische Kontrollfrage nach der demokratischen Zuverlässigkeit der Bundeswehr verboten sein, in einem Land, das bisher eher an einem Zuviel denn an einem Zuwenig militärischer Traditionen litt?« Geiss meinte im weiteren, auch in der Bundesrepublik sei ein Militärputsch wie in Chile denkbar.

Da ging das Geschrei erst richtig los. Verteidigungsminister Georg Leber (SPD) war das ein Zuviel zuviel. Nach seinem Anruf beim Verlag wurde das Buch eingestampft. Mein Kommentar gestern wie heute: Wer Verfassung sagt, muß Verfassungsbruch vorbeugen wollen. Das »Treueverhältnis zum Staat« darf nicht zu einem besonderen Untreueverhältnis zur Demokratie werden. Freiheitliche Demokratie darf nicht militärisch, sie muß aber militant sein. Heutzutage versteht kaum noch jemand, warum in jenen Jahren so heftig gestritten wurde, die IT-Generation schon gar nicht: ein Stück unbewältigter, aber verfestigter Zeitgeschichte. Nicht zuletzt, weil die letzten der Verbohrten aller Sorten gerade das Zeitliche segnen. Jetzt muß die Bundes-Freiwilligenarmee sich der Bewerbungen von Neonazis erwehren.

Ich habe über Erfahrungen berichtet, die es im weitesten politischen Sinn wert zu sein schienen. Für mich und – vielleicht – für ein paar andere. Was einige Hell- und Dunkelseher für die Zukunft der Gattung Mensch vorausahnen und voraussagen, macht es nicht leicht, ein Optimist zu bleiben, der noch im Pessimismus ein belebendes Element zu erkennen vermag. Ich werde weiter den aufrechten Gang üben, obschon der Mensch für ihn nicht geschaffen scheint, wie der Philosoph Friedrich Wilhelm Joseph Schelling beobachtete: »Das menschliche Gehen ist ein ständig verhindertes Fallen.«